U0367304

21世纪高等院校税收系列教材

税收经济学

赵旭杰 毛 捷◎编著

The Economics of Taxation

清华大学出版社
北京

内 容 简 介

本书以税收基础理论、税收经济分析、税收征管问题为逻辑主线，在介绍税收学基本概念、阐述税制设计原理的基础上，着重对税收经济影响和税收征纳行为进行数理分析，包括税负转嫁与归宿、税收扭曲、税收的经济效应、最优税制、逃税的经济分析等。建立在数理模型基础上的税收经济学分析，能够严谨明晰地探究那些描述性论证所无法确定但又极其重要的税收学问题，所得结论往往能够给出更为科学、明确的政策启示。

本书可用于本科生"税收学"课程和研究生"税收经济学""税收理论与政策"课程的教学，也可用于科研机构学者研究税收理论与实践、政府部门财税工作者从事税制政策制定和评价，以及业界财税工作者从事税制政策分析等工作。当然，本书对于税收的产生、税收的基础知识、古今税收原则演进、三大税系设计原理及案例等方面的细致介绍，以及对数理模型结论部分的通俗阐释，也为对税收问题感兴趣的读者提供了阅读资料。

图书在版编目（CIP）数据

税收经济学 / 赵旭杰，毛捷编著. —北京：清华大学出版社，2022.3
　21 世纪高等院校税收系列教材
　ISBN 978-7-302-60278-1

Ⅰ．①税…　Ⅱ．①赵…　②毛…　Ⅲ．①税收理论—高等学校—教材　Ⅳ．①F810.42

中国版本图书馆 CIP 数据核字（2022）第 038360 号

责任编辑：杜春杰
封面设计：刘　超
版式设计：文森时代
责任校对：马军令
责任印制：宋　林

出版发行：清华大学出版社
　　　　　网　　址：http://www.tup.com.cn，http://www.wqbook.com
　　　　　地　　址：北京清华大学学研大厦 A 座　　　　　邮　　编：100084
　　　　　社 总 机：010-83470000　　　　　　　　　　邮　　购：010-62786544
　　　　　投稿与读者服务：010-62776969，c-service@tup.tsinghua.edu.cn
　　　　　质量反馈：010-62772015，zhiliang@tup.tsinghua.edu.cn

印 装 者：北京鑫海金澳胶印有限公司
经　　销：全国新华书店
开　　本：185mm×260mm　　　印　　张：10.75　　　字　　数：245 千字
版　　次：2022 年 3 月第 1 版　　　　　　　　　印　　次：2022 年 3 月第 1 次印刷
定　　价：49.00 元

产品编号：086991-01

前　言

随着私有制和国家的出现，税收便产生了，虽然税收是为了筹集公共收入以实现国家职能而产生，但它的重要性注定将使它演进出其他社会经济功能并产生广泛影响。当今世界对税收的认知和关注早已不仅仅局限于筹集公共收入的作用，税收对于政府治理、经济调控、收入分配等方面的功能被各国积极实践。那么税收的职能发挥得如何？又将产生怎样的经济影响？这些问题的分析不仅具有重要的理论价值，也会为政策制定者提供科学的决策依据。然而，税收对于经济的影响内涵丰富、机制多样，单靠描述性的讨论和图形的示意往往无法获知严谨、明晰的结论，因此，学界、政府部门和业界开始重视税收经济影响的数理分析。

本书在介绍税收基本知识和理论、对比古今中外税收原则、阐述税制设计原理的基础上，着重对税收的经济影响进行详细的数理模型分析，包括税负转嫁与税负归宿的局部均衡分析和一般均衡分析、税收是否产生以及产生了怎样的经济扭曲、税收对市场主体具体经济行为的影响、最优商品税制构建、最优所得税制构建、逃税的经济分析等。这些问题超出了传统定性研究的范畴，带有现代经济学的意味，在数理经济方法的分析下，其轮廓变得清晰起来，所得结论也往往能够给出明确的政策启示。本书的出版旨在为高等院校、科研机构、政府部门、业界培养研究税收经济理论与政策实践的专业人才提供帮助。

本书可用于本科生"税收学"课程、研究生"税收经济学"或"税收理论与政策"等课程的教学，教学内容可视不同情况进行相应的调整。例如，用于本科生教学时，可将税负转嫁与归宿的一般均衡分析模型、多消费者经济最优商品税模型、最优所得税模型略去，而只保留相应模型结论的经济学含义阐释，等等。

感谢对外经济贸易大学国际经济贸易学院提供的良好工作环境，感谢中国社会科学院财经战略研究院杨志勇研究员、中国人民大学财政金融学院吕冰洋教授对本书写作的鼓励，感谢清华大学出版社对本书出版的支持和帮助。

赵旭杰（对外经济贸易大学国际经济贸易学院财税系）

毛捷（对外经济贸易大学国际经济贸易学院财税系）

目　　录

第1章 税收概论

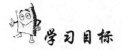

学习目标

▶▶ 了解税收产生的条件；
▶▶ 掌握税收的概念；
▶▶ 掌握税收的三个特性；
▶▶ 了解税制要素；
▶▶ 掌握税制结构的概念和决定因素。

1.1 现实中的税收问题

《墨子》有言："外收敛关市、山林、泽梁之利，以实仓廪府库"，"官府实则万民富"。本杰明·富兰克林亦称："世界上只有两件事不可避免，那便是死亡和税收。"古今中外，多少名人名著都指出了税收的重要性。

从私有制和国家出现开始，税收与人类社会就难以分开了，而且税收的功能和重要性不断扩大和提升，及至现代人类社会，我们已可以看到，无论是政府、企业还是个人都无法离开税收。一方面，税收为政府职能的实现提供了主要的财力基础。例如，2019 年中国的一般公共预算支出为 238 874.02 亿元，用于教育、科学技术、文化体育与传媒、社会保障和就业、医疗卫生、节能环保、城乡社区、住房保障、农林水、交通运输等公共事务，主要的财力支撑来自于一般公共预算收入 190 382.23 亿元，这其中税收收入为 157 992.21 亿元，占一般公共预算收入的 83%。另一方面，税收使得企业和个人拥有享用公共产品和服务的权利。当今时代，企业和个人的生存和发展强烈地依赖于国家提供的国防、法律、教育、卫生、基础设施、社会保障等公共事务，而税收相当于企业和个人为此支付了费用，从而被赋予了使用的权利。同时，税收也发挥着调节社会经济活动的作用。就个人而言，政府对特定商品课税会提高商品的价格，影响消费者的消费决策。例如，我国每次燃油消费税的调整都会引发广大车主的关注，影响着其出行决策；政府对劳动所得课税，关系劳动的实际收益，影响劳动者的劳动供给决策和消费决策，我国每次个人所得税改革都会引发市场的巨大关注；课征利息税提高了未来的消费成本，影响着储蓄者的跨期消费选择；就企业而言，所得税的亏损结转弥补政策形成了对企业风险投资的激励，促进了企业进行技术研发；对中间产品课税提高了企业的生产成本，影响企业的生产定价决策。诸如此类，不胜枚举。因此，税收深刻地影响着社会经济活动，税收政策的变动也一直都是社会关注的焦点。

 **专栏** 1-1

个人所得税免征额①变动对居民消费的影响

个人所得税免征额直接影响收入获得者是否要交税、交多少税的问题。一般情况下，如若保持税率不变，提高个人所得税免征额能够减轻甚至消除纳税人的税收负担，因而个人所得税免征额的变动一直备受关注。部分学者（王鑫和吴斌珍，2011）运用规范分析和实证分析的方法对个人所得税免征额与居民消费之间的关系进行了研究，结果发现提高个人所得税免征额能够显著刺激居民消费。其主要原因便是个人所得税免征额的提高有助于增加居民的可支配收入（岳希明等，2012；李国锋和刘黎明，2015），进而产生刺激消费的作用。

资料来源：作者根据相关资料整理。

大到国家治理，小到柴米油盐，税收在社会经济中扮演着极为重要的角色，深刻地影响着我们的生活。从微观层面看，学好税收知识有助于居民和企业在日常生活和生产经营活动中做出合理的决策；从宏观层面看，能否运用好税收工具事关国家整体的宏观调控与社会治理。

1.2 税收的产生和发展

税收是经济社会发展到一定阶段的产物。早期人类社会并不存在税收，该时期主要依靠直接支配群体成员的劳动成果、战争掠夺等方式组织财政收入。随着私有制的产生和发展，并在国家出现以后，税收才得以产生，并逐渐成为国家组织财政收入、调节经济的重要工具。

1.2.1 社会条件

国家的出现是税收产生的社会条件。

一方面，国家的出现是税收产生的先决条件。只有产生了国家和国家权力，才会产生为各社会主体所接受的征税主体和征税依据。没有国家，税收便无从谈起。另一方面，国家的出现引致税收需求的产生。国家需要借助军队、警察、监狱、司法机

---

① 在相关参考文献中，很多题目中写的是"个税起征点"，这些其实是税法中个税免征额的概念，由于媒体报道中经常将税法中的个税免征额的概念说成"个税起征点"，人们也就经常这样使用。

关、行政机关等国家机器履行公共职能，维护公共利益，确保国家长治久安，而国家机器的正常运转便需要一定的经济收入作为保障，故而国家的出现产生了对税收的需求。例如《汉书·食货志》便有言："税给郊，社，宗庙，百神之祀，天子奉养、百官禄食庶事之费。"

因此，国家的出现是税收产生的前提，国家亦需通过征税的方式组织财政收入以维持国家正常运转。

1.2.2 经济条件

私有制的产生和发展是税收产生的经济条件。

一方面，国家本身便是私有制发展到一定阶段的产物，如若没有私有制的产生与发展，国家就不会产生，便也不存在税收产生的社会条件。另一方面，私有制基础上的个人财产是税收的来源。国家组织财政收入有两种方式：一是借助财产所有权，例如收取土地出让金、取得国企经营利润等；二是借助政治权力，例如以征税、罚款等方式取得财政收入。税收本质上便是国家凭借政治权力将本不属于国家所有的私人财产转变为国家财产，并由国家支配使用的过程。因此，当私有制出现并广泛发展时，国家便需借助税收这一工具获取维持国家运转所必需的经济收入。

1.3 税收的概念和特性

1.3.1 税收的概念

税收是一个古老的经济范畴，以汉字"税"的会意性即可以看出古代中国对于税收的认知，"税"字由"禾"字（意为粮食）和"兑"字（意为交换）组成，意思是耕种者用一部分粮食去向耕地所有者交换使用耕地的权利，也就是土地税的含义。伴随着历史的前行和社会形态的发展，人们对于税收的认知也在变化。从亚当·斯密认为税收是"人民拿出自己一部分私有的收入，给君主或国家，作为一笔公共收入"，到现代经济学家普遍接受的"税收是个人和企业不能等价交换商品和服务而向政府按法律规定进行的非自愿支付"，税收的概念也在演变。

然而，税收的内涵用一两句精练的定义不足以全面反映，对于税收概念的理解还应该从如下三个方面展开[①]。

第一，税收与国家的存在直接关联，它是政府机器赖以存在并履行其职能的经济基础，或者说是为政府提供公共产品和服务筹措资金的一个手段。

第二，税收是一个收入分配范畴，是政府参与并调节国民收入分配的一种工具，更具体地说，是一种收入再分配工具。

第三，国家在征税过程中形成了一种以国家为主体的分配关系，因而税收的性质取决于社会形态和国家性质。

---

① 这一内容参考了中国人民大学吕冰洋教授的税收学课堂讲义。

1.3.2 税收的特性

政府筹集财政收入的工具有多种，税收是其中最主要的工具。同样是以国家为主体获得收入，税收有什么特别之处？应该说税收之所以能被称为税收是因为其同时具备三个特性，其中任何一项不具备都不能称为税收。这三个特性分别是强制性、无偿性、固定性。

税收的强制性是指政府的征税活动是以国家的法律法规为依据开展的，任何单位和个人都必须依法履行纳税义务，否则就会受到法律的制裁。现代税法对征税者和纳税人的行为规范都做出了相应规定，政府和纳税人都必须履行法律规定的义务，并依法享有相应的权利。作为征税方的政府应履行法律规定的义务，提供满足社会公众需要的公共产品，并依法享有征税权，为其公共职能的实现提供经济保障；纳税人在享受政府部门提供公共产品的同时，应自觉分担一部分公共产品的成本，依法履行纳税义务。由于公共产品具有非排他性和非竞争性的特征，容易产生"搭便车"行为，如若不依靠法律的强制性组织税收收入，则政府很难筹集足够的财力以向社会公众提供必要的公共产品，故而政府需要依照法律规定动用政治权力强制征税。税收的这种强制性是人们感觉到的税收最为明显的特征，也是税收同规费收入、国有资产收入、公债收入等其他形式的财政收入最显著的区别点。

税收的无偿性是指政府征税之后税款即为国家所有，归国家自主支配和使用，国家无须将税款等额直接返还给纳税人，也不用向纳税人支付任何报酬。

从宏观角度来看，现代社会的税收并不是无偿的。政府获取税收收入后要向社会公众提供公共产品，税款相当于公共产品的价格，社会公众向政府缴纳税款以"购买"政府提供的公共产品。税收的无偿性主要是针对具体的纳税过程和纳税主体而言的。在具体的征纳税过程中，政府向特定的纳税主体征税并不需要给予其补偿。例如，政府向单个纳税人征税后无须直接向其提供补偿，但就全社会而言，政府征税后需要向社会提供公共产品。

税收的固定性是指政府在征税以前就以法律形式制定了税收制度，规定了各项税制要素，并按这些预定的标准进行征收。税法具有稳定性，税法一经公布施行，征纳双方就必须严格遵守。政府作为征税方不能朝令夕改，不得随意加征或减赋，纳税主体亦应严格遵守税法规定，切实履行纳税义务。

1.4 税 制 要 素

税收的实现需要税收制度的确立，每一税种都有相应的具体税收制度，它们虽然内容不同且各有特点，但税收制度的构成要素相同。任何一种税收制度都要确定税制要素，即规定向谁征税、对什么征税、征多少税、如何征税等内容。税制要素包括纳税人、征税对象、税率、纳税环节、纳税期限、减税免税、违章处理、纳税地点等内容。其中，纳税人、征税对象、税率是税制的基本要素。

1.4.1　纳税人

纳税人是税法规定的直接负有纳税义务的企业、团体或个人，也就是直接与税务机关产生征纳关系的微观经济主体。每个税种都有纳税人，如果其不履行纳税义务，就要承担相应的法律责任。纳税人包括法人和自然人（个人），法人是指依法成立并能独立地行使法定权利和承担法律义务的社会组织，包括企业、社会团体等。

与此相关的还有两个概念：一是负税人，指税款的实际负担者，而不管税款是否由其直接缴纳给税务机关。这一概念与纳税人既有联系又有区别。有些情况下，税款最终由纳税人自己承担，那么纳税人就是负税人。有些情况下，纳税人可以通过各种方式将税款完全转嫁给别人负担，那么纳税人就不是负税人。下面举个例子进行说明，某商场销售一款家用电器，未征税之前，售价为 1000 元。假设政府对商场销售这款家用电器开始征收 10%的税收，其售价就可能发生变化。如果征税后的售价变为1100 元，那么税款全部转嫁给消费者，消费者是负税人。如果征税后的售价依然为1000 元，那么税款由商场完全承担了，商场是负税人。如果征税后的售价在 1000～1100 元，那么消费者和商场都是负税人。但不管负税人发生什么变化，税法规定的纳税人一直是商场。

二是扣缴义务人，指税法规定的在其经营活动中负有代扣税款并向国库缴纳税款义务的单位和个人，其既不是法律规定的直接税款义务人，也不是税款的最终负担者，只是代税务机关向纳税人征税，同时又代纳税人向税务机关缴纳税款。扣缴义务人的设置有利于减少逃避税行为，简化征纳程序，降低税务成本。

1.4.2　征税对象

征税对象又称作课税对象或征税客体，是指对什么事物或什么活动征税，即征税的标的物。每一种税都要明确对什么征税，每种税的征税对象都不会完全一致，它是区别不同税种的主要标志，也因此决定了税种的名称和性质。与征税对象的概念密切相关的是税目、税源和税基，辨析这些概念有利于更加深入地理解征税对象。

税目是指税法对征税对象细化所形成的具体征税项目，它规定了一个税种的征税范围，反映了征税的广度。有些税种的征税对象简单明确，不需要再划分税目，但多数税种的征税对象比较复杂，需要细化为具体税目。规定税目是为了满足税收制度执行的需要，这样可以明确并细化各税种的征收边界，以及对不同税目课征不同的税率。同时，规定税目为国家灵活地运用税收工具以调节经济提供了更多途径，也使得人们更透彻地了解税收制度。并不是所有的税种都需要设置税目，例如我国现行的烟叶税便没有设置税目，而消费税则有十五个税目（截至 2020 年年底）。

税源是指税收的经济来源。有的税种的税源与征税对象是一致的，例如，个人所得税的税源与征税对象都是纳税人的收入。有的税种的税源与征税对象则不一致，例如，房地产税的征税对象是纳税人持有的房地产，但税源是房地产所带来的收益；再如，商品税的征税对象是各种商品和服务，但税源是这些商品和服务的销售收入。

税基的概念往往具有两重含义。一重含义是指被征税的项目或经济活动，也就是税收的经济基础，这是在税收经济分析时经常使用的一般性解释，与征税对象的概念比较相近。另一重含义是指计算税额的基础或依据，即计税依据，用以计算应纳税额。计税依据可分为两类：一是计税金额，适用于从价计征的税种，计税金额与对应税率的乘积便是应纳税额；二是计税数量，适用于从量计征的税种，计税数量与适用税额的乘积便是应纳税额。

 专栏 1-2

消费税的征税对象、税目、计税依据

我国现行的消费税是针对特定消费品按其销售额或销售数量征收的一种流转税，主要范围包括一些对人体健康有害的消费品、污染环境的消费品、奢侈品、耗费过多自然资源的消费品等。消费税的征税对象为在中国境内生产、委托加工和进口应税消费品以及相关法规确定的销售特定消费品的活动，其计税依据是应税消费品的销售额或销售数量。我国现行消费税包括烟、酒、高档化妆品、贵重首饰及珠宝玉石、鞭炮焰火、成品油、摩托车、小汽车、高尔夫球及球具、高档手表、游艇、木制一次性筷子、实木地板、电池、涂料等十五个税目，《中华人民共和国消费税法（征求意见稿）》（2019 年）中对不同税目消费品的计税依据、税率等做了具体的规定。

资料来源：作者根据相关资料整理。

1.4.3　税率

税率是对应税对象的税款征收比例，计税依据与税率的乘积便是应纳税额。税率的高低反映着税收负担的大小，体现着国家的政策意图，并影响财政收入。从形式上看，税率大体可分为以下三类。

1. 比例税率

比例税率是指按照固定的比例征税，即对同一税基，无论数额大小，均规定同一征收比例。我国税法中的比例税率还有单一比例税率、差别比例税率、幅度比例税率之分。例如，我国企业所得税税率统一为 25%，这便是单一比例税率；而我国消费税对不同的应税消费品规定不同的税率，这便是产品差别比例税率；我国曾经实行的营业税对娱乐业规定 5%～20%的税率，由省、自治区、直辖市政府在该幅度内自行决定当地适用税率，这便是幅度比例税率。

2. 定额税率

定额税率是指对一定计量单位的税基规定固定的税额，该种税率主要适用于从量计征的税种。定额税率还可分为单一定额税率、地区差别定额税率、幅度定额税率和分类分级定额税率四类。例如，我国现行的消费税规定每吨黄酒的消费税税额为 240 元[①]，

[①] 《中华人民共和国消费税暂行条例》（2008 年修订）。

这便是单一定额税率；我国现行耕地占用税规定人均耕地不超过 1 亩的地区每平方米土地税额为 10～50 元，人均耕地超过 1 亩但不超过 2 亩的地区每平方米土地税额为 8～40 元[①]，这便是地区差别定额税率；我国现行的城镇土地使用税规定大城市每平方米土地税额为 1.5～30 元，各省、自治区、直辖市人民政府可在该幅度内自行决定当地适用税额[②]，这便是幅度定额税率；我国现行车船税先将车辆分为乘用车、商用车、挂车等类型，对于乘用车再按照排量进行细分，每一排量等级的乘用车适用于不同的定额税率，这便是分类分级定额税率。

3. 累进税率

累进税率是指随税基数额增大而提高的税率。累进税率具体还可分为全额累进税率、超额累进税率和超率累进税率。在累进税率的情况下，税基按数额从小到大被划分为若干档次，档次越高税率越高。若采用全额累进税率，则意味着税基的全部数额都按照税基数额达到的最高一档税率计征税额；若采用超额累进税率，则应纳税额为每一档次内的税基数额与该档次对应税率乘积之和；若采用超率累进税率，则是将税基数额的相对率划分为若干档次，每个档次对应不同的税率，每一相对率档次内的税基数额与该档次对应税率的乘积之和即为应纳税额。

在分析问题的过程中，还常常会用到名义税率与实际税率、平均税率与边际税率的概念。名义税率是税法所规定的税率，实际税率是税务机关实收税额与税基的比率。从理论上讲，实际税率应等于名义税率，但在现实中，可能会出现名义税率与实际税率不一致的情况，且往往是实际税率低于名义税率，其一般由税收优惠、税务机关征税努力不足等因素导致。平均税率是全部税额与税基总额的比率。边际税率是指当税基数额达到一定水平时，由税基数额的增长引致的新增税额与新增税基数额的比率。当实行比例税率或定额税率时，边际税率和平均税率相等；当实行累进税率时，边际税率大于或等于平均税率。

 专栏 1-3

国际税收竞争——税率与税基

为吸引投资，促进经济发展，诸多国家都加入了国际税收竞争的行列。由于税率具有明示性，降低税率较易为投资者所关注，低税率对投资者的吸引力较大，因而英国、美国等国家多采用降低税率的方式吸引投资。但降低税率毫无疑问会对国家财政收入产生负面影响。为降低该负面影响，部分国家在降低税率的同时拓宽了税基。例如奥地利、美国、芬兰等国家在降低公司税税率的同时，采取了限制折旧率提高、减少或取消投资抵免等措施以拓宽税基。由于拓宽税基不易被投资者所察觉，而降低税

[①] 《中华人民共和国耕地占用税法》（2019 年施行）。
[②] 《中华人民共和国城镇土地使用税暂行条例》（2019 年修订）。

率能给投资者带来直接的减税信号，因而降低税率、拓宽税基是国际税收竞争的重要形式之一。

资料来源：郑新业，张力，张阳阳. 全球税收竞争与中国的政策选择[J]. 经济学动态，2019（2）：31-46.

1.4.4 其他税制要素

1. 税收优惠

税收优惠是指国家出于某种经济社会发展需要而给予纳税人的税负减免，一般表现为税基式优惠、税率式优惠、税额式优惠、递延式优惠等四种形式[①]。

税基式优惠主要是指通过收窄税基的方式所达成的税收优惠，主要包括提高起征点、提高免征额、扩大费用扣除、实行盈亏互抵等方式。税率式优惠是指通过降低税率的方式达成的税收优惠。税额式优惠是指通过减少应纳税额的方式达成的税收优惠，包括退税、税收抵免、减免税等具体措施。递延式优惠主要是指通过延长纳税期限或允许纳税人分期纳税的方式给予纳税人的税收优惠。

税收优惠政策的主要目标包括：减轻纳税人的税收负担，提高纳税人的满意度和获得感；减轻企业成本，提高居民可支配收入，刺激生产、投资、消费，促进经济增长；支持特定产业发展，调整和优化产业结构；增加低收入者的收入，促进收入分配公平；吸引外来投资；等等。税收优惠政策在达成上述正面效应的同时也会带来一定的负面影响：就政府而言，税收优惠政策在短期内造成财政收入下降，且使得税法执行复杂化，同时还会损害公平原则，频繁变动的税收优惠政策对政府的公信力也会造成负面影响；就全社会而言，税收优惠政策不利于市场机制发挥作用，不利于资源优化配置。总体来看，税收优惠政策有利有弊，政府在出台税收优惠政策之前应综合考虑各方面因素，如若确需实施特定的税收优惠政策，应尽力将负面影响降至最低。

2. 纳税环节

纳税环节是指税法规定的经济活动中应缴纳税款的环节。广义的纳税环节是指生产、分配、流通、消费等经济环节中应纳税的环节，例如所得税在分配环节纳税，商品税在流通环节纳税；狭义的纳税环节特指商品流通过程中应纳税的环节，包括商品的生产（进口）、批发、零售等环节，例如我国消费税主要在生产（进口）环节征收，增值税在生产、批发、零售等多环节征收。确定纳税环节主要是为了解决"对哪个环节征税"的问题。

 专栏 1-4

我国消费税的纳税环节问题

一般情况下，消费税可在批发、零售环节或生产（进口）环节征收。大多数国家

[①] 万莹. 税收经济学[M]. 上海：复旦大学出版社，2016：145.

选择在生产环节征收消费税，也有部分国家选择在批发、零售环节征收消费税。消费税征税环节的选择既要考虑财政收入、征税成本、税收征管水平等因素，又要考虑在不同环节征收消费税所带来的不同的经济影响。

我国现行消费税主要在商品的生产（进口）环节征收，对于少部分消费品而言，如金银首饰、钻石等在零售环节征收消费税，对于卷烟则在批发环节加征一道从价税。2019 年，国务院发布《实施更大规模减税降费后调整中央与地方收入划分改革推进方案》，其中提出要"后移消费税征收环节并稳步下划地方""在征管可控的前提下，将部分在生产（进口）环节征收的现行消费税品目逐步后移至批发或零售环节征收"。与在生产环节征税相比，在批发、零售环节征收消费税，首先提高了对税务征收机关税收征管水平的要求，提高了征税成本。在生产环节征收消费税便于税务征收机关进行税源控制，征税成本较低，而在批发或零售环节征税则提高了消费税征管难度。其次，在商品供求价格弹性较小的情况下，在批发、零售环节征收消费税能够扩大税基。以白酒为例，如若在生产环节征收消费税，其计税依据（从价定率部分）往往为白酒的出厂价，而若在零售环节征收消费税，其计税依据则变成了白酒的零售价，而零售价一般高于出厂价，因而消费税征税环节后移能够起到扩大税基的作用，有助于提高消费税税收收入，同时也增大了消费者的税收负担，有助于抑制有害消费品的消费。此外，在将消费税下划地方的情况下，后移消费税征税环节还会对地方政府行为产生影响。出于财政收入因素的考量，如若在生产环节征收消费税，地方政府往往会注重发展制造业，以提高消费税税收收入；如若在批发或零售环节征收消费税，地方政府则会着力优化消费环境，发展第三产业，以吸引消费，进而提高消费税税收收入。

总体来看，后移消费税征税环节并下划地方有助于提高地方政府财力，引导地方政府合理发展消费经济，同时也可抑制消费者的不合理消费行为，符合我国当下国情要求。

资料来源：国家税务总局税收科学研究所课题组. 消费税征收环节及收入归属的国际比较研究与借鉴[J]. 国际税收，2015（5）：6-10；苏国灿，童锦治，黄克珑. 我国消费税税率与征税环节的改革及其福利效应分析——以烟、酒和成品油为例[J]. 财政研究，2016（9）：19-29.

3．纳税地点

税法规定的纳税人应缴纳税款的地点即为纳税地点。为便于税务机关税收征管工作的开展，方便纳税人缴纳税款，税法一般都会明确规定纳税地点。大多数情况下，纳税地点与纳税人纳税义务发生地一致，但也有不一致的情形。例如，在部分情况下，外地分公司需要与总公司在总公司所在地汇总纳税。

4．纳税期限

纳税期限是指纳税人纳税义务发生后应缴纳税款的期限。纳税期限的设置主要是为了督促纳税人及时缴纳税款。纳税人需要在纳税期限内完税，否则会受到相应的惩罚。例如，我国现行个人所得税规定纳税人应于次月一日起十五日内申报纳税并结清上月应纳税款。

5. 违章处理

违章处理是指税务机关对违反税法规定的行为实施的处罚措施。明确违章处理措施的主要目的是督促相关主体切实履行纳税义务，保障税款及时足额入库。例如，《中华人民共和国税收征收管理法》对于未按规定进行税务登记、逃税、抗税、非法印制发票等违规违法行为均做出了处罚规定。例如，对于非法印制发票行为，税务机关应销毁非法印制的发票，没收违法所得和作案工具，并处一万元以上五万元以下的罚款；构成犯罪的，依法追究刑事责任。

1.5 税 收 分 类

1.5.1 以征税对象为标准

以征税对象为标准，可将税收划分为商品税、所得税、财产税、行为税等。商品税是指征税对象为商品或劳务的一类税种，其计税依据一般是商品或劳务的成交额。我国现行的增值税、消费税、关税等均属商品税。所得税是指以纳税主体所得为征税对象的一类税种，我国现行的个人所得税、企业所得税均属于所得税。财产税是指以纳税人持有的特定财产为征税对象的一类税种，其计税依据一般为特定财产的价值、数量等。我国现行的房产税、契税、车船税等均属财产税。行为税是指以特定行为为征税对象的一类税种，我国现行的印花税便属于行为税。

1.5.2 以税收负担是否容易转嫁为标准

以税收负担是否容易转嫁为标准，可将税收划分为直接税和间接税。税收负担的转嫁是指某纳税主体将本应由自己承担的税负转嫁给其他市场主体，使该税负由其他市场主体承担。直接税是指税收负担不易转嫁的一类税种，所得税是一种典型的直接税，例如我国现行的个人所得税、企业所得税便属于直接税。间接税是指税收负担较为容易转嫁的一类税种，一般情况下，商品税的税负较易转嫁，属于间接税，例如我国现行的增值税、消费税、关税等。

1.5.3 以管理权限为标准

以管理权限为标准，可将税收划分为中央税、地方税、中央地方共享税。中央税是指由一国中央政府征管并支配其税款的税种，我国现行的消费税、关税、车辆购置税等税种属于中央税。地方税是指由一国地方政府征管并支配其税款的税种，我国现行的城镇土地使用税、耕地占用税、土地增值税等税种属于地方税。中央地方共享税是指中央和地方按照一定标准分享税收收入的税种。我国现行的增值税、个人所得税、企业所得税等税种便属于中央地方共享税。

1.5.4 以征收实体为标准

以征收实体为标准，可将税收划分为实物税和货币税。实物税是指征纳形式为实物的税收，多出现在商品经济不发达的时代。例如我国春秋时期鲁国的"初税亩"、秦汉的"田租"皆为实物税。货币税是指征纳形式为货币的税收，征收货币税对经济的货币化程度有一定的要求。我国在秦汉时期便已大规模征收货币税，即口赋和算赋。口赋最早是春秋战国时期秦国征收的一种人头税，秦汉时期持续征收。秦国商鞅变法时规定，针对宗室富户，"以其食口之数，赋而重使之"，故称口赋。秦代《秦律》明确规定，"官府受钱者，千钱一畚"，可见口赋最迟在秦代已成为货币税[①]。算赋是汉代向成年人征收的人头税，由秦代的口赋演变而来，汉高祖四年"初为算赋"，规定"民年十五以上至五十六出赋钱，人百二十为一算，为治库兵车马"，即年龄在 15～56 岁的成年男女每人每年要向朝廷缴纳 120 钱，主要用于国防开支[②]。古代社会有时会同时存在实物税和货币税，现代社会一般以货币税为主。

1.5.5　以计税依据为标准

以计税依据为标准，可将税收划分为从价税和从量税。从价税是指以征税对象的价格为计税依据的税种。我国现行的增值税等税种便属于从价税。从量税是指以征税对象的非价格计量单位为计税依据的税种，其计税依据一般为征税对象的个数、面积、体积、重量等。我国现行的车船税、耕地占用税等税种便属于从量税。

专栏 1-5

车船税

我国现行车船税于 2007 年开征，是一种特殊财产税，属于地方税，实行从量征收。其中对于乘用车辆按照排量大小征收不同的税额，排量越大，税额越高（具体的车船税税目税额表请见表 1-1）。其主要目的是促进节能减排，同时由于一般情况下排量较大的车辆价格也较高，故而该项税制设计亦有助于促进收入分配公平。但也有学者（曹静韬，2010；付小青等，2014）对该项税制设计提出了质疑，其主要观点如下：（1）车船税的功能定位应是财产税，不应将节能环保作为其主要目的。车船税应当着力发挥促进收入分配公平的作用，以车辆价格为标准实行从价征收更有助于发挥车船税调节收入分配的作用，节能环保责任可进一步赋予现有的消费税，或者在购买环节就通过车辆购置税来抑制对高污染车辆的购买。（2）车辆排量的大小与车辆形成的污染物数量之间没有必然联系，车辆污染物排放量更多地与车辆使用频率相关，同时随着技术的发展，汽车排量与污染之间的关系将更加弱化，故而以排量为标准征收车船税究竟能在多大程度上促进节能环保尚未可知。（3）未对排放标准进行区分有损公平。例如，相同排量的汽油车和柴油车在功率和扭矩等方面有很大差别，所形成的污染物种类、各污染物的比重也不尽相同，实行统一标准有失公允。

[①] 黄天华. 中国税收制度史[M]. 上海：华东师范大学出版社，2007：73.
[②] 黄天华. 中国税收制度史[M]. 上海：华东师范大学出版社，2007：98.

表 1-1　车船税税目税额表

税　　目		计税单位	年基准税额	备　　注
乘用车（按发动机汽缸容量（排气量）分档）	1.0 升（含）以下的	每辆	60 元至 360 元	核定载客人数 9 人（含）以下
	1.0 升以上至 1.6 升（含）的		300 元至 540 元	
	1.6 升以上至 2.0 升（含）的		360 元至 660 元	
	2.0 升以上至 2.5 升（含）的		660 元至 1200 元	
	2.5 升以上至 3.0 升（含）的		1200 元至 2400 元	
	3.0 升以上至 4.0 升（含）的		2400 元至 3600 元	
	4.0 升以上的		3600 元至 5400 元	
商用车	客车	每辆	480 元至 1440 元	核定载客人数 9 人以上，包括电车
	货车	整备质量每吨	16 元至 120 元	包括半挂牵引车、三轮汽车和低速载货汽车等
挂车		整备质量每吨	按照货车税额的 50%计算	
其他车辆	专用作业车	整备质量每吨	16 元至 120 元	不包括拖拉机
	轮式专用机械车		16 元至 120 元	
摩托车		每辆	36 元至 180 元	
船舶	机动船舶	净吨位每吨	3 元至 6 元	拖船、非机动驳船分别按照机动船舶税额的 50%计算
	游艇	艇身长度每米	600 元至 2000 元	

注：表中内容来源于《中华人民共和国车船税法》（2019 年修订）。

综合来看，我国现行车船税确有不足之处，如若后续进行改革，可实行双轨征收，例如以车船价值为主要计税依据，综合考虑排气量、使用频率、排放标准等因素，如此既能坚持车船税的财产税定位，又有助于促进节能减排，且在澳大利亚、新西兰等国已有成功经验，不失为一种选择。

资料来源：曹静韬. 我国车船税改革的最佳取向[J]. 中国财政，2010（17）：48-49；付小青，赖萍宜，戴琼燕，等. 车船税税收政策存在的问题及对策[J]. 税务研究，2014（12）：93.

1.5.6　以税收与价格的关系为标准

以税收与价格的关系为标准，可将税收划分为价内税和价外税。价内税是指在计算应纳税额时，税金包含在计税价格之内的税种。我国现行的消费税便是价内税。价外税是指在计算应纳税额时，税金不包含在计税价格之内的税种。我国现行的增值税便属于价外税。从本质上讲，价内税与价外税只是两种不同的计税方法，并无优劣之分，如何选择要根据现实经济情况来判断。

专栏 1-6

消费税的价内税与价外税之争

我国现行消费税为价内税，即商品的消费税税金包含在其计税价格之内。部分学者认为将消费税的计税方法由价内税改为价外税能够实现价税分离，使消费者更为清晰地认识到自己负担了多少消费税，进而引导正确的消费需求。直观上看，将消费税改为价外税的确会有助于产生上述作用，但结合我国国情来看，想要达成上述目的，首先要将消费税征税环节由生产环节后移至零售环节。其次，在我国实行价税合一的标价方法的情况下，还要配合开具"消费税发票"，注明商品不含税价格、增值税税额、消费税税额。暂且不论后移消费税征税环节、开具"消费税发票"的难易程度，将消费税改为价外税本就会"牵一发而动全身"。例如，我国在计算增值税应纳税额时，对于需缴纳消费税的商品而言，增值税计税价格为包含消费税而不包含增值税的商品价格，在消费税实行价内税的情况下，消费税计税价格与增值税计税价格一致，倘若消费税实行价外税，则会导致消费税计税价格与增值税计税价格不一致，将会引发混乱，要想解决该问题，则需要改变增值税计税方法，这又会引发其他一系列问题。

因此，将消费税改为价外税并非易事，还需从长计议。

资料来源：刘磊，丁允博. 减税降费背景下的消费税问题探讨[J]. 税务研究，2020（1）：39-43；王明茹. 不宜盲目将消费税由价内税改为价外税[J]. 中国财政，2012（4）：50-52.

1.6　税　制　结　构

1.6.1　税制结构的概念

税制结构是指由多个税种组合而成的税收体系。出于调控经济、调节收入分配、组织财政收入的需要，现代政府往往会设置多个税种，不同税种的组合、相同税种不同程度的组合形成了类型各异的税制结构。一国的税制结构可以直观地反映出各税种在该国税收体系中的重要程度。以税种的多寡为标准，可将税制结构分为单一税制和复合税制。单一税制是指由单一税种或单一税类组成的税收体系。例如单一消费税制、单一所得税制。由于单一税制征税范围小，难以全面调节经济活动，且对单一主体集中征税不仅易使税源枯竭，不利于筹集足够的税收收入，更会导致收入分配不公，诱发社会矛盾，因而单一税制往往只是理论构想。复合税制是指由多个税类的多个税种组成的税收体系。实行复合税制有利于更好地调控经济，促进收入分配公平，筹集充足的税收收入，进而促进经济社会的发展。

1.6.2 税制结构的决定因素

不同国家有不同的经济发展水平和社会文化底蕴，因而它们常常会有不同的适合本国国情的税收体系。具体而言，一国税制结构的选择主要受以下因素的影响。

1. 财政收入因素

发展中国家由于经济实力较弱，需要更多地依靠税收组织财政收入。以印度为例，2018 年印度财政收入为 24.926 万亿卢比，其中税收收入达 22.713 万亿卢比[①]，税收收入占财政收入的 91%以上。因而以印度为代表的一众发展中国家需要选择能够带来较为稳定税收收入的税种作为其主体税种以保证财政收入的稳定性。一般情况下，间接税税基较广，税收收入稳定，因此发展中国家多选择以间接税为主体税种的税制结构。发达国家经济实力强，可以通过多种渠道组织财政收入，税收收入占其财政收入的比重相对较小。以美国为例，2019 年美国财政收入为 3.741 万亿美元，其中税收收入 2.148 万亿美元[②]，税收收入占财政收入的 57.4%，因而以美国为代表的一众发达国家在选择主体税种时，无须像发展中国家那样高度重视财政收入因素，可以更多地关注税收在宏观调控、调节收入分配等方面的作用。

2. 税收征管因素

间接税对税收征管水平的要求较低[③]，而直接税的征收需要较高的税收征管水平。一般情况下，发展中国家税收征管水平较低，故而其只能选择对税收征管水平要求较低的间接税作为其主体税种，否则将会出现一系列问题。因此，间接税在发展中国家的税收体系中地位一般较高，例如印度的税制结构便以间接税为主体税种，间接税税收收入占总税收收入的 60%以上[④]。发达国家税收征管水平较高，有能力将对税收征管能力要求高的税种作为其主体税种，故而发达国家在主体税种的选择上较为灵活。例如美国便以直接税为主体税种，近几十年来直接税税收收入占到了总税收收入的 80%以上[⑤]，而德国则是"双主体"税制结构，直接税与间接税并重。

3. 经济调控因素

累进的所得税被称为"自动稳定器"。以超额累进的个人所得税为例，在经济过热时，居民收入水平提高，个人所得税的边际税率将相应提高，整体税负便会提升，税负的提高致使社会总体可支配收入水平的提高速度低于经济增长速度，能够起到抑制经济过热的作用；在经济下行时，居民收入水平降低，个人所得税的边际税率将相应降低，整体税负便会降低，税负的降低致使社会总体可支配收入水平的降低速度低于

[①] 数据来源于国际货币基金组织的《政府财政统计年鉴》。

[②] 数据来源于国际货币基金组织的《政府财政统计年鉴》。

[③] 这一论断也渐渐地变得不是那么绝对，例如现代商品税体系中的增值税也要求较高的税收征管水平，这从中国的金税工程就足以看出这一点。

[④] 葛玉御，樊丽明. 印度税制结构嬗变分析[J]. 国际税收，2015（4）：43-47.

[⑤] 数据来源于国际货币基金组织的《政府财政统计年鉴》。

经济衰退速度，能够起到抑制经济进一步衰退的作用。故而累进的所得税能够调节经济，促进宏观经济平稳运行，而流转税一般无此功能。若出于经济调控因素的考量，发挥所得税"自动稳定器"功能，可相应提高所得税的比重，以所得税为主体税种。但发展中国家受限于较低的税收征管水平，可供其调整的范围有限。

4. 收入分配因素

一般而言，累进的所得税、财产税等税类能够在促进收入分配公平中发挥较大的作用。出于收入分配因素的考虑，可提高此类税种在整体税收体系中的比重。例如大多数发达国家已完成经济发展任务，在进行税制结构设计时往往更注重公平因素，故而其在选择税制结构时往往将所得税作为主体税种，以实现促进收入分配公平的目的，而发展中国家由于面临较大的发展压力，其在进行税制设计时更多地考虑效率因素，故而发展中国家往往以商品税作为其主体税种。需要注意的是，尽管所得税、财产税等税种在调节收入分配中的作用理论上优于其他税种，现实中某一税种是否能够发挥促进收入分配公平的作用，能够发挥多大作用，还要看一国的国情和其具体的税制设计。例如李绍荣等（2005）利用我国 1997—2002 年的相关数据进行实证分析，发现样本期内我国的财产税不仅不会起到促进收入分配公平的作用，反而扩大了收入分配差距，而特定目的税类、行为税类则起到了促进收入分配公平的作用。

需要说明的是，上述税制结构的选择仅限定于如何从已有税种中进行考虑，并未涉及税制创新因素。

本章小结

1. 税收在当今国家治理和人民日常生活中扮演着极为重要的角色。

2. 税收具有强制性、固定性、无偿性的特性。

3. 税制要素包括纳税人、征税对象、税率、纳税环节、纳税地点、纳税期限、税收优惠、违章处理等内容。其中，纳税人、征税对象、税率是税制的基本要素。

4. 税收类型多种多样，可按照征税对象、税收负担是否容易转嫁、计税依据、管理权限等标准对税收进行分类。

5. 不同的税种组合形成各异的税制结构，一国税制结构的选择取决于财政收入、税收征管、经济调控、收入分配等多种因素。

思考题

1. 什么是税收？税收有哪些特性？

2. 阅读材料，回答问题

唐德宗时期，宰相杨炎上疏"遂作两税法"，其在奏章中给出了这样的税制设计："凡百役之费，一钱之敛，先度其数而赋于人，量出以制入。户无主客[①]，以见居为

[①] 唐代户籍分主户和客户，在两税法颁行之前的租庸调制之下，主户需纳税，客户则不需要。——作者注

簿；人无丁中[①]，以贫富为差。不居处而行商者，在所郡县税三十之一，度所与居者均，使无侥利。居人之税，秋夏两征之，俗有不便者正之。其租庸杂徭悉省，而丁额不废，申报出入如旧式。其田亩之税，率以大历十四年垦田之数为准而均征之。夏税无过六月，秋税无过十一月，逾岁之后，有户增而税减轻，及人散而失均者，进退长吏，而以尚书度支总统焉。"

——摘编自《旧唐书·杨炎传》

（1）杨炎的奏章中明确了哪些税制要素？

（2）实施两税法有何积极意义？

3. 税制结构是一成不变的吗？试论述我国近年来税制结构的变迁及影响因素。

本章阅读与参考文献

[1] 安体富，王海勇．世界性公司所得税改革趋势及对我国的启示[J]．涉外税务，2007（1）：15-23．

[2] 曹静韬．我国车船税改革的最佳取向[J]．中国财政，2010（17）：48-49．

[3] 樊丽明，李昕凝．世界各国税制结构变化趋向及思考[J]．税务研究，2015（1）：39-47．

[4] 付小青，赖萍宜，戴琼燕，等．车船税税收政策存在的问题及对策[J]．税务研究，2014（12）：93．

[5] 葛玉御，樊丽明．印度税制结构嬗变分析[J]．国际税收，2015（4）：43-47．

[6] 国家税务总局税收科学研究所课题组．消费税征收环节及收入归属的国际比较研究与借鉴[J]．国际税收，2015（5）：6-10．

[7] 胡怡建．税收学教程[M]．上海：格致出版社，2008．

[8] 黄天华．中国税收制度史[M]．上海：华东师范大学出版社，2007．

[9] 靳东升．国际税收领域若干发展趋势[J]．国际税收，2013（7）：26-29．

[10] 李国锋，刘黎明．个税起征点改革对纳税能力的影响：基于居民收入分布的估算[J]．数量经济技术经济研究，2015，32（8）：25-40，56．

[11] 李绍荣，耿莹．中国的税收结构、经济增长与收入分配[J]．经济研究，2005（5）：118-126．

[12] 刘磊，丁允博．减税降费背景下的消费税问题探讨[J]．税务研究，2020（1）：39-43．

[13] 刘蓉．税收优惠政策的经济效应与优化思路[J]．税务研究，2005（11）：11-15．

[14] 苏国灿，童锦治，黄克珑．我国消费税税率与征税环节的改革及其福利效应分析——以烟、酒和成品油为例[J]．财政研究，2016（9）：19-29．

[15] 童锦治，舒逸之，余杨飞云．公司所得税改革的世界趋势：价值取向与具体

[①] 古代课税时以年龄为标准将纳税人分为小、中、丁等类别，一般情况下设置不同的税率。——作者注

措施[J]. 涉外税务，2010（2）：37-40.

[16] 万莹. 税收经济学[M]. 上海：复旦大学出版社，2016.

[17] 王明茹. 不宜盲目将消费税由价内税改为价外税[J]. 中国财政，2012（4）：50-52.

[18] 王玮. 税收学原理[M]. 2 版. 北京：清华大学出版社，2012.

[19] 王鑫，吴斌珍. 个人所得税起征点变化对居民消费的影响[J]. 世界经济，2011，34（8）：66-86.

[20] 杨斌. 税收学[M]. 2 版. 北京：科学出版社，2011.

[21] 杨志勇，张馨. 公共经济学[M]. 4 版. 北京：清华大学出版社，2018.

[22] 杨志勇. 税收经济学[M]. 大连：东北财经大学出版社，2011.

[23] 岳希明，徐静，刘谦，等. 2011 年个人所得税改革的收入再分配效应[J]. 经济研究，2012，47（9）：113-124.

[24] 郑新业，张力，张阳阳. 全球税收竞争与中国的政策选择[J]. 经济学动态，2019（2）：31-46.

第2章　税　收　原　则

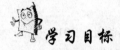

学习目标

▶▶　掌握税收原则的基本概念；

▶▶　了解中国古代治税思想演变；

▶▶　了解亚当·斯密税收原则理论；

▶▶　了解瓦格纳税收原则理论；

▶▶　掌握现代税收原则。

2.1　税收原则的概念

税收为国家职能的发挥提供物质基础，同时也起着维持社会公平正义的作用。在税收制度和政策的发展与变迁过程中，人类社会逐渐形成了治税的深层次原则。这些原则一方面保障了税收制度和政策的合理性和公平性，另一方面也决定着税收的可行性和可持续性，它们为因时代或国情的变化而进行的税收制度和政策的革新或调整提供导向和准绳。

因此，税收原则是制定、完善和评价税收制度和政策的理论准则，是决定税收制度和政策可行性和合理性的内在思想体系，是税收理论的核心内容。税收原则是治税的基本条件，是否遵从税收原则，小则影响税收征缴的效率，中则影响社会公平与稳定，大则左右政权以及国家的兴衰更替。准确把握税收原则的内涵，既要看到其共通性和稳定性，又要结合国情和时代的变化，看到其特殊性和发展性，全面辩证地看待不同地区、不同时代、不同具体内涵的税收原则。

专栏 2-1

税收公平原则——以中国内外资企业"两税合一"为例

税收作为国家组织财政收入的重要手段，本身具有公共属性，再加上其承担着调控经济和公平收入分配的职能，使得税收必须具备公平性。公平原则是被公认的在税法制定过程中需遵循的首要原则，是税制体系的基本准则。改革开放以来，中国税收制度发生了巨大的变化，其中中国内外资企业"两税合一"改革将税收公平原则应用到税制实践中，促进了中国税收体系的发展和完善。对内外资企业所得税制的变革可以分为以下三个阶段来观察。

（1）改革开放初期，由于经济战略的调整和新经济要素的涌入，国家对计划经济时期的税收制度进行改造和完善，为外商投资提供了相较于内资企业更优惠的税收政策。一方面，建立了与外资企业有关的税收体系[①]，另一方面，建立了匹配不同所有制形式的内资企业所得税体系[②]。这一阶段企业所得税主要按照不同的企业类型分别管理计征，外资企业与内资企业在税收政策上存在差异性，满足了改革开放初期精准化调控的要求，有利于在保证财政收入稳定的同时鼓励引进外资和学习外国先进技术。但税率多样，税制复杂，优惠众多，偷漏税事件频出，不利于提升税收征收效率和保障税收公平。

（2）随着社会主义市场经济体制的确立和发展，市场和政府都迫切需要更为简便、明晰的企业所得税法。1991 年全国人民代表大会通过了《中华人民共和国外商投资企业和外国企业所得税法》，将中国境内设立的中外合资、合作企业以及外资企业、所得来源于中国境内的外国企业统一纳入一部税法之中，按照 30%的税率征收所得税，并按照 3%的税率征收地方所得税，同时规定对符合优惠条件的沿海经济特区、经济开发区、技术开发区等地区的外资企业减按 15%或 24%的税率征收企业所得税。1993 年国务院发布《中华人民共和国企业所得税暂行条例》，取消了按经济成分区分的企业所得税，取消国营企业调节税，按照 33%的税率合并为标准一致的内资企业所得税，征税方式得到了规范和统一。这一阶段，内外资企业适用不同的法律，在税收优惠和征管方式上仍存在较大差异，对外资企业的优惠力度较大。随着市场化进程的不断推进，税收公平的重要性逐渐显现，对内外资企业在税收上区别对待已经不合时宜。

（3）中国加入世界贸易组织（WTO）之后，企业参与国际竞争的能力不断增强，内外资企业应当公平税负，站在同一起跑线上，这就需要国家规范税收体制，与 WTO 的国民待遇规则相对接。依据"简税制、宽税基、低税率、严征管"的改革思想，2007 年全国人民代表大会通过了《中华人民共和国企业所得税法》，将内外资企业所得税计征标准相统一，按照 25%的税率征收所得税，实现了"两税合一"。内外资企业所得税的合并，是典型的税收公平原则的体现，为内资企业的成长和发展提供了公平的市场环境。

回顾内外资企业所得税改革历程，税收原则贯穿其中，指导着税收实践。"两税合一"则顺应了内资企业对于公平竞争的诉求，完善了税制体系，营造了公平高效的市

[①] 1980 年第五届全国人民代表大会通过了《中华人民共和国中外合资经营企业所得税法》，规定对于中外合营企业征收税率为 30%的企业所得税，并附征 10%的地方所得税。1981 年全国人民代表大会通过了《中华人民共和国外国企业所得税法》，规定外国企业所得税按照超额累进税率进行计算，全年所得额不超过二十五万元的按 20%的税率计征，附征 10%的地方所得税。以上两法都对不同规模以及类型的外资企业的所得税征纳做出了规定。

[②] 国务院在 1984 年颁布了《中华人民共和国国营企业所得税条例（草案）》，规定对于盈利的国营企业征收企业所得税，其中大中型国营企业征收税率为 55%，小型国营企业按照超额累进税率征收。国务院同时颁布了《国营企业调节税征收办法》，规定由地方政府就地对大中型国营企业征收调节税，税率由地方政府同企业协商，并上报财政部批准。1985 年国务院颁布了《中华人民共和国集体企业所得税暂行条例》，对于集体企业按照八级超额累进税率征收企业所得税。1988 年国务院颁布了《中华人民共和国私营企业所得税暂行条例》，对私营企业按照 35%的税率计征所得税。

场环境。

资料来源：史玲，谢芬芳. 改革开放三十年我国企业所得税改革的历程与评价[J]. 湖南社会科学，2008（4）：96-99；王玮. 税收学原理[M]. 2版. 北京：清华大学出版社，2012：69-70.

2.2 中国古代税收原则思想

2.2.1 中国古代治税实践

现代税收原则起源于西方，但作为一个历史悠久的文明古国，中国的治税思想源远流长，史书典籍中不乏"轻徭薄赋""积俭趣公""横征暴敛""竭泽而渔"等税收表述，纵观历代王朝兴衰迭代，总能捕捉到治税思想在其中的影响。

中国在夏商周时期逐渐萌生了各种形态的赋役。"禹别九州，随山浚川，任土作贡。"[1]夏朝通过贡法组织财政收入，实行"什一税"，"民耕五十亩，贡上五亩；耕七十亩者，以七亩助公家"[2]，赋税初具雏形。商朝在井田制的基础上实行"助法"，将土地按照"井"字分为九块，农民在耕种外部的八块私田的同时，也要耕种中间的公田，"但借其力，以助耕公田，而不复再税其私田"，调动了农民的生产积极性，实质上"助法"是一种民力助耕的劳役地租。周朝在保留井田制的基础上，实行"彻法"，不再区分公田和私田，"耕百亩者，彻取十亩以为赋"[3]，旨在消除"民不肯尽力于公田"[4]的弊病，有效提高了生产效率。春秋战国时期井田制式微，公田逐渐消失。齐国继承了《禹贡》的思想，主张"相地而衰征"[5]的税收政策，根据土地的肥沃、产量的高低、距离都城的远近征收不同的税收，达到"均地分力""使民不移"的目的。齐国的改革扩大了税基，使纳税人能够安居乐业，体现了税收公平原则和适度原则。鲁国实行"初税亩"，不论公田还是私田，只要占有土地就要缴税，"公田之法，十足其一；今又履其余亩，复十取一"[6]，并允许土地进行买卖，实际上承认了土地的私有化。鲁国的"初税亩"制度改变了土地的属性，相应的组织财政收入方式的性质也由地租变为税收。秦国进行商鞅变法，核查丈量土地，"訾粟而税，则上壹而民平"[7]，统一税制，按照产量的多少征收赋税，同时重农抑商，使得"三晋愿耕之民以实秦地也"[8]。商鞅变法既有均平税负、增加财政收入的一面，也有行业间税收不公的局限。

秦朝赋税形式主要有田租、口赋和徭役。在"使黔首自实田"的基础上，对田亩

---

[1] 《尚书·禹贡》。

[2] 《孟子注疏》。

[3] 《孟子注疏》。

[4] 《左传》。

[5] 《国语·齐语》。

[6] 《左传》。

[7] 《商君书·垦令》。

[8] 《水心别集》。

"收泰半之赋"，即征收三分之二的税收，此外，"入刍藁之税，以供国用"①，即向农民征收刍藁喂养官府马匹和牲畜。在征收田租的同时还征收口赋，"头会箕敛，以供军费"②，按照人头征收钱币。为了修筑军事工事和皇家建筑，要征发徭役，包括更卒、正卒和戍卒三种形式，徭役苛重。秦朝的税收政策严重违背了适度的原则，政事操之过急，致使民力枯竭，最终走向灭亡。汉朝吸取了秦朝的教训，在继承发展了秦朝的税收制度的基础上，主张"轻徭薄赋""重本抑末"，实行"租赋制"。以"十五税一""三十税一"的税率对农民自己上报的土地征收田租，并征收刍藁以充"军实"。此外，人头税性质的赋包括对成年人征收的算赋、对儿童征收的口赋以及按人口计算的诸侯朝觐所需的献费。汉朝继承了秦朝的徭役制度，同时规定百姓可缴纳更赋来免除徭役。秦汉精简税制，提升了征税效率，促进了税收公平，维护了国家的统一。

三国初期，地方豪强隐匿户口，土地兼并猖獗，租赋制已经难以组织财政收入。曹魏发展出了"租调制"，规定"其收田租亩四升，户出绢二匹，绵二斤而已，他不得擅兴发"③。"租"是指以定额税代替之前的定率税，鼓励农民开垦土地，提高了农户的耕作积极性；"调"是指为军队战事所需而额外征调的物资，以户头为标准代替以人头为标准进行实物征缴，既精简了征缴环节，又有助于减少人口流失，增加人口数量。西晋灭吴统一全国之后，实行"占田制"和"课田制"，根据性别、官员品阶等划定占田限额，耕田不足限额的可以开垦荒地，限额以外的部分不征收田税。这有助于平均税负，增加耕地面积，但也导致荫亲、荫客壮大，大地主占据大量田地，士族豪门林立。西晋时期，傅玄的税收思想最为著名，他提出"至平""积俭趣公""有常"三条原则。他主张课税要公平有理、政府要节俭慎用、"制有常"，而不能随意变更税制，使得"民虽输力致财，而莫怨其上者，所务公而制有常也"④。可以说傅玄的三原则正是税收公平、适度、法定思想的体现，反映了农民阶层对于统治者的税收诉求。

北魏孝文帝采纳李安世的建议，"宜更均量，审其径术，令分艺有准，力业相称，细民获资生之利，豪右靡余地之盈"⑤，实行"均田制"，将土地分为露田、桑田、麻田和住宅用地，按照劳动力的强弱将土地分给没有田地的人，限制了豪门土地兼并。隋唐延续了"均田制"，在其基础上建立了"租庸调制"。"有田则有租，有家则有调，有身则有庸"⑥，"租庸调制"规定凡是获得国家分发的土地的农户都要按照固定的税额缴纳附加税，并承担相应的徭役，若不想或无力应役，则以庸（实物形式）代役。随着国家走向和平稳定，人口不断增加，大户土地兼并加剧，国家并不能足额分发土地，但税收未减，加重了民众的税负，致使矛盾激增。唐德宗时期，杨炎创立"两税

① 《淮南子注》。

② 《史记·张耳陈余列传》。

③ 《三国志·魏志·武帝纪》。

④ 《傅子》。

⑤ 《魏书·李安世传》。

⑥ 《陆宣公集》。

法"，以替代过时的"租庸调制"。这一改革合并了税种，简化了税制，以实物折算成钱财征税，并且"定等第钱数多少，为夏秋两税"[①]，"夏税无过六月，秋税无过十一月"[②]，由此使得农民得以喘息。这一方面提高了征管效率和百姓对税收的信服度，另一方面也限制了地方官吏巧立名目、肆意征税的行为。同时，杨炎主张"凡百役之费，一钱之敛，先度其数而赋于人，量出以制入"[③]，国家要按照需要课征赋税，既维系了"邦国大本"，又不触及"生人之喉命"。杨炎一改"租庸调制"对于纳税能力的积弊，将贫富水平作为"两税法"的征税标准，纳税能力和税负相协调，降低了底层民众的税负水平。

宋朝施行"强干弱枝"的政策，设立户部、盐铁、度支三司，"制其钱谷"，加强财政集权，并在各地设立转运使，加强对地方的财政监管。巧立税目，苛捐杂税繁多，机构臃肿冗余，降低了征收效率，增加了中间损耗。冗费、冗官、冗兵的积弊加重，北宋逐渐积贫积弱。宋神宗时期王安石实行变法，一方面鼓励百姓兴修水利，政府为之提供资金；另一方面在青黄不接、发生灾害时，"令出息二分，春散秋敛"[④]，将仓储粮借贷给农民，阻断地主大户在灾年放高利贷，从而对百姓进行人身盘剥和对土地进行兼并，以期达到"民不加赋而国用足"。在徭役制度方面，变以实物税抵免劳役为以钱币募集劳役，并规定之前免征劳役的官僚地主也要缴纳役税。王安石变法重在打压官绅地主土地兼并和人身奴役，减轻百姓负担，使其安心耕作，体现了均赋税、养税源的思想。王安石变法相关政策的初衷是公平税负和提高征收效率，但由于各层官员借变法大肆敛财，最终加重了民众的负担。

元朝幅员辽阔，生产方式和经济水平存在巨大的地域差异，促使税收制度在地域上各不相同。元朝土地分为官田和民田，国家对官田征收地租，对民田征收赋税。南北赋税制度各异，"元之取民，大率以唐为法，其取于内郡者，曰丁税，曰地税，此仿唐之租庸调也。取于江南者，曰秋税，曰夏税，此仿唐之两税也"[⑤]。王公官绅抢占民田，寺庙道观谎报土地，土地兼并严重，农民无地可耕，国家田赋收入缩小。"国之所资，其利最广者莫如盐"[⑥]，盐税成为元朝最重要的税收来源。底层人民的税收负担沉重，官员腐败不堪，自耕农被迫沦为奴隶，社会矛盾不断激化，促使元末农民起义不断，加速了王朝的衰亡。

明朝后期，张居正推行"一条鞭法"，替代此前沿袭唐、宋、元的两税法。对百姓要征税有制，"与其设法征求，索之于有限之数以病民，孰若加意省俭，取之于自足之中以厚下"[⑦]；将课税效率作为官吏考核绩效，完善税收征管制度；严打士绅大户逃漏税行为。进行土地丈量，清查田亩契约，以此为基础平均税负徭役。简化税制和征

---

① 《唐会要》。
② 《旧唐书·食货志》。
③ 《旧唐书·杨炎传》。
④ 《宋史·王安石传》。
⑤ 《元史·食货志》。
⑥ 《元史·食货志》。
⑦ 《张太岳集·陈六事疏》。

管程序，将田地赋税和劳役合而为一，统一折算为钱币，按照人口和田地数量征收，以银钱替代实物征税。张居正还主张"厚商利农"，认为农商都是社会发展的一环，相互促进才能实现经济流通和繁荣。简便的征税流程和宽松的政策环境在一定程度上解放了生产力，顺应了商品经济的发展，体现了税收公平、效率、适度原则。

经过明末清初的战乱，人口锐减，清初实行按人头征税的政策，有助于鼓励百姓开垦土地。随着社会稳定下来和经济的不断发展，耕地供给不能满足激增的人口，加之满族贵族圈地严重，土地兼并加剧，加派和附加税收盛行，百姓均亩税负不断加重。显然，按人丁征税已经不合时宜。雍正在全国推行"摊丁入亩"的政策，将康熙五十年的丁银数额分摊到田赋中去，核实一两田赋需要缴纳的丁银，汇总一并缴纳。这样人多地少的底层农民税负减轻，加强了对人少地多的官绅地主的征缴力度，扩大了税源，增加了财政收入。

回顾历代税制改革，可以发现征税流程和税种不断精简，以钱币征税逐渐替代以实物征税，注重公平税负，打击土地兼并。但古代税收制度在朝代建立之初尚能适应发展需求，到中后期就出了问题：要么革新除弊，中兴时政；要么积重难返，走向灭亡。只有从社会经济发展的现实需要和客观实践条件出发，把握治税原则的时代特征，税收原则才能科学指导不同时期的税收实践活动。

2.2.2　中国古代治税思想梳理

1. 中国古代税收公平思想

中国历史上长期处于农业社会阶段，小农经济发达，土地税是税收制度的重要内容，古代税制围绕着土地进行不断的修补和完善。中国历来重视公平正义，"不患寡而患不均"，税收公平思想也随着历史条件的变化体现出不同的内涵。

（1）计田而税：按土地等级优劣确定税负。中国封建社会早期，生产力水平低下，人口稀少，农民耕作在很大程度上要"靠天靠地吃饭"，因此土地肥沃程度、距离水源和城郭的远近成了评价其纳税能力的重要标准。早在中国古代典籍《尚书·禹贡》中就记载："禹别九州，随山浚川，任土作贡。禹敷土，随山刊木，奠高山大川。"[1]《禹贡》按照土壤情况、农作物、自然景观等特点将国家划分为九州，并将其土地分为九等[2]，按照等级征收不同的赋税，这是中国最早的关于税收公平原则的记录。此后，齐国管仲推行"相地而衰征"[3]的政策，依据土地好坏和距离都城远近进行分级，好地多征，贫地少征，近地多征，偏远地区的地少征，由此合理课税，有助于提高农民的开垦积极性，从而"使民不移"、增加财政收入。其缺陷是只考虑征税对象的差异，未考虑纳税人的差异。例如，一块土地很肥沃，拥有这块土地的家庭劳动力却不足，开垦程度较低，但仍须缴纳重税。

（2）计丁而税：按劳动能力强弱确定税负。曹魏后期"屯田制"逐渐遭到破坏，

---

[1] 《尚书·禹贡》。

[2] 黄天华. 中国税收制度史[M]. 上海：华东师范大学出版社，2007：23.

[3] 《国语·齐语》。

晋武帝废除民屯之后，地方豪强、贵族、官绅纷纷抢占田地，隐瞒户籍，屯田客也依附于大地主、大家族，致使需要耕田的普通百姓无田可种，农业疲敝，国库空虚。西晋灭吴之后推行"占田制"，按性别、年龄、身份设定每人应得田亩数量，自耕农以此数量为准开垦荒地，在此基础上具体划分减税和课税界限，最终按照人头和劳动能力课税，这激发了民众开垦荒地的积极性，降低了劳动能力弱者的税负，增加了总的税收收入。但由于"占田制"并未取消特权阶层的税收优惠，导致后期土地兼并现象依然严重，且新增耕地赶不上人口增长的速度，而征税依据仍为人口，矛盾逐渐激化。到北魏时期，孝文帝核查人口，推行"均田制"，按照劳动能力的强弱，把国有田地分授给没有耕地的人，并以此为征税标准，同时规定土地不得买卖，这在一定程度上限制了土地兼并。"均田制"按照固定税率征收税赋，讲求绝对平均，并未将财富水平纳入征收标准之中，因此不利于提高底层群众的生产积极性和农业生产力水平。唐朝后期，随着可供分授的国有田地的减少和人口的增加，农民实际获得的田地亩数不足，但税赋照旧，均田制逐渐土崩瓦解。

（3）计财而税：按财产多少确定税负。唐初实行的"租庸调制"仍是以人丁为基础的赋税制度，正所谓"有田则有租，有家则有调，有身则有庸"[①]。随着社会稳定和经济发展，大户土地兼并严重，人口大量流失，政府收入减少。安史之乱后，各地巧立名目，多重征税，税收乱象横生。直到唐德宗时期，杨炎合并税制，精简税目，推行"两税制"。"户无主客，以见居为簿；人无丁中，以贫富为差"[②]，不再区分外来户还是本地户，一律按照土地、财产的多少征税，富者多征，贫者少征，鳏寡孤独者不征。杨炎的"两税法"是税收思想的一大进步，体现了中华民族扶贫济弱的"仁政"思想，但由于历史的局限和政策的阶级立场，"两税法"的税制改革并未能一以贯之。

以上可以看出从"计田而税"至"计丁而税"再至"计财而税"的税收公平思想的演进，在此历程中税收公平原则的实践内涵不断丰富。可以说在中国古代税收史中，蕴含公平思想的一次次税制改革抑制了土地兼并，扩大了纳税面，使赋税收入得以不断增长，它们适应当时生产力的发展和社会关系的变革，起到了促进小农经济发展的作用。

2. 中国古代税收效率思想

中国古代长期主要以实物征税，且税目繁杂多变。因此，精简税制，提升税收效率，是增加财政收入的切实可行之策，为历代税制改革者所重视。

（1）以经济增长为前提的税收增长。经济增长是税收增长的前提，忽视经济承载度，肆意横征暴敛，无异于竭泽而渔，众多王朝的衰败源于其不懂得涵养税源的道理。早在《尚书》中就提出了"裕民""惠民"的主张，重视发展经济、富裕人民，以此作为统治者功绩的表现，也体现出统治阶级对于财政收入和人民富裕水平关系的思考。孟子提出要"易其田畴，薄其税敛，民可使富也。食之以时，用之以礼，财不可

[①] 《陆宣公集》。

[②] 《旧唐书·杨炎传》。

胜用也"①，道出了民富财盈的关系。"百姓足，君孰与不足？百姓不足，君孰与足？"②是早期儒家关于"以民为本"财政思想的阐述。"户口滋多，则赋税自广，故其理财以爱民为先"③强调通过发展经济、增加人口、扩大税源来增加国家财政收入，这一思想为后世王朝的繁盛或中兴起到了重要作用。

（2）确实与便利。增加财政收入不仅要从税源入手，也要减少征税的中间损耗和降低与纳税人的沟通成本。财政混乱多坏于税制不明、税目私立、执行随意，税制改革必先明确税令，令从法出。春秋战国时期，赵国赵奢任田部吏时，不畏强权，严格执行法令，严惩拒交赋税的行为，以"不奉公则法削，法削则国弱，国弱则诸侯加兵，是无赵也"④的道理说服了平原君，维护了税法的权威，最终使得"民富而府库实"。西晋傅玄提出了"有常"的思想，指出"赋役无常，横求相仍，弱穷迫，不堪其命"⑤，认为税制应当固定，使百姓有所依照，也能限制官吏滥用职权。杨炎的"两税法"提出夏秋两税的主张，并且合并税目，方便了农民缴税，也有利于农事，同时为税吏征税提供了规章，不至于天天催缴。确实和便利原则是中国古代小农户的普遍诉求，然而战乱一起，就难以维持，致使民生凋敝。因此，新政大都始于颁布法令，精简税目，简化流程，农业生产从而得到恢复。可以看出，税收的确实和便利有助于降低征税对生产生活的影响，"使民"而不怨。

中国古代税收效率思想是在一次次横征暴敛导致的朝代灭亡和轻徭薄赋的富民强国中形成的。涵养税源、清除苛捐杂税和维护税法权威成为提高征税效率的重要途经，一方面能够使百姓安居乐业，专注生产活动，另一方面也限制了地方官吏的寻租空间。因此，遵循税收效率原则是中国古代税收实践的重要内容。

2.3　亚当·斯密的税收原则理论

亚当·斯密通过《国富论》一书阐述了自由经济思想和主张，奠定了其英国古典经济学创始人的地位。亚当·斯密推崇经济自由主义，反对政府对经济的干预主张政府应当充当"守夜人"的角色，要让市场主体进行自由竞争，充分发挥"看不见的手"的作用。他认为，市场经济会自行调节，政府的干预反而会起到消极的作用，政府仅需要为社会提供稳定的环境和国家安全就可以了；若政府过多干预经济，将会挤占社会资源，不利于民间资本的发展，同时政府的政策也会扰乱市场秩序和生产活动，增加市场不确定性。因此，亚当·斯密以自由经济为基调，在《国富论》中详细阐述了其税收原则。

---

① 《孟子》。
② 《论语·颜渊》。
③ 《资治通鉴》。
④ 《资治通鉴》。
⑤ 《傅子·安民》。

1. 平等原则

亚当·斯密在《国富论》中这样表述平等原则：每个国家的人民都应当以各自能力（各自在国家保护下享有的收入）的比例缴纳赋税，维持政府运转。即国家的每个民众都应当把在国家保护下所得的收入的一定比例，向国家缴纳税收。一方面，平等原则保证了税收标准的一致性，即任何人只要有收入都应交税，贵族、僧侣等特权阶级与平民一样都应依照规定缴纳税收，这样就平均了税负；另一方面，平等原则要求按照统一的比例税率计征，因此并没有改变原有的收入分配格局，对经济发展并未过多干扰。此外，能力大（收入多）者多交税，能力小（收入少）者少交税，体现出税收的公平性。

2. 确实原则

亚当·斯密在《国富论》中这样表述确实原则：每一个国民应当完纳的赋税应当是确定的，不得随意变更。完纳的日期、完纳的方式和完纳的数额都应当让一切纳税者及其他人了解得清楚明白。如果不这样，纳税人就会被征税官吏所左右。即应当让纳税人清楚地知道自己应该缴纳的税目、时间、地点、程序和数量，防止征税者随意解释税收规定，以谋取私利。确实原则强调了税收的固定性和法定性，限制了税吏对于征税的自由解释权和寻租的空间。正是"确实原则"这一指导思想保证了税收的三个特性之一的固定性。

3. 便利原则

亚当·斯密在《国富论》中这样表述便利原则：各种税收完纳的日期和完纳的方式，必须给予纳税者最大的便利。即要求政府在确定征税的时间、地点、方式时，应尽量使纳税者在缴纳税收时感到方便。具体来说，要在纳税人收入充裕时征税，使其不会因纳税而生活拮据、困难；应简化纳税人履行纳税义务的手续，不致烦琐难办；纳税场所应当建在交通便利的地方，降低交通成本；征税应当收取货币，避免纳税人长途搬运货物和中间运输造成损失。

4. 节俭原则

亚当·斯密在《国富论》中这样表述节俭原则：一切赋税的征收要有所安排，须设法使从人民那里所征收的税额尽可能等于国家最终所获得的收入。即在税收征缴过程中，政府最终获得的实际收入额应当与纳税者缴纳的税收额之间的差距越小越好，换言之，税务部门应尽最大可能减少征收成本。如果人民缴纳的税额远远大于国家最终获得的税收收入，那么中间必定存在多重损耗，也会产生额外的社会福利损失。若不遵从节俭原则，可能会产生一些问题：第一，税务征管队伍庞大，超过实际工作需要，劳务薪资支出将耗去大部分税收收入；第二，税负过重，超额负担增加，将影响正常生产，不利于产业发展；第三，逃税严重，罚没增多，将导致生产投资活动减少，税源也相应减少；第四，繁多的税收稽查将占用纳税人的生产时间，扰乱正常的企业运转；等等。

亚当·斯密的税收四原则是以活跃民间资本市场为出发点，以新兴资产阶级的角度，对税制复杂多变、官吏贪污腐败和特权现象提出控诉和改革建议，阐述了什么样的税收制度才是合理的，顺应了新兴资本主义经济发展的需求，为当时各国设计税收制度和施行税收政策提供了依据，也为西方近现代治税思想奠定了基调。同时，也要看到，亚当·斯密的税收原则是被动的税收原则，并不强调政府的作用，倡导"无为而治"，具有一定的局限性。

2.4　瓦格纳的税收原则理论

19 世纪，西方资本主义生产力不断发展，社会资本逐渐集中，生产的社会化分工和生产资料的私人占有之间的矛盾激化，垄断资本主义发展壮大，贫富差距拉大。为了维持资产阶级的统治和资本主义制度的延续，需要对旧有自由放任的经济制度进行改良变革。德国的阿道夫·瓦格纳作为社会政策学派的代表人物，对于财政职能和税收制度转变提出了自己的观点。他提出了社会政策理论，认为税收不应该仅仅作为征集国家收入的工具，而应该利用政府的一切税收手段干预经济，调节社会收入分配，促进社会生产。从社会政策理论出发，瓦格纳提出了税收的四项原则，具体如下。

1. 财政收入原则

财政收入原则是指税收能够为国家履行其职能和自身运转所需的财政支出提供充足且灵活的收入来源。因此，税收收入既要充分又要富有弹性。

充分原则要求税收收入必须能够满足国家开支需要，避免因财政支出过大，入不敷出，形成财政赤字。征收赋税是为了提供国家履行职能所需的开支，当社会经济发展，民众对于公共服务需求增多，如果非税收入不能覆盖支出的增长时，应当采取适当的措施增加税收，如加强税收征管和严惩偷漏税行为等，使财政不致产生赤字。

弹性原则要求税收收入能随着经济发展水平的提高而自动增加。政府财政支出规模存在刚性增长趋势，税收收入应当能够自动增长。当经济进入繁荣时期，经济活动增加，以商品和劳务为征税对象的间接税收入会自动增加，因此瓦格纳主张把间接税作为主税种，并辅之以所得税、财产税等直接税，以弥补间接税在经济衰退时收入的迅速减少，稳定财政收入。

2. 国民经济原则

国民经济原则是指政府在征税时不能阻碍经济发展，不可损害税源，在可能的范围内，应当尽力促进资本形成，推进国民经济发展。具体而言，国民经济原则包括税源选择原则和税种选择原则。

税源选择原则要求选择合适的税源，不能损害税本，从而对经济发展不产生阻碍。一般而言，税收有三种税源：所得、资本、财产。由于资本和财产是国民经济发展的基础，因此若对资本和财产征税会损伤税本，不利于国民经济发展，最终导致税源枯竭。因此，瓦格纳主张对国民所得征税，同时，他也指出若为了经济和社会发展的需要，也可对部分资本和财产征税，以避免国民所得成为唯一的税收来源。

税种选择原则要求考虑税负转嫁，选择不能或者不易转嫁的税种进行征税，使税负由应当承担的纳税人承担，避免税收政策目标的偏移，保障税负公平。如果选择税负极易转嫁的税种，则会损害税收"中性"原则，对市场经济活动产生扰乱，也可能形成税负高地或洼地，影响公平收入分配。

3. 社会正义原则

社会正义原则也称为社会公平原则或社会公正原则，是指税收负担应当公平地分配给不同的个体、阶层，缓解社会初次分配不均的问题，缓和社会矛盾，维护社会稳定。具体而言，社会正义原则包括普遍原则和平等原则。

普遍原则要求对不同社会阶层的社会成员普遍征税，不因身份、地位等非经济标签而有所区别，做到"一碗水端平"。同时，瓦格纳要求的并不是所有纳税人缴纳相同数额的税收，而是要根据纳税能力，对收入较少的劳动者减税或者免税，缴纳义务和减免权利并存，这并未违背普遍原则。

平等原则要求把纳税人纳税能力的强弱作为征税标准，纳税能力与其承担的税负水平相匹配，多得多纳，少得少纳，不得不纳。为了缩小社会贫富差距，抑制不劳而获，增强劳动者的生产积极性，瓦格纳强调对高收入者以超额累进税率征收所得税，特别是对不劳之财和意外之财课以重税，同时对于生活困难的底层民众免税。

4. 税务行政原则

税务行政原则也称为课征技术原则，是指税法制定以及征税程序应当使纳税人在履行纳税义务时感到便利。这要求税务部门提升行政能力，为纳税人纳税提供方便。税务行政原则是对亚当·斯密的确实、便利、节俭原则的补充和发展，具体包括确实原则、便利原则、最少征税费用原则。

确实原则要求纳税的时间、地点、方式等事先以法令的形式加以明确，使纳税人有法可依，征税者也有章可循，将征税者行为限定在法律规定范围内，使其不能随意征敛。

便利原则要求征税应当简化手续，在时间、地点、方式等方面上尽可能便利民众。这样也有助于提高税收的征缴效率，降低民众对缴税的抵触感。

最少征税费用原则要求尽量减少征收管理的费用，以增加国家最终获得的实际收入，同时要尽可能减少纳税人因纳税而造成的其他相关费用损失，如因实地交税而耽误工作所产生的机会成本。

瓦格纳的税收原则相较于亚当·斯密的税收原则要更全面和系统一些，其不仅强调税收所具有的组织收入的作用，也要求税收承担相应的调节经济和化解社会矛盾的职能。瓦格纳的税收原则已经具有了近现代税收原则的雏形，为后世治税思想发展和理论探索指明了道路，因此他被西方经济学界视为税收制度的集大成者。

2.5 现代税收原则

经过亚当·斯密、瓦格纳以及凯恩斯等近现代西方学者的探索和实践，税收原则不断完善和发展，逐渐形成了被学界所接受的现代税收原则。现代税收原则继承了早期税收思想的基本规范，同时又有所补充和发展，主要包括公平原则、效率原则、财政原则、法定原则、稳定原则和合情原则。

2.5.1 公平原则

税收依附于公共权力，作为国家公器的一部分，是对社会劳动产品的再分配，因此影响着不同利益主体的最终收入情况。如果税收不能遵从一个相对公平合理的原则，则会使得利益受损的一方降低税收遵从度，削弱生产积极性，最终不利于经济的持续发展。因此，公平原则是税收制度制定和政策执行的首要原则，代表着国家职能的公共性和正义性。

税收公平原则是指国家应当使纳税人承担与其经济能力和水平相匹配的税负，使得社会总体税负均衡公平，也就是说，享受国家公共产品的社会成员都应当承担与之相应的税收，讲求税收的普遍性和平等性。

1. 横向公平与纵向公平

横向公平原则又称为水平公平原则，是指对于相同纳税条件（经济水平、纳税能力等）的对象应当征收相同数额的赋税。这要求税制对于非经济因素（种族、相貌、职位等）应当不予考虑，只要符合规定的纳税条件就要对其课税，对于满足相同课税条件的对象应课征一样的税，不应有所区别。这是一条理论性的原则，而对于纳税条件如何才算相同和税收待遇如何才算相等，存在操作上的不确定性。

纵向公平原则又称为垂直公平原则，是指对于不同纳税条件（经济水平、纳税能力等）的对象应当征收不同数额的赋税。这要求税务部门要区分不同类别的纳税对象，并制定一个合适的税负水平。纵向公平原则在实践中也存在困难，即如何对不同纳税人的纳税能力进行比较，以及如何度量纳税能力的大小并匹配以合适的税负水平。

2. 量能原则

量能原则是指以纳税人的纳税能力为标准确定其应当承担的税负水平。因此找到能够反映其纳税能力的指标成为确定税额的关键，常见的衡量要素包括所得、支出和财富。

（1）所得标准。所得标准也称为收入标准，是以纳税人的收入作为衡量其纳税能力的指标，从而确定其税负水平。相较来说，所得标准是学者最为接受的标准。收入是指纳税人通过劳动或者所拥有的要素资源而获得的回报，包括工资、薪金、股息、利息等。收入高的人承担高税负，收入低的人承担低税负，没有收入的人不承担税负。收入作为衡量纳税能力的标准，操作难度小，较易获取信息。但也存在局限性：① 实物或者其他形式（优惠券等）的收入难以计量；② 收入相同、家庭负担不同或者健康情况不同的纳税人缴纳同样的税收有失公正；③ 收入获取方式不同（如资本利得和劳动等）也会影响所得对纳税能力的衡量；等等。

（2）支出标准。支出标准是指将纳税人的支出水平作为衡量其纳税能力的指标，从而确定其税负水平。个人收入除去储蓄后所剩的余额就是支出，支出可以分为消费支出和投资支出，主流观点认为消费支出可以作为衡量纳税能力的标准。若纳税人的消费水平越高，说明其对社会资源的消耗越大，同样，潜在纳税能力也越大。储蓄和投资有助于社会再生产和经济的发展，而消费是对社会资源的索取，应当对高消费者多征税，对消费水平较低者少征税或者不征税，这样也避免对纳税人跨期消费决策产生扭曲，有利于增加储蓄和投资。以支出为标准衡量纳税能力同样存在其局限性：① 高收入者可以通过减少消费达到少交税的目的，而贫穷者也可能由于抚养子女、赡养老人、大病医疗而存在较大数额的刚性消费；② 只有在消费之后才能征缴税收，这样财政收入很大程度上随总体消费水平而剧烈波动；③ 消费较为分散，不利于收集信息和核查真伪，滋生地下交易；④ 对于不同收入不同边际消费倾向的个体，以支出为依据征收相同比例的税收会影响社会公平，高收入者的边际消费倾向较低收入者而言更低，征收同样比例的税收会产生累退性；等等。

（3）财富标准。财富标准也称为财产标准，是指将纳税人的财富数量作为衡量其纳税能力的指标，从而确定其税负水平。财富是个人收入的积累，包括有形资产和无形资产、动产和不动产等，拥有财富越多的人相应的纳税能力也较强。财富代表了个人对社会资源的占有，纳税人因占有财富而获得租金和利息，也可继承或受赠财富，这均能增加其纳税能力，因此以财富为标准对纳税人征税具有一定的合理性。以财富为标准衡量纳税能力也存在较大局限性：① 有些纳税人虽然拥有价值巨大的房产，但其仅用于居住，并未从中获得收入；② 在拥有财产的同时也承担巨额负债，并不代表纳税人具有较高的纳税能力；③ 财产种类繁多，难以准确评估；④ 以财定税会导致纳税人增加消费而减少投资，可能会降低经济增长率；等等。

3. 受益原则

受益原则也称为利益原则，是指纳税人依据其从国家提供的公共产品和服务中所享受的利益多少缴纳税收。根据等价交换原则和市场交易原则，将国家无偿为社会成员提供公共产品和服务以及纳税人无偿为国家缴纳税收视作一种市场行为，通过市场规则确定纳税人为其享受到的公共产品和服务应当支付多少"费用"。受益越多，则纳税越多；受益越少，则纳税越少。从整体上看，受益原则为国家无偿获得社会成员资源的正当性提供了理论依据，这也要求国家无偿为民众提供国防、治安等公共产品。受益原则有三种不同的形式：① 一般受益原则，也是最严苛的原则，要求根据每个人对于公共产品和服务的偏好水平确定其税负水平，因此需要对社会上的每个个体量身定制税收准则。② 特定受益原则，是指按照特定人群中的个人从政府公共产品和服务中获得的收益多少确定其承担的税负水平（如房地产税）。③ 间接替代征收原则，由于技术的限制和信息不对称，直接测量纳税人从公共产品中获得的收益的多少往往难以实行，因此，可以通过间接指标观测受益程度，如汽油消费税，通过间接方式测量对公路的使用情况，从而估算出车主从公路这样的公共产品中所获得的受益水平。

受益原则在一定程度上体现了税收公平的思想，有助于政府以支定收、平衡收支，同时对于明确国家与纳税人的关系具有理论意义。但在实践应用中具有很大的局限性，例如：① 存在"搭便车"现象，由于公共产品具有非竞争性和非排他性，一个人消费公共产品并不影响其他人再次消费或者同时消费，而且增加一个人消费并不会增加政府提供公共产品的成本,即边际成本几乎为零,那么在信息不对称的情况下,社会成员在消费公共产品时有动机隐瞒自己对于公共产品的偏好和边际效用水平,从而达到不缴或少缴赋税的目的。② 大部分公共产品难以用市场的定价模型进行价值评定,因此也就难以确定纳税人从中所获得的收益具体有多少,实行受益原则很可能导致受益与成本错配。③ 受益原则以市场的思维考虑政府与民众的关系,忽视了国家税收调节收入分配、维持经济稳定、保障公平正义的职能。

因此,理想的受益原则具有一定的理论指导作用,但若想在实践中完全体现也面临一些困难。政府在运用受益原则的同时还应兼顾社会责任,来弥补市场失灵所造成的后果。

2.5.2 效率原则

税收的征缴不仅会减少私人拥有的资源,而且征缴活动也会产生成本和损耗。除此之外,由于政府对于社会产品的再分配活动,既使得生产者由于利润的减少而降低产出,又使得消费者购买商品的价格升高而减少消费,形成了福利"损失三角",造成无谓损失,在制定税收制度时应当充分考虑这些问题。

效率原则是指在国家征收赋税和纳税人缴纳税收的过程中,应尽可能地提高效率,减少损失。一方面,税制设定和税收政策实行时,应尽量减小对市场活动的干扰,保证税收中性,从而减少因征税而产生的无谓损失。另一方面,税务部门要提高行政效率,简化税收流程,按照确实、便利、节省的原则征收赋税,降低征缴成本。

1. 中性税收思想

在西方由重商主义转变为自由资本主义的过程中,新兴资产阶级迫切要求较少的政府干扰和稳定的税收体系,亚当·斯密的"自由经济"思想顺应了这一需求。亚当·斯密认为市场可以进行自我调节,市场配置资源是最好的方式,如果对市场的干预过多,则会打破这一均衡状态,必然造成效率的损失。亚当·斯密认为税收要保持中性,除了让纳税人承担维持国家运转所需要的费用之外,不应再让其承担其他成本,同时认为政府在制定税制时,要考虑对纳税人经济活动的影响,尽量选择不会干扰市场主体行为的税种进行课税。亚当·斯密建立在完全竞争市场的假设之上的税收中性原则,对于当时的经济发展起到了积极的作用,有助于限制官吏肆意征税,避免对市场活动的无端干扰。

随着资本主义经济的发展,经济行为逐渐复杂化,亚当·斯密的税收中性原则已经不能适应垄断资本主义时期社会管理的要求了。税收中性的内涵得到延伸,要求税收尽量减少对整体经济活动的不良影响。若税收政策对经济发展产生积极作用,则税收中性调节服从于提高经济效率的目标,以使经济运行效率最大化。在市场失灵的领域,税收应当发挥作用,维持经济运转,解决社会矛盾,提高社会福利水平。

税收中性原则强调了市场在资源配置中的主导地位,对于划定政府和市场的关系具有指导意义,同时也应看到市场在资源配置时产生失灵或者造成社会福利损失的可能,政府宏观调控又是必不可少的。因此,税收中性和政府调控是相辅相成的,二者不可偏废。

2. 超额税负思想

税收的超额税负是指由于政府征税，改变了市场主体的行为，导致市场主体福利减少的部分大于政府最终获得的部分，两者之间的差额就是无谓损失或者税收的超额负担。根据消费者理论，无谓损失可以由两部分组成：消费者剩余净损失和生产者剩余净损失。政府征税后，消费者以更高的价格购买产品，生产者以更低的价格销售产品，这偏离了原来的二元市场主体均衡点。

图 2-1 中，横坐标代表的是商品数量 Q，纵坐标代表的是商品价格 P，D 是商品需求曲线，S 是商品供给曲线。起初，供给曲线和需求曲线相交于均衡点 B 点，均衡价格为 P_0，均衡产量为 Q_0，消费者剩余和生产者剩余的和达到最大。假设政府对生产者每件商品征收从量税 T，导致生产者提高价格以弥补缴税所造成的损失，供给曲线向上平移至 S_1 的位置，同时消费者因为物价上涨而减少消费量，最终产量和消费量至相等处实现均衡，均为 Q_1，而消费者最终得到的价格是 P_1，生产者最终每件产品获得的收入为 P_2，$P_1 - P_2$ 即为对每件商品征收的税收 T。可以从图中看出，消费者和生产者的损失之和大于政府增加的收入，差额即为三角形 ABC 的面积，这就是税收产生的超额负担，三角形 ABC 则被形象地称为"税收楔子"。

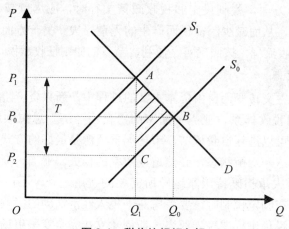

图 2-1　税收的超额负担

由于消费者和生产者对于价格变动的敏感程度不同，导致需求曲线和供给曲线的形状不一，进而影响着"税收楔子"的形状和大小，通过几何计算可以求得超额负担的测量表达式为[①]

$$EB = \frac{1}{2}t^2 \times \varepsilon \times P \times Q$$

其中，t 代表税率；ε 代表需求价格弹性；P 代表商品价格；Q 代表商品产量。

以上公式的推导是在局部均衡假设下进行的，是简化的模型，在实际测算时较难获得市场主体的弹性函数，外部环境会随政策发生调整，供给需求量也具有政策时

[①] 这一表达式是在供给曲线为水平线，税收为从价税的前提下推导出的，但不影响对于税收超额负担的一般性探讨。

滞性，难以准确测算。但通过观察简化的模型可以把握基本的税收思想，总结出税制设计的理论原则：通过 t^2 可以看出超额负担会因为税率的提高而呈指数性增长，因此应当尽可能扩大税基，对多种商品征低税，而避免仅对一种或几种商品征高税，从而大幅减少超额负担。

3. 征管成本最小化

税收征管成本最小化，是指政府应当提高行政效率，使得征税和稽查过程中所耗费的人力、物力和财力最少。征管成本的大小可以用税收成本率（征税费用占税收收入的比例）来衡量，征管成本的降低既与政府的行政能力、征税方式、技术水平、税收宣传等有关，也与纳税人的纳税成本和纳税意识有关。

由于各种税种的征税对象和征缴方式不同，其征管难度和征管成本也存在差异。根据相关数据的测算，在同等征税环境下，所得税较难征管，成本较高，增值税相较来说征管难度略低，成本较小。不同国家的征管成本也各有差异，根据经合组织（OECD）税收管理报告（2019）[1]，马来西亚、捷克、格鲁吉亚等国家的征管成本较高，美国、瑞典、比利时等税制健全的国家征管成本较低，但随着各国税制的健全和科技手段的发展，大部分国家的征管成本都将有所降低。

2.5.3 财政原则

税收是维持国家运转、维护社会安全稳定、促进经济发展的重要物质来源，为国家聚集财力是税收的基础功能。税收的财政原则是指税收应当为国家的必要支出提供充足且灵活的收入来源，包括充足原则和弹性原则。

税收的财政原则要求税收既要能够保证充足的财政收入，又要根据国家职能的变化和经济周期的波动而提供灵活的税收收入，以免入不敷出，形成财政赤字。

1. 充足与弹性

税收充足原则是指税收必须提供充足的资金以保障国家提供公共产品，这是税收财政原则的基本内涵。如果税收不能保障国家有充足的收入，则国家不能满足社会成员对于公共产品的需求，宏观经济调控就失去了物质基础。因此，政府应当在选择税种时，侧重税基宽、税源广、税收稳定的税种，对于税收优惠要谨慎对待，加强税收稽查，严厉打击偷逃税的行为。

税收弹性原则是指随着人均收入提高，国民对于公共产品的需求增长，政府需要不断增加财政支出占 GDP 的比例，税收收入也应当随之不断增加。财政支出在一定的社会发展阶段存在刚性增长的趋势，如若税收不具有弹性，则不能满足日益增长的财政支出需求。这就要求政府：一方面，应当选择税收收入能够随着经济发展而不断增长的税种征税；另一方面，要根据现实需求，在法律允许的范围内拓宽税基。税收弹性原则在各国设计税制时被广泛应用，具有重要的实践意义。

---

[1] OECD. Tax Administration 2019: Comparative Information on OECD and Other Advanced and Emerging Economies[R]. Paris: OECD Publishing, 2019.

2. 轻税多收

征税需要智慧，如何在民众能够承受的范围内征到足够的税收，是西方经济学界关注的焦点问题。亚当·斯密就曾指出征重税并不一定会比征轻税获得更多的财政收入。供给学派代表人物拉弗认为，存在一个税率界限。当税率低于这一界限时，随着税率的增加，国家所得的税收收入增多；当税率超过这一界限时，增加税率反而使得国家所获得的税收总额减少。这是因为轻税对经济活动的干扰和扭曲较轻，市场主体能够接受一定范围内的税收负担。但税率若超过一定界限，市场主体将宁愿不参与社会生产，因为其参与社会生产所得的很大一部分都将作为税收交给国家了，生产积极性丧失，社会生产活动从而减少，税源相应减少，国家最终获得的收入总额也降低了。当然，税率过低也不利于国家组织财政收入，国家没有充足的收入来源，将减弱调节经济的能力，不利于市场的稳定发展。因此，一个国家应当寻找到合适的税率，扩大税基，才能在合适的税率范围内征到足够的税收。

2.5.4 法定原则

现代税收法定原则是指税制（制定、实施、稽查等）应当通过法律的形式确定下来，政府依法征税，民众依法纳税。税收法定原则为税收公平原则、效率原则、财政原则的实现提供了制度保障，它是现代化税制体系的核心原则。

古代税制改革之所以呈现反复多变的特点，根源在于法由人定、法由王出。朝代政权衰亡多从其税令不法开始，苛捐杂税随之产生，待新朝伊始，也必先从立法革新处着手。当西方文明从封建社会向资本主义社会转变的过程中，法制观念逐渐加强，资产阶级希望通过法律限制国王权力，维护工商业主的权利。在王权与民权的斗争中，逐渐形成了较为完善的近代西方税收法律体系。

 专栏 2-2

税收法定的形成与发展

近代西方社会建立和发展了商品经济和信用经济，法律制度在其中占据重要地位，是私人财产权利的重要保障。近代资产阶级为维护私人财产与封建君主不断斗争，税收法定思想在此过程中萌生、发展并上升为税法的基本原则。

税收法定思想起源于 1215 年英国的《大宪章》。英国国王约翰为给军事活动筹集经费，横征暴敛，大幅提升税率，增加各种苛捐杂税。苦不堪言的新兴资产阶级联合教士和城市自由民与国王进行谈判，最终迫使国王签订《大宪章》，限制了国王征税权力。"一切盾金及援助金，如不基于朕之王国的一般评议会的决定，则在朕之王国内不得课征一切盾金或援助金。"到 1628 年，议会提出了《权利请愿书》，要求国王在不经议会同意的情况下不得强行征税和借债，重申了《大宪章》的税收思想。但很快国王便抛弃了《权利请愿书》，解散议会。1688 年，光荣革命爆发，资产阶级和新兴贵族推翻了封建专制统治，颁布了《权利法案》，正式以法律的形式规定：“凡未经议会准许，借口国王特权，为国王而征收，或供国王使用而征收的金钱，超出议会准许之时限或方式者，皆为非法。”历史上第一次以法律的形式限制了统治者的税法制定和解释权，使得税收法定原则由形式转变为现实，是税收人定到税收法定的开端。

同样，由于英国殖民者在北美地区横征暴敛，税负过重，导致美国独立战争爆发，战后美国独立，到 1787 年美国国会通过《美利坚合众国宪法》，规定了“国会有权规定并征收税金、捐税、关税和其他赋税”“有关征税的所有法案应在众议院中提出”等税收相关事项，为税收法定思想奠定了宪法基础。

法国国王路易十六为缓解财政危机，加征赋税，导致了法国大革命，革命派制定了《人权宣言》，规定“公民都有权亲身或由其代表来确定赋税的必要性，自由地加以认可，注意其用途，决定税额、税率、客体、征收方式和时期”，对税收法定进行了较为详细的解释。

英、美、法三国对税收法定思想进行探索和实践，为现代税法体系奠定了基调，税收决定权也逐渐由统治者手中转移到民众或者民众代表手中，有利于保障纳税人的权利，避免国王过度征税，西方逐渐形成了“无代表，不纳税；不立法，不纳税”的思想观念。

西方社会契约论讲求严谨、全面，注重逻辑和法理，这助推了税法体系设计的全面性、确实性和严密性。美国自内战开征个人所得税以来，不断对其税法体系补充完善，目前相关法律法规和成文规定合计超过 6000 页。通过美国复杂的税收法律款项就可以看出西方社会对于税收体系的严谨性，力求顾及到各种情况，普通民众甚至需要雇用专业人士才能实现缴税。征税部门对税法的解释权较小，同时要接受社会、司法部门的监督，这有效降低了税收的不确定性，并防止了贪污腐败行为。英美法系注重案例的法律效力，因此，随着税收案件的不断审理，纳税人利用税法漏洞偷逃税的行为、征税机关滥用职权或者变通税法的行为会逐渐减少。征税机关规范化、标准化征税，民众依法纳税，有助于维护税法的尊严和权威。

我们应该看到的是，税收法定演变过程中征税人与纳税人之间的博弈关系，法律制定权应当如何配置才是合理的？现代福利国家高额赤字率和财政危机问题也在一定程度上反映了国家管理者的长远考虑与纳税人追求短期利益之间的矛盾，这仍需我们认真思考。

资料来源：刘剑文. 西方税法基本原则及其对我国的借鉴作用[J]. 法学评论，1996（3）：20-24，37；王鸿貌. 税收法定原则之再研究[J]. 法学评论，2004（3）：51-59.

2.5.5　稳定原则

税收稳定原则是指政府应当通过征税熨平经济波动，促进经济均衡平稳发展，以弥补市场失灵的缺陷。

亚当·斯密的自由经济理论指导了重商主义之后的西方经济政策，自由资本主义在宽松的社会和经济环境下得到了快速发展。随着生产力的提升，逐渐出现了商品过剩的问题，财富集中到少数人手中，贫富差距拉大，社会需求不足，在面对剧烈的外部冲击时，加之政府的自由放任政策，经济开始衰退，失业增加，国民收入减少，社会总需求进一步下降，社会生产停滞，形成了 20 世纪 30 年代的经济大萧条。市场不能自动地产生有效需求，这时就需要政府运用财政政策和货币政策进行市场干预、调控宏观经济、恢复生产生活秩序。税收作为财政政策的重要手段之一，可以在调节市场经济活动中发挥"自动稳定器"和相机抉择的功能。

税收自动稳定机制也称为"自动稳定器"，是指税收能够根据经济波动自动地通过收入的增减调节经济。在税收发挥"自动稳定器"功能时，并不需要政府根据经济波动情况来改动税制，税收会通过内在机制自动对经济环境变化做出反应。例如，在实施累进所得税制的体系下，当经济衰退，失业增加，社会总需求减少时，随着个人所得和企业所得的减少，所得税额减少得更快，这样就在一定程度上减缓了衰退给社会造成的冲击，缓解了消费水平和投资活动的缩减程度；当经济繁荣，需求旺盛，商品生产趋于饱和，供不应求，价格节节攀升时，税收会随着个人和企业的收入增加而增长得更快，转移一部分过剩需求，给经济降温，避免市场主体盲目投资，造成资源浪费。实行累进税率的所得税是税收自动稳定机制的核心，有效限制了经济的大幅起落。但税收自动稳定机制只能以经济体波动当期社会资源存量为限做调整，在经济衰退时并不能产生额外的有效需求，具有一定的局限性。

税收相机抉择也称为税收政策抉择，是指政府根据经济波动的情况相机实行逆周期的税收政策。相机抉择相较于"自动稳定器"，政策更具针对性，调节力度更大。税收相机抉择包括扩张性的税收政策和紧缩性的税收政策。当经济低迷，需求不足时，政府应当实行扩张性的税收政策，降低税率，加大税收优惠，增加资产折旧速度，延缓税收上缴期限，增强市场主体的当期消费能力和投资能力，拉动社会需求，恢复生产生活。当经济过热，需求大于供给时，政府应当实行紧缩性的税收政策，在法律允许的范围内适当提高特定领域（高污染、高耗能等）的税率，提高特殊商品（奢侈品等）消费税和关税的税率，减少所得税的税收优惠和抵免条款（不包括特定困难人群），加大对投资领域的征税等，从而减少社会总需求，防止需求拉动型通货膨胀，避免市场主体盲目投资造成的资源浪费，降低杠杆率，防止产生系统性风险。但是税收相机抉择存在政策时滞性，包括认识时滞、执行时滞和外部时滞，最终对经济的影响并不一定能达到预期效果，需要慎重、适度地使用。

2.5.6 合情原则

税制与税收政策的设计与执行都离不开特定的时代背景和社会环境，脱离实际的税收制度，不管多先进，都无法有效落实。通过古今中外的税制发展历程可以看出，每个时期每个国家都有其所需要解决的历史任务，只有用历史的观点来看待不同的税收制度和政策，才能把握其内在的税收思想发展脉络。既要看到税收思想（公平原则、效率原则、财政原则、法定原则、稳定原则）的共通性和普遍性，也要看到税收思想所依赖的具体应用条件和环境。从现实国情出发，从实际出发，遵循合情原则，才能制定出适应并推进社会发展的税收制度和政策。

归纳起来，合情原则是指政府在制定税收制度和施行税收政策时应当立足本国国情，顺应时代要求，以经济、文化、科技发展水平为基础，实事求是，从实际情况出发。

我国作为发展中国家，税制设计应当着眼于社会主义初级阶段的基本国情。虽然我国的经济发展取得了举世瞩目的成就，综合国力不断提升，但收入差距过大、东西部发展不均衡、城乡发展不均衡、资源过多地集中在大城市、农村基础设施还不够完善等，也是我国面临的现实问题。因此人口大量流入城市，隐蔽性收入和分散性收入增多，这也造成了市场个体信息获取困难、收入体系管理很难及时跟上。因此，我国目前尚不能以所得税为主税种，而以税源稳定、税基宽广的流转税为主税种，以所得税为辅，适合处于社会主义初级发展阶段的国情，也有利于提高私人投资的积极性，活跃私有经济，增加就业岗位。

税收政策应当与国家战略和产业发展相适应，根据经济发展情况，有缓有急地进行税制改革。例如，在经济疲软乏力、下行压力加大的情况下，税收政策应当有针对性地减税降费，对于资源节约型、环境友好型企业加大税收优惠力度，支持高新技术产业发展，为企业转型升级提供政策红利，对接中国制造 2025 规划；对于小微企业、地摊经济应当予以税收减免或税收返还的优惠政策，促进"大众创业，万众创新"；对于贫困地区农民通过农产品网销、直播带货等方式获得的收入，应当给予其所得税减免优惠，助力脱贫攻坚。

税收设计还应考虑民族文化、风土人情可能对税收征管产生的影响，才能将制度有效推行、将政策落实到位。具体来说，税制设计应当做到确实、全面、详细，使得征纳双方没有变通余地，避免出现"面子交易"，同时加强偷逃漏税的惩处力度，提高违法成本。另外，让民众参与到税法的制定中，充分倾听人民的意见，满足人民的需求。继续加强税法宣传，便利人民履行纳税义务，提升普通百姓税法遵从意识和国家主人翁观念，让其参与到税法监督和举报揭发中。只有改变中国古代长期以来，由于统治阶级和被统治阶级的对立而形成的征税者与纳税者之间不相容的陈旧观念，让人民理解现代税收制度的性质，并能全程参与税法的制定、施行、监督等过程，才能使人民主动履行纳税义务。

中国是社会主义市场经济体制，经济成分多样，中央与地方的财权与事权存在差别，经济发展的国外环境纷繁复杂。只有坚持中国特色的发展道路，从实际出发，并利用好现代信息科学技术，才能发展出适合中国的税收制度。

本章小结

1. 税收原则是制定、完善和评价税收制度和政策的理论准则，是决定税收制度和政策可行性和合理性的内在思想体系，是税收理论的核心内容。设计税收制度和实行税收政策需要遵循公平原则、效率原则、财政原则、法定原则、稳定原则和合情原则。

2. 中国古代税收原则在破坏与重建中不断反复，抑制土地兼并、增加财政收入是税制改革的重要目标。中国古代税收公平原则经历了按土地等级优劣确定税负、按劳动能力强弱确定税负和按财产多少确定税负三个发展阶段。

3. 西方治税思想代表人物有亚当·斯密和瓦格纳。亚当·斯密从自由经济思想出发，主张平等、确实、便利和节俭原则；瓦格纳继承和发展了亚当·斯密的治税思想，主张财政、国民经济、社会正义和税务行政原则，顺应了资本主义发展需求。

4. 西方税收公平原则包括三种解释：平等性，即符合同等条件的人要征收一样的税，不同条件的人征收不同的税收；量能性，即按照纳税人纳税能力确定税负，可以根据所得标准、支出标准和财富标准进行量能；受益性，即纳税人应当承担与从国家获得的收益相等的税负，谁受益，谁纳税。对税收公平的各种解释具有合理性和局限性，应当辩证看待。

5. 税收效率原则是指应当尽可能保证纳税人缴纳的税额与国家最终获得的收入相近。中国古代以持续组织财力的能力和确实便利度来定义税收效率，而西方则从税收是否中性、超额税负水平、征管成本率来衡量税收效率。

6. 税收财政原则要求税收能够为国家提供充足且灵活的收入来源。中国古人深谙"国富"与"民富"的辩证关系，主张爱惜民力，涵养税源，国库自然就丰盈了。西方既强调税收要保障国家收入的充足性，满足国家不断增长的支出需求，又倡导通过广税基、轻税率的方式征税。

7. 税收法定原则要求政府要以法律的形式明确税制，限制税吏对于征税的自由解释权和寻租的空间。税制现代化的标志是由税法王定变为税收法定，纳税人或者代表参与到税收制定中。

8. 税收稳定原则要求税收应当发挥宏观调控的职能，通过自动稳定机制和相机抉择机制熨平经济波动，弥补市场失灵的缺陷。

9. 税收原则的运用应当充分考虑不同国家的国情和时代特征，遵循合情原则。中国在借鉴西方税收原则时，要结合自身所处的历史方位和发展现实，立足本土文化，与国家政策和战略相配合，充分运用现代信息科学技术。只有从实际出发，实事求是，才能建立适合中国发展的税收制度。

思考题

1. 中国古代既保证税收公平又实现税收效率的政策或制度有哪些？

2. 如何实现超额负担和征管成本尽可能地减小？

3. 中国"营改增"税制改革遵循了什么财政原则？为什么？

4. 税收"自动稳定器"机制和相机抉择机制的作用机理以及各自的不足有哪些？

5. 如何对纳税人进行量能评定？

6. 税收法定的好处有哪些？

7. 中国为什么不学美国将个人所得税作为主税种？又为什么不学俄罗斯实施个人所得税的单一税制改革？

本章阅读与参考文献

[1] 郝如玉，曹静韬．当代税收理论研究[M]．北京：中国财政经济出版社，2018.

[2] 胡怡建．税收学教程[M]．上海：格致出版社，2008.

[3] 黄桦．税收学[M]．2版．北京：中国人民大学出版社，2011.

[4] 黄天华．中国税收制度史[M]．上海：华东师范大学出版社，2007.

[5] 靳东升．个人所得税的改革与完善要实现税收公平[J]．金融论坛，2005（7）：21-23.

[6] 刘剑文．西方税法基本原则及其对我国的借鉴作用[J]．法学评论，1996（3）：20-24，37.

[7] 钱穆．中国历代政治得失[M]．北京：生活·读书·新知三联书店，2012.

[8] 钱淑萍．税收学教程[M]．4版．上海：上海财经大学出版社，2019.

[9] 邱华炳，刘瑞杰．西方税收原则理论演变评析[J]．厦门大学学报，1996（2）：60-64.

[10] 史玲，谢芬芳．改革开放三十年我国企业所得税改革的历程与评价[J]．湖南社会科学，2008（4）：96-99.

[11] 万莹．税收经济学[M]．上海：复旦大学出版社，2016.

[12] 王国清．税收经济学[M]．成都：西南财经大学出版社，2006.

[13] 王鸿貌．税收法定原则之再研究[J]．法学评论，2004（3）：51-59.

[14] 王美涵．税收大辞典[M]．沈阳：辽宁人民出版社，1991.

[15] 王玮．税收学原理[M]．2版．北京：清华大学出版社，2012.

[16] 杨斌．税收学原理[M]．北京：高等教育出版社，2008.

[17] 杨志勇，张馨．公共经济学[M]．4版．北京：清华大学出版社，2018.

[18] 杨志勇．税收经济学[M]．大连：东北财经大学出版社，2011.

[19] 余显才．亚当·斯密税收原则的重新解读[J]．税务与经济，2006（6）：69-74.

[20] 张守文．论税收法定主义[J]．法学研究，1996（6）：57-65.

[21] 周全林．论"三层次"税收公平观与中国税收公平机制重塑[J]．当代财经，2008（12）：38-46.

[22] HARBERGER A C. The Incidence of the Corporation Income Tax[J]. Journal of Political Economy, 1962, 70(3): 215-240.

[23] OECD. Tax Administration 2019: Comparative Information on OECD and Other Advanced and Emerging Economies[R]. Paris: OECD Publishing, 2019.

[24] SALANIÉ B. The Economics of Taxation[M]. Cambridge: The MIT Press, 2003.

[25] SMITH A. An Inquiry into the Nature and Causes of the Wealth of Nations[M]. London: W. Strahan and T. Cadell, 1776.

第3章 税制体系

学习目标

▶▶ 掌握商品税的特点以及优缺点；

▶▶ 掌握增值税的设计原理以及中国增值税的发展历程；

▶▶ 掌握消费税的征税模式和调节作用；

▶▶ 掌握个人所得税的主要税制要素；

▶▶ 了解是否应该征收公司所得税的争论；

▶▶ 掌握财产税的概念和主要特征；

▶▶ 了解房地产税的主要税制要素；

▶▶ 了解课征遗产税的原因。

第 2 章所讲的税收原则是国家治税的思想和观念，而这些思想和观念的落地就体现在税制体系如何构建和具体税种的税制要素如何设计之上。商品税、所得税和财产税是世界范围内最常见的三大税制体系，它们的特点差异明显，各自侧重于不同的税收原则，是现代人类社会筹集财政收入、发挥税收调控功能所最为倚赖的途径。

税收发展的规律促使每一类税制体系下产生了相应的多个税种，它们在世界各国具体的实施政策可能会有不同，但这些税种的基本设计原理却具有共同性，本章就介绍三大税系及其代表性税种的设计原理。

3.1 商 品 税 系

3.1.1 商品税概述

商品税历史悠久、涵盖丰富，其并不是指某一个具体的税种，它是以商品和劳务为征税对象，以商品和劳务在生产、流转、消费等环节的流转额为计税依据的各种税的统称，包括增值税、消费税、关税等。

1. 商品税的特点

1）税收收入充足且稳定

商品税的征税范围很广，税基庞大，税源充足。只要市场上存在交易活动，存在商品与劳务的流转，政府就能持续地取得商品税收入。相比之下，所得税由于针对扣除成本费用后的净收入课征，税基相对较小，稳定性较差，而商品税带来的税收收入充足且稳定，所以目前许多发展中国家将商品税作为主体税类。

2）税收负担累退

无论商品税采用比例税率还是定额税率，个人消费得越多，其所缴纳的商品税税款就越多。高收入者往往比低收入者消费得更多，似乎高收入者承担了更重的商品税负。然而一个人的收入水平与消费水平并不完全成正比，个人通常不会将增加的收入全部用于消费，个人的收入越高，消费的绝对量虽然在增加，但总消费占总收入的比重往往越低，即边际消费倾向递减。所以收入水平越高的群体，其消费占收入的比重就越小，承担的商品税负也就越轻；收入水平越低的群体，收入的绝大部分都要用于消费，便会承担更重的商品税负。

另外，不同商品的需求价格弹性不同，例如生活必需品的需求价格弹性较低，而奢侈品的需求价格弹性较高。当课征相同税率的商品税时，奢侈品市场会出现较大的扭曲效应，高收入群体对奢侈品的消费会大幅度下降，最终承担的商品税非常有限；而就生活必需品市场而言，高收入者和低收入者的消费都不会有很大的变化，因此能征收到较多的商品税收入，但是低收入者承担的商品税占收入的比重远高于高收入者，即低收入群体承担的商品税负更重，有违税收公平原则。

3）税收征管便捷

商品税的纳税人主要是从事生产经营业务的企业，相较于个人，企业的规模较大，数量较少，税务机关监管的压力较小，更容易控制税源。而且相较于所得税，商品税的计税依据是商品和劳务的流转额，不需要考虑复杂的成本费用扣除问题，应纳税额的计算也比较简单，有利于税款的应收尽收。商品税征收管理的便捷性，也是众多征管水平不高的发展中国家把商品税作为主体税类的重要原因。

4）税收负担隐蔽

商品税一般属于间接税的范畴，纳税人与负税人往往不完全一致，企业会通过商品和劳务的价格变动将税款全部或部分转嫁给消费者负担。在商品税采用完全嵌入价格的价内税形式或不分别标注价格和税款的价外税形式时，消费者都在不知不觉中负担了全部或部分税款，即消费者对商品税的税收意识不强烈，税负痛感也较弱。相较于所得税和财产税等直接税，商品税在现实中实施的阻力会小很多。

5）易形成重复课税

如果某商品在生产流转的某一环节被课征多种不同的商品税，或者某商品在生产流转的多环节被层层课税，而且不允许抵扣以前环节所纳税款，那么就会导致商品税的重复课征。在重复课税的情况下，企业的负担可能会加重，消费者也可能面临过高的价格，造成经济效率损失，阻碍经济的发展，但是政府也可能会利用重复征税的方法来限制可能产生负外部性的生产和消费行为。

2. 商品税的优点

1）负担普遍

一个国家中的每个个体都会享用到该国提供的公共产品，那么也就应该为此或多或少承担一部分公共产品的成本。商品税的普遍负担恰恰将公共产品享用和公共产品成本负担联结了起来，因为不管社会的哪个阶层，只要发生消费行为，就一定会承担商品税税负，尤其是在实行全面型增值税的情况下，一般的商品和劳务都须缴纳增值税，商品税负具有明显的普遍性。

2）调节消费

政府可以通过商品税来影响居民的消费和储蓄决策，在经济过热、出现通货膨胀的迹象时，提高商品税税率来抑制消费，在经济出现衰退迹象时，降低商品税税率来刺激消费。商品税对于鼓励消费的商品和大众生活消费品一般采取低税率，对于高污染、高能耗、奢侈品可采取高税率。例如，增值税有基本税率、低税率，消费税的征收商品往往是在生产或消费过程中存在高污染、高能耗问题以及占用社会资源较多的商品。

3）收入及时、充分

社会经济的发展必然伴随着商品和劳务的交易，而商品税又是以各种商品和劳务为课税对象，以流转额为计税依据，因此商品税的税基宽广，税源充足，政府能源源不断地获得商品税收入，并且随着经济的发展而增长。

4）征管便利、节约成本

商品税的纳税人通常是企业，规模较大，税源集中，政府更容易对企业纳税行为进行监管，而且商品税经常以销售额或营业额为计税依据，不用考虑复杂的成本费用计算扣除问题，计算较为简单，错征、漏征税款的情况较少，节约了征税成本和纳税成本。

3. 商品税的缺点

1）造成资源配置效率损失

政府往往是选择性地课征商品税，因此会改变市场中不同商品之间以及不同生产要素之间的相对价格，进而影响生产者和消费者的决策，迫使生产者和消费者要么接受更低的利润和更高的价格，要么退出买卖市场，结果导致生产者和消费者的福利受损，市场萎缩。

2）税负的累退性造成分配不公

绝大多数商品税都实行比例税率，但消费者的税收负担却是累退的，由于个人的边际消费倾向是递减的，随着收入的增加，消费占收入的比重会越来越小，则承担的商品税占收入的比重也会越来越小。因此低收入群体的商品税负担比高收入群体更重，不符合税收公平原则。

3）部分商品税存在重复课税

一种商品税可能会在产品的生产、流转、消费等多个环节层层课征，也可能一种产品要同时被课征几种不同的商品税，重复课税造成企业在商品生产流通环节的税负过重，不利于社会专业化分工的进行，阻碍市场的发展。

4）阻碍国际要素自由流动

在经济全球化深入发展的背景下，国与国之间，商品资本、劳动力等要素的流动愈加频繁，推动着世界经济的快速发展。然而有些国家出于保护本国产业、打压外国竞争企业等目的，可能会对进口商品和劳务等征收很高的商品税，扭曲了国际要素的配置。

3.1.2 增值税

1. 增值税的产生和发展

1）国外增值税的产生和发展

1917 年，美国耶鲁大学教授亚当斯首次提出增值税的思想，他认为对营业毛利征税优于对利润全额征税，营业毛利本质上与增值额是一致的。同年德国学者西蒙斯首次提出增值税的名称，并阐述了增值税的原理，主张以增值税替代周转税[①]。虽然当时的增值税理论没有受到德国政府当局的重视，但在十几年后却受到美国学术界的关注。

美国学者对增值税的可行性研究已有近百年的历史，日本、巴西等国家在增值税的实践中，都有美国学者增值税研究的贡献[②]。美国密歇根州在 1953 年进行了增值税的实践，但于 1967 年便被废止，而在增值税全球推广的趋势下，美国始终都没有在全国层面引入增值税。增值税本身的确存在缺陷，包括税收负担的累退性、税负归宿的不确定、征收管理的成本较大等，但美国不实行增值税，还有更深的经济与政治原因：一是增值税涉及美国各州政府和联邦政府之间复杂的利益调整问题；二是政治上的阻力，美国左翼认为增值税会拉开贫富差距，不利于社会公平，美国右翼认为政府不应对经济过分干预，而开征增值税会增加政府的收入，进而政府干预市场经济的能力增强，因此也不赞成开征增值税[③]。

增值税的成功实践始于法国。法国从 1920 年开始实施营业税，产品的生产流通环节均征收，且以企业的营业额全额为税基，存在着严重的重复征税问题。后来法国允许企业在本环节交税时，扣除以前环节所纳税款，形成了增值税的雏形。1953 年，法国开始在部分行业进行增值税的试点。与营业税相比，增值税依然环环课征，筹集财政收入的功能很强，但更重要的是克服了营业税重复征税的缺点，减轻了企业的税负，推动了经济的发展，因此增值税很快就扩展到了法国的各行各业[④]。

继法国成功实施增值税后，欧洲多国也开始了增值税的实践，从 1968 年开始，联邦德国、荷兰、卢森堡、比利时、意大利、英国陆续开征增值税。欧共体和欧盟分别在 1967—2003 年发布了 43 个指令、42 个建议性指令和 12 个非指令性文件，主要目的是协调成员国的增值税立法，逐渐实施宽领域、消费型增值税[⑤]。加拿大于 1991 年实施增值税，俄罗斯于 1994 年实施增值税，澳大利亚于 2000 年实施增值税，截至 2020 年，全球已有 170 个国家和地区开征了增值税[⑥]。

① 林佩瑛，赵冶中. 改革增值税刍议[J]. 税务研究，1990（6）：35-38.

② 杨震. 世界大国增值税类型选择的规律——以美国、印度和欧盟为例[J]. 涉外税务，2007（3）：13-18.

③ 董艳玲. 美国为何没有增值税[J]. 瞭望新闻周刊，2002（50）：43.

④ 徐瑞娥. 法国增值税简介[J]. 西欧研究，1987（2）：53-54.

⑤ 杨震. 世界大国增值税类型选择的规律——以美国、印度和欧盟为例[J]. 涉外税务，2007（3）：13-18.

⑥ OECD. Consumption Tax Trends 2020: VAT/GST and Excise Rates, Trends and Policy Issues [R]. Paris: OECD Publishing, 2020.

2）中国增值税的发展

从 1978 年开始，我国开启了改革开放的历史征程，高度集中的计划经济体制逐渐向市场经济体制转轨，传统的周转税按销售额全额征税，存在着严重的重复征税问题，而增值税的引入就发生在这个时期。

1979 年开始，我国陆续在上海、柳州、长沙等地开展增值税的试点工作，主要对各类机械产品征收。1984 年国务院颁布《中华人民共和国增值税条例（草案）》，包含了机器、机械及零配件等 12 类商品，适用六档税率，并区分甲类产品和乙类产品，分别采用扣额法和扣税法征收增值税。增值税正式成为我国的一个新税种。

从 1984 年起，我国增值税的征税范围不断扩大，到 1989 年时，已经包括了 31 类商品和劳务[1]。1993 年年底，国务院颁布《中华人民共和国增值税暂行条例》，其中规定增值税的价外税模式，采用专用发票进行抵扣，统一实行购进扣税法，并将税率简并为两档。我国的增值税体制变得更加成熟、规范。

从 2004 年 7 月起，东北三省及大连市八个行业增值税一般纳税人的抵扣范围扩大，我国开始进行增值税转型试点工作[2]。2007 年 7 月起，我国增值税转型试点范围扩大到中部地区 26 个老工业基地城市的部分行业，涉及山西、安徽、河南、江西、湖南和湖北六个省份[3]。2008 年 11 月，国务院颁布新修订的《中华人民共和国增值税暂行条例》，规定从 2009 年 1 月 1 日起在全国范围内实施增值税转型改革，外购固定资产的进项税额允许全部抵扣，标志着我国确立了有限的消费型增值税制度[4]。

2012 年 1 月起，我国在上海市开展交通运输业和现代服务业营业税改征增值税的试点[5]，在 2012 年的下半年逐步扩大到北京、天津、江苏、安徽、浙江、福建、湖北、广东八个省市[6]。

从 2016 年 5 月 1 日起，以《财政部 国家税务总局关于全面推开营业税改征增值税试点的通知》（财税〔2016〕36 号）的发布为标志，余下的建筑业、房地产业、金融业、生活服务业全部纳入增值税的征收范围，除部分行业因追征期等原因未彻底取消营业税外，营业税基本退出我国的历史舞台[7]。2017 年 10 月 30 日，国务院常务会议通过决定，正式废止《中华人民共和国营业税暂行条例》，标志着在中国实行六十多年的营业税全面退出我国的历史舞台[8]。

2. 增值税的形式

增值税是以增值额为计税依据，即销售额或营业额减去扣除项目金额后的余额。

---

[1] 王建平. 我国增值税制度的发展历程及展望[J]. 税务研究，2015（6）：51-56.

[2] 《国家税务总局关于开展扩大增值税抵扣范围企业认定工作的通知》（国税函〔2004〕143 号）。

[3] 《财政部 国家税务总局关于印发〈中部地区扩大增值税抵扣范围暂行办法〉的通知》（财税〔2007〕75 号）。

[4] 《财政部 国家税务总局关于全国实施增值税转型改革若干问题的通知》（财税〔2008〕170 号）。

[5] 《财政部 国家税务总局关于在上海市开展交通运输业和部分现代服务业营业税改征增值税试点的通知》（财税〔2011〕111 号）。

[6] 《财政部 国家税务总局关于在北京等 8 省市开展交通运输业和部分现代服务业营业税改征增值税试点的通知》（财税〔2012〕71 号）。

[7] 《财政部 国家税务总局关于全面推开营业税改征增值税试点的通知》（财税〔2016〕36 号）。

[8] 《国务院关于废止〈中华人民共和国营业税暂行条例〉和修改〈中华人民共和国增值税暂行条例〉的决定》（国务院令第 691 号）。

在经济理论中，增值额是一个很容易理解的概念，但在增值税的现实应用中，各国对增值额的认定存在差异，主要体现在税法规定的允许扣除项目中是否包含购入的固定资产，以及固定资产允许以怎样的方法扣除。考虑到增值额扣除项目的差异，增值税可以被分为生产型、收入型和消费型三类。

1）生产型增值税

生产型增值税的税基是商品和劳务的销售额减去生产中耗用的外购产品和劳务的价值后的余额。对于购入的生产用固定资产及购买价款不允许扣除，分期计提的折旧也不允许扣除。这种方法计算出来的增值额基本等于国民生产总值，因此被称为生产型增值税。其计算公式为

$$生产型增值税的增值额=消费额+净投资+折旧$$
$$=工资+利息+租金+利润+折旧^{①}$$

生产型增值税是一种不彻底的增值税，对固定资产存在着重复征税的问题，主要优点是税基大，能为政府筹集到足额的财政收入。

生产型增值税主要有以下缺陷。

（1）阻碍扩大再生产以及产业结构转型升级。由于生产型增值税在计算税基时，不允许以任何方式扣除固定资产的购置成本，也就意味着企业为购置固定资产而支付的增值税不能抵扣，直接导致企业更换固定资产的税收负担上升，抑制企业的投资需求，阻碍了众多行业的扩大再生产。尤其是对高新技术企业、基础设施建设企业、创业投资企业等资本密集型企业的影响更深，生产技术日新月异，固定资产更新换代的周期越来越短，沉重的税负阻碍了这些产业的发展，不利于我国经济结构的转型升级。

（2）不利于我国的产品出口。为了鼓励出口贸易，多数实行增值税的国家都有出口退税的规定，而生产型增值税的退税不完全、不彻底，商品进入国际市场后依然包含一部分增值税，导致商品的成本更高，丧失价格竞争力，因而实行生产型增值税会阻碍一国的商品出口，不利于国际贸易的发展。

2）收入型增值税

收入型增值税的税基是商品和劳务的销售额减去耗用的外购产品和劳务的价值，以及减去外购固定资产折旧额后的余额。收入型增值税在计算税基时，允许把购进固定资产的价值以分期折旧的方式扣除，这种方法计算出来的税基大约等于国民收入，因此被称为收入型增值税。其计算公式为

$$收入型增值税的增值额=消费额+净投资$$
$$=工资+利息+租金+利润^{②}$$

收入型增值税允许将外购固定资产承担的增值税分期扣除，税基比生产型增值税要小，部分解决了固定资产的重复征税问题，但也有一定的局限性，具体如下。

（1）没有完全解决固定资产的重复征税问题。收入型增值税允许扣除外购固定资

① 杨斌. 税收学[M]. 2 版. 北京：科学出版社，2011：197.
② 杨斌. 税收学[M]. 2 版. 北京：科学出版社，2011：197.

产的折旧额，也意味着折旧额对应的一部分进项税金可以抵扣。但对于超出折旧额的固定资产价值，依然存在着重复征税，企业会损失超出部分进项税额的货币时间价值，尤其是在通货膨胀严重的时期，企业的损失会更大。

（2）现实管理存在困难。现实中固定资产的类别、使用寿命、更新换代周期各不相同，使得折旧方法也复杂多样，企业采用何种折旧方法存在着很大的主观性，加上缺乏规范性的凭证，实际的管理非常复杂，很可能出现同一企业采用不同的折旧方法，而出现极大的税负差异。

3）消费型增值税

消费型增值税的税基是商品和劳务的销售额减去生产中耗用的外购产品和劳务的价值，以及减去固定资产投资价值后的余额。消费型增值税允许在计算税基时，一次性扣除外购固定资产的价值，彻底解决了固定资产的重复征税问题。这种方法计算出来的增值额大致等于全部消费品的总价值，因此被称为消费型增值税。其计算公式为

$$消费型增值税的增值额=消费额[①]$$

一国在刚开始实行增值税时，很可能会以筹集财政收入为主要目的而选择生产型增值税。但随着经济的发展，财政资金逐渐变得充足时，为了鼓励企业投资，充分激发市场经济的活力，生产型增值税向消费型增值税的转变就是必然趋势。消费型增值税的积极作用主要有以下几个方面。

（1）鼓励企业投资，积极引入新技术设备，采用新工艺促进产业结构转型升级，尤其是推动制造业从低端向中高端迈进，促进经济提质增效，增强我国产品的国际竞争力。

（2）在三个类型中，消费型增值税的税基最小，政府在当期的财政收入也最少，但消费型增值税鼓励投资，拉动经济增长的作用最大，从长期来看，税基有充足的增长潜力，未来能带来更多的税收收入。

（3）与收入型增值税相比，消费型增值税不需要考虑复杂的固定资产折旧问题，税款的计算更加简便快捷，在现实中也有辅助扣除的规范性凭证，因而税款征收的成本更低，效率更高。

3. 增值税的抵扣制度

增值税的计算方法大体上可以分为两种：一是直接计算法，即通过确定增值额来计算出应缴纳的增值税；二是间接计算法，即先计算出销售额对应的销项税额，再扣除进项税额，以此计算出应缴纳的增值税额。在实践中直接计算增值额存在很多困难，大部分实行增值税的国家都会采用间接计算法。间接计算法根据进项税额抵扣依据的凭证不同，可分为发票法和账簿法。

1）发票法

发票法是指在计算应纳增值税时，以向消费者销售商品和提供劳务时开具的发票上记载的金额为依据，来计算销项税额，以购进商品和劳务时取得的发票所载金额为依据，来计算进项税额，然后通过销项税额减去进项税额，计算出当期应纳税额或应

退税额。发票法已被多数实行增值税的国家采用。

发票法在实践中有很多优点，具体如下。

（1）税款的计算简便。以发票所载金额为抵扣税款的依据，清晰明确，不用费尽心思地计算增值额，因为增值额在现实中往往是模糊不清的概念，这种方式避免了对扣除项目认定的激烈讨论。

（2）纳税人之间形成相互监督的机制。在发票法下，进项税额的抵扣必须要以发票所载金额为依据，因此购买方一定要积极地向销售方索要发票，否则购买方无法抵扣已经支付的进项税额。如此一来，纳税人很难再通过有销售收入却不开具发票的方式来逃税了。

（3）为税务检查、税务稽核等工作提供了线索。发票上通常记载了开具时间、开票方的名称和通信地址、纳税人的税号、商品和劳务的名称及金额、增值税税率等信息，这些信息为税务机关的直接检查以及交叉比对提供了证据，有利于税务稽查工作的开展。

发票法在实践中也存在缺点，具体如下。

（1）不能完全遏制偷逃税行为。发票是计算抵扣增值税的唯一合法有效凭证，纳税人常常以发票为机会来进行偷逃税的暗箱操作，不仅有虚开发票、虚增进项税额等方式，还有通过不登记来低报销售额或不开发票以逃税的行为。在实行多档税率时，纳税人也有可能把销售的高税率产品虚报为低税率产品或免税产品，以此减少税款缴纳或增加退税额。在税收征管水平不高、征管体系不严密的国家和地区，发票法的实施可能会使偷逃税行为更加严重。

（2）税收成本较高。发票法的有效实施需要一定的条件，最理想的条件就是实行全面的消费型增值税。我国是一个购销金额庞大的国家，发票法的推行还要考虑增值税纳税人的登记管理、发票的印制、统一的税务网络系统的建立、电子发票的推广、发票交叉比对的实行、税务人员的培训、纳税人的宣传辅导等因素，征税成本和纳税成本都会较高。

（3）容易产生税收待遇的差异。为了对发票进行有效的管理和控制，实行发票法的国家会限制部分纳税人开具和使用发票，这样就造成两类纳税人的税负差异，同时，被限制使用发票的纳税人很可能面临交易歧视。

2）账簿法

账簿法是指以各类账簿中的会计记录为依据来计算应缴增值税的一种方法。在账簿法中，发票仅仅作为会计记录的原始凭证，计算与征收增值税主要依靠纳税人账簿记录的准确性和完整性。

从实践来看，账簿法也有不少优点，具体如下。

（1）应用范围广。账簿法能够适应多种征收环境，销项税额和进项税额的计算不依赖发票，计算应纳税额时的相关数据直接从各类账户中汇集，在增值税没有全面实施、计算机网络尚未普及等情形下也可以采用。

（2）有利于收入型增值税的征管。收入型增值税的一个特点是允许购入资本品的价值以折旧方式分期扣除。资本品的折旧摊销往往要经历数年，而发票不能分割，将发票上注明的总税额分多年抵扣，在现实中基本做不到。因此，在收入型增值税的计算中，必须要利用账簿中对资本品折旧的数额、期限的详细记录。

（3）发票法下的违法行为将减少。账簿法下发票的重要性降低，进项税额和销项税额的计算并不直接依赖发票，利用伪造发票、虚开发票、代开发票等违法行为进行偷逃税很难成功。

当然，账簿法的缺点不容忽视，具体如下。

（1）税额计算复杂。账簿法下相关数据的汇集工作量很大，销项税额的计算需要依据一定期限内的销售类账户的会计记录，进项税额的计算涉及购入的生产材料、能源动力、包装物等项目的税额，涉及如何在不同纳税期、在应税项目和非应税项目之间的分配问题。账簿法很难准确、及时地计算出纳税人当期的应纳税额。

（2）缺少纳税人相互监督的机制。账簿法下发票仅作为记账的原始凭证，税额的抵扣依赖账户记录的汇总核算，发票的重要性大大降低，购买方基本没有索要发票的激励，销售方也容易通过价格折让的方式以逃避开具发票。如此一来，纳税人相互监督的效应就不存在了，纳税人账簿记录的关联性下降了，做假账、伪造其他文件凭证变得更容易，税务人员也难以通过检查某个纳税人的账簿而发现其他纳税人的可疑之处，导致税务机关的征税成本大大上升。

（3）难以全面施行。对于没有设置账簿或会计核算制度不健全，或者虽设置账簿，但账目混乱、难以查账的纳税人，无法采用账簿法。

4. 增值税的纳税人

1）纳税人界定

在实行全面型增值税的国家中，通常只要发生了应税行为的经济实体，包括企业和个人，都是增值税的纳税人。而在实行部分行业增值税的一些发展中国家，对增值税的征收范围会做出更加狭窄的规定，因而只有发生了增值税规定范围内应税行为的单位和个人，才是增值税的纳税人。

在增值税纳税人身份的判定上，一些具体的因素需要考虑到，具体如下。

居民与非居民、自然人与法人身份的区别，都不影响增值税纳税人身份的判定。工业企业、商业企业、国有企业、私营企业等各类企业，事业单位、机关、团体等非企业单位，个体经营者和其他个人，只要发生增值税应税行为，都会被认定为增值税的纳税人。同样，不管是国内企业还是外国企业，不管是国内公民还是外国公民，都不影响增值税纳税人身份的判定。

应税行为可分为经常发生的应税行为和偶然发生的应税行为，通常增值税的征税范围会被限定为经常性、持续性的应税行为。我国税法中规定，区分一般纳税人和小规模纳税人的标准之一是年应税销售额，纳税人偶然发生的销售无形资产、转让不动产的销售额，不计入年应税销售额①。

2）特殊的增值税纳税人

（1）小规模纳税人。我国的增值税制度将增值税纳税人划分为一般纳税人和小规

---

① 《关于增值税一般纳税人登记管理办法》（国家税务总局令〔2017〕43号）。

模纳税人，二者划分的依据主要是年销售额是否达到了规定标准，以及会计核算制度的健全与否。多数实行增值税的国家都会根据销售额或营业额来划分出小规模经营者，令其适用特殊的增值税规定。各国都要从现实可行性去考虑对小规模经营者是否征收以及如何征收增值税的问题。

当一个国家的经济发展水平足够高时，市场中便存在不少规模庞大的企业，这些企业对经济发展起着举足轻重的作用，堪称纳税大户。相比之下，小规模企业的销售额或营业额与之相差甚远，纳税能力要小得多。这种情况下，对小规模企业免征增值税或适用较低的税率，虽然会损失一小部分税收收入，但却节省了大量的征税成本。

当一个国家的经济发展相对落后，市场活力欠佳，大企业较少，市场交易主要靠小规模经营者时，从财政收入的角度出发，不可能对小规模经营者完全免税，但小规模经营者的财务会计核算能力很可能达不到增值税一般计税方法的要求。对此多数国家会有简易征税模式，类似于对其课征税率较低的营业税。而这种税收待遇上的差异，也可能导致小规模经营者在市场交易中面临歧视。

（2）农业生产者。农业生产者往往更加不具备增值税一般计税方法的实施条件，征收管理的难度更大，因此多国都会对农业生产者免征增值税，同时也是为了减轻农民的负担。但是如同小规模纳税人，被排除在一般计税方法之外的农业生产者也很可能面临交易上的歧视，反而达不到减轻农业生产者负担的目的。我国目前对农业生产者销售自产农产品免征增值税，但允许购进农产品的一般纳税人以农产品收购发票或销售发票结合扣除率来计算抵扣进项税额，这样做至少不会增加农业生产者的负担。

5. 免税和零税率

增值税是一种流转税，销售方通常是增值税的名义纳税人，但销售方很容易在商品流转过程中将增值税税负通过价格变动的方式转嫁给购买方。除了商品的最终消费环节，本环节的购买方很可能在下一环节变成销售方，购买方在本环节负担的增值税款可以在接下来销售环节产生的应缴纳增值税款中抵扣。这种层层课征、环环相扣的特点，使增值税的免税不同于其他税种，也产生了免税和零税率的差异。

1）免税

免税是指对某些生产经营主体从事规定的生产经营活动而取得的销售收入或营业收入不征收增值税，但是购进商品、劳务、资本品时所支付的进项税额也不能抵扣。免税只是意味着免除生产流通中某一环节的增值税，而非生产流通全部环节的总增值税额。

增值税的免税可以是针对某些特定的货物和劳务，如古旧图书、用于科研的进口仪器设备等，也可以是针对某些特定的生产经营主体，如因自然灾害而遭受重大损失的企业、销售额没有达到起征点的小规模经营者等。

增值税链条税的特征，使经济实体在享受免税优惠的同时，也不能抵扣进项税，对于享受免税优惠的生产经营者自身来说，可能税负下降，但很可能导致其下游交易方的税负增加，使其在市场交易中受到歧视。

假定市场价格在征收或免除增值税时均保持不变，增值税税率为10%，A 为某产品的生产厂商，其进项税额为 1000 元，B 为该产品的批发商，C 为该产品的零售商，三方的销售收入及应纳增值税数据如表 3-1 所示。

表 3-1　A、B、C 的销售收入及增值税数额

单位：元

环　　节	销售收入（不含增值税）	进 项 税 额	销 项 税 额	应 纳 税 额
A：生产厂商	15 000	1000	1500	500
B：批发商	40 000	1500	4000	2500
C：零售商	60 000	4000	6000	2000

很明显，在只涉及 A、B、C 三方的交易中，A 的销项税额就是 B 的进项税额，B 的销项税额就是 C 的进项税额。现在政府规定对 B 批发商免征增值税，则 B 批发商在本阶段应纳的增值税从 2500 元变为 0 元，但是 B 批发商向 A 生产厂商购进货物而支付的 1500 元的增值税也不能抵扣，只能归入成本从而减少所得税。与此同时，由于 B 批发商免税，C 零售商从 B 批发商购进的货物不能再抵扣进项税，本阶段应缴纳的增值税从 2000 元上升到 6000 元，C 零售商的税负大大加重，很可能不会再与 B 批发商进行交易。

现实中，免征增值税会使产品的销售价格发生变化。B 批发商享受了免税优惠，虽然无法抵扣进项税，但很可能通过购进商品或销售商品的价格变化，将无法抵扣的进项税转嫁给上游的 A 生产厂商或下游的 C 零售商。如此一来，免税不一定提高了 B 批发商的收益，同时还影响着上下游企业的利润。

增值税长久受到重视的原因之一是税收中性原则，即给市场造成的效率损失以所征税款为限，而增值税的中性原则离不开"链条式"的抵扣方式，免税规定会导致抵扣链条中断，对市场经济的干扰可能会加大。因此，是否出台增值税免税规定，一定要根据实际情况慎重决策。

2）零税率

增值税零税率意味着生产经营主体不仅不用在本环节缴纳增值税，还可以得到该产品在以前环节已缴纳的增值税退还。零税率可以理解为生产经营主体依然需要纳税，但适用的税率为零，则销项税额也为零，而进项税额大于零时，就出现了应纳增值税额为负数的情况，即纳税人可以得到退税。

免税只是免除生产流通中某一环节的应征增值税，其他环节的增值税依然要征纳；零税率则相当于免除了某产品从生产到最终消费全环节的增值税，生产和消费者均不负担增值税款。如果政府规定对国内的商品实行增值税零税率，那么就具有明显的鼓励该种产品生产和消费的政策目的，部分国家就对居民的日常消费用品实行增值税零税率。

增值税零税率最主要的应用是在商品和劳务的出口。多数国家对出口商品和劳务实行增值税零税率的主要原因在于：出口的商品和劳务要在进口国进一步流转并消费，进口国通常也要课征增值税性质的税收，而进口国通常不允许抵扣该商品在出口国负担的增值税，所以如果不实行零税率，那么跨国商品和劳务都要面临增值税的双重

课征，会阻碍国际贸易的发展，而且实行零税率有利于对外贸易企业"轻装上阵"，出口产品价格里不包含任何增值税，有助于提高一国出口产品在国际竞争中的价格优势。

3）农产品的税收处理

农业作为一个国家重要的基础产业，往往需要政府的扶持。很多农业生产单位规模较小，没有健全的会计核算体系，难以适用增值税一般计税方法，同时为了减轻农业生产者的负担，支持农业发展，多国政府往往对农业生产免征增值税。但由于增值税具有"链条式"的抵扣特征，免税政策不一定能真正减轻农业生产者的负担。

国外政府在对农业课征增值税时，大多采用优惠照顾性质的政策措施。例如，欧盟对农业实行统一加价补偿法，即在农产品销售时，消费者不仅要支付销售价格，还要支付按加价补偿率计算的加价数额，以此补偿农业生产者为购入农业生产投入物负担的增值税；拉美部分国家通过对农业投入规定零税率的方式来减轻农业生产者的税收负担[①]。也有一些国家会对农业规定多种增值税征收办法，由农业生产者自行选择最有利的处理办法，也允许农业生产者放弃税收优惠而选择增值税的一般计税方法。

目前，为减轻农民负担，我国对农业生产者销售自产农产品免征增值税，而收购免税农产品的一般纳税人可以凭农产品收购或销售发票计算抵扣进项税，也可以采用农产品核定扣除进项税的办法。

3.1.3　消费税

1. 消费税概述

1）消费税的定义

消费税是以消费品或消费行为作为课税对象的一类税的统称，是商品税体系的重要组成部分，也是历史上多国政府筹集财政收入的重要方式。

以纳税人与负税人是否一致为标准，消费税可以分为直接消费税和间接消费税。直接消费税针对个人的消费支出总额课税，消费者既是纳税人，又是负税人，与个人所得税有相似之处，都有较强的收入分配调节目的，因而直接消费税也被称为综合消费税。间接消费税则是针对商品的销售方课税，商品的销售者是名义上的纳税人，但可以通过价格变动把消费税转嫁给消费者来负担，因此间接消费税也被称为销售税。商品税体系中的消费税通常都是指间接消费税。

以征税范围的大小为依据，消费税又可以分为一般消费税和选择性消费税，一般消费税是对所有商品普遍课征，选择性消费税则是针对特定的商品课税，例如，对金银首饰等奢侈品课税，或者对烟酒等有害身体健康的消费品课税。一般消费税的税基宽广，筹集财政收入的能力较强，但在现实中，任何国家都不可能对所有消费品真正统一课税，因此采用一般消费税的国家很少。选择性消费税在课税对象、税率、征收环节等方面有较大的灵活性，能够较为明显地体现社会政策目的，因此选择性消费税被多国广泛采用。

[①] 王安栋. 农业税收模式创新的探讨[J]. 宏观经济研究，2004（4）：43-44.

2）消费税的税率模式和征税方式

消费税的税率模式和征税方式与增值税有很大的差异。增值税为了保持税收中性，必须要减少税率档次和减免税优惠，而消费税的调节功能较为突出，受生活理念、消费习惯、国家政策等因素的影响，不同消费品适用的消费税税率会相差很大。

消费税的税率形式主要有比例税率、定额税率以及复合税率，与此相对应的计税方法主要有从价计税、从量计税和复合计税。

（1）从价计税。从价计税是以消费品的销售额为税基，乘以比例税率得到应缴纳的消费税。其计算公式为

应纳消费税额=应税产品销售额（不含增值税）×比例税率

在从价计税的方法下，高质量产品和低质量产品如果面对相同的比例税率，则它们的税后相对价格没有发生变化，相对消费量也不会发生显著改变，因而从价计税没有明显的累进性或累退性，这会削弱企业提高产品质量的激励。同时，从价计税具有价格乘数效应，企业在供给侧的生产成本提高，导致产品价格上升，而从价计征的消费税会使价格的上升幅度更大，可能会加剧同类生产企业的价格竞争。而在针对负外部性的矫正中，单纯的比例税率并不一定能使负外部性造成的损失与税收数额成正比。然而从价计征的优点也很明显，当经济处于通货膨胀时期，从价计征所取得的税额会随着产品价格的上升而增加，在经济过热时有一定程度的抑制消费的作用。另外，由于从价计税不具有明显的累退性，具有一定的调节收入分配的作用，因此奢侈类消费品适合采用从价计税的方法。

（2）从量计税。从量计税是以应税消费品的销售数量为计税依据，乘以定额税率得到应缴纳的消费税额。其计算公式为

应纳消费税额=应税产品销售数量×定额税率

在从量计税的方法下，同一类产品中低质量产品和高质量产品适用相同的定额税，则低质量产品的相对价格提高，高质量产品的相对价格下降，因此高质量产品的消费量可能会增加，从而鼓励企业提高产品的质量。另外，针对具有负外部性的产品，从量计税能更好地弥补该类产品的生产和消费造成的负外部性损失。但是，从量计税也有应用的局限性，在通货膨胀时期，从量计税所取得的税收收入不会随着物价上涨而增加，即实际税收收入可能下降，而且从量计税的累退性也常常被认为违背了税收公平原则。

（3）复合计税。复合计税是指从价计税和从量计税两种方法的结合。其计算公式为

应纳消费税额=应税产品销售额（不含增值税）×比例税率+应税产品销售数量
　　　　　×定额税率

从量计税和从价计税两种方法各有其优缺点，政府往往需要根据征税对象的实际情况进行权衡，而二者结合的复合计税法为特殊情况下的权衡提供了解决办法，既充分考虑了消费税的经济调节作用，又兼顾了实际的税收征管情况。

有的国家把消费税作为价外税征收，也有国家把消费税作为价内税征收。消费税作为价内税时，能够直接调节企业的利润，引导企业的生产，体现一个国家的产业政策，同时价内税的隐蔽性也使消费者在不知不觉中承担了税负，但是引导消费的作用

有限；消费税作为价外税时，对于消费者来说，税收的透明度更高，容易体现政府当前的消费政策，引导消费的作用更强。

我国将消费税作为价内税来征收，除了出于产业政策的考虑，也有我国商品税体系的因素。目前我国是在普遍征收增值税的基础上，选取一部分消费品来课征消费税，因此这部分消费品将面临消费税和增值税的重叠课征。由于我国将增值税作为价外税来征收，为了便于两种税的分别课征，避免在税基区分上的争议，我国将消费税作为价内税来征收。

3）消费税的调节能力

（1）消费税引导消费行为的作用。消费税的纳税人通常是销售方，但销售方会通过价格变动将全部或部分消费税税负转嫁给消费者，即消费者面临的价格提高。上升的价格有助于遏制消费者的超前消费、过度消费、攀比消费等不良消费行为，在全社会培养健康消费、适度消费、理性消费的观念，有利于经济社会的健康发展。

（2）消费税节约资源、保护环境的作用。高污染、高能耗产品的消费，对于社会而言具有较强的负外部性，而市场机制在面对外部性时处于失灵状态。消费税的课征能够减少这些产品的消费量，从而限制高污染、高能耗企业的发展，引导消费者树立绿色环保的消费理念。我国消费税的征税范围包括了一部分污染性和资源性产品，如小汽车、摩托车、烟花爆竹、实木地板、木制一次性筷子，体现了鼓励绿色消费的政策目的。

（3）消费税调节收入分配的作用。税收对调节收入分配的作用，似乎主要体现在个人所得税，但选择性课征的消费税也能通过价格传导机制来调节收入分配。针对奢侈品和奢侈服务课征消费税，会增加高收入群体的消费成本，也能遏制攀比消费等不良社会风气。我国现在的消费税征税范围包括的奢侈品较少，也未纳入奢侈服务，调节收入分配的作用非常有限。

2. 零售税

零售税指的是仅在商品的最终销售阶段，即零售阶段征收的一种消费税。

零售税一方面的重要优点是税基的宽广和税收收入的充足。零售环节的商品价格不仅包含了生产成本，还有中间流转环节的利润和费用，因此商品的零售价格往往是生产流转所有环节中最高的，零售税的税基庞大，即使是用较低的税率也能取得充足的税收收入。

零售税与地方经济的关系也非常密切。地方经济发展迅速，居民消费水平高，地方政府所能筹集到的零售税收入也就更多，地方政府就更有能力为本区域提供优质的公共产品和服务，创造更好的投资环境，地方经济则会更好、更快地发展。同时，当一个国家的不同地方还可以采用不同的零售税税率时，区域间同类商品的不同价格就会导致居民消费的跨区域流动更加明显，因此也会激励地方政府大力发展经济，提高本区域消费品的质量，并将价格管控在合理区间。

然而，零售税在征管上的难度较大。政府必须要对零售环节做出详细具体的规定，而且零售商的数量多，覆盖范围广，如果一国的征管水平不够高，征管体系不够严密，会出现严重的偷税漏税行为。

3. 消费支出税

消费支出税是针对个人或家庭在一定时期的消费支出数额的课税。消费支出税的性质类似于所得课税，主要目的都是为了调节不同群体的收入分配。与所得税不同的是，所得课税针对纳税人的全部所得，而消费支出税仅针对所得中实际消费的部分。

关于消费支出税的讨论，在三百多年前的西方社会就已经出现。在第二次世界大战之前的一段时期，欧美学术界就所得课税和消费支出税孰优孰劣展开过争论，英国经济学家马歇尔和美国经济学家费雪均认为，所得课税不利于增加居民储蓄，因而支持消费支出课税。第二次世界大战后欧洲多国急需恢复本国经济，刺激消费是促进经济复苏的重要方法，因而没有实施消费支出税的经济环境。到了 20 世纪 70 年代，主要资本主义国家纷纷出现经济停滞、通货膨胀并存的"滞胀"现象，为了使居民减少消费来缓解通货膨胀的压力，增加储蓄来刺激投资，消费支出税的理论逐渐受到关注。

消费支出税在实践中会面临征管上的困难，主要在于对个人及家庭消费支出事项、金额进行审查的工作量巨大，征收成本远远高于所得税。另外，由于边际消费倾向递减，高收入者的消费支出占收入的比重往往小于低收入者，因而消费支出税的主要负担者很可能是低收入群体，调节收入分配的效果不如所得税。

3.2 所 得 税 系

3.2.1 个人所得税

个人所得税是针对个人从各种来源取得的所得课征的一种直接税。在美国等一部分发达国家，个人所得税已经成为其税收总收入的主要组成部分。

1. 个人所得税的类型

1）分类所得税制

分类所得税是把个人不同来源的所得进行划分，如工资薪金所得、经营所得、股息红利所得、财产转让所得等，分别确定各自的税基和适用的税率。分类所得税制采用的税率主要是比例税率或超额累进税率。

实行分类所得税制的原因是不同来源的所得获取的难易程度不同、付出的劳动多少不同。从来源划分，个人的所得可以分为两大类：劳动性所得和资本性所得。劳动性所得往往是中低收入群体主要的经济来源，通常课以较轻的税负，也是为了在全社会培养劳动创造财富的理念；资本性所得的多少取决于个人所拥有的资本禀赋，而资本禀赋在不同社会成员之间的差异极大，也很难通过劳动来弥补，因而资本性所得会极大地拉开社会成员之间的收入差距，应课以较重的税负。

分类所得税制的征收管理比较简单，可以采用源泉扣缴的方式，基本无须纳税人主动申报，节省了征收成本和遵从费用；另外，对不同来源的所得进行区分，方便政府对某种类型的所得实施激励性或非激励性的政策。但是分类所得税制不能贯彻量能课税的原则，调节收入分配差距的作用有限，而且纳税人很可能会想方设法转换所得类型来减轻税负。

2）综合所得税制

综合所得税制不区分个人不同来源的所得，将纳税人的全部所得汇总起来统一征税。综合所得税制采用的主要是超额累进税率。

相比分类所得税，综合所得税对个人收入分配的调节作用更强，更好地贯彻了税收公平原则。但是综合所得税制要求社会成员自行申报纳税，需要社会成员具有较强的纳税意识和较高的税收素养，同时税务机关的征管水平、服务效率要达到较高水平，否则偷漏税现象会比较严重。

3）分类综合所得税制

分类综合所得税是将分类所得税和综合所得税结合起来并行课征，二者取长补短，充分发挥各自的优势，但由于分类综合所得税制更加复杂，实践中税收管理的难度也更大。分类综合所得税主要可分为交叉式分类综合所得税和并立式分类综合所得税。

交叉式分类综合所得税是针对纳税人的各项所得，先分类计算预缴税款，在年度终了后将全部所得汇总，适用综合所得的累进税率计算本年度应缴纳的个人所得税，再扣除已预缴的税款，多退少补。

并立式分类综合所得税是把一部分来源的所得分离出来，按各自的方法计征个人所得税，其他来源的所得则汇总，适用综合所得的累进税率计征个人所得税。

2. 个人所得税的征收办法

1）自行申报法

自行申报法是指纳税人自行或者委托会计、税务等专业人员为其整理汇总一个纳税年度内的所有所得，计算总所得、各项所得扣除费用、应缴纳的个人所得税等信息，填写纳税申报表并报送给税务机关，由税务机关检查审核。由于个人数量众多，其管理难度比管理生产经营组织大得多，因此在以个人所得税为主体税种的国家，必须采用普遍的居民自行申报纳税方法。

目前能采用自行申报法的国家非常少，仅在美国等少数经济发达国家才成功推行。自行申报法要求一个国家有浓厚的自觉纳税的文化氛围，对居民个人的税收素养要求很高，也需要有发展较为成熟的代理纳税机构。同时由于在自行申报法下，税务机关只能抽样稽查，为了避免纳税人普遍产生侥幸心理，政府还需要制定严厉的惩罚措施并严格执行，纳税人一旦被发现有偷逃税行为，不仅要面对高额的罚款，还要进入全社会失信名单，在未来申请贷款、就业或职位晋升时都会面临困难。广大发展中国家的税收征管水平相对较低，公民纳税意识培养不足，短期内较难完全推行自行申报法。

2）源泉扣缴法

源泉扣缴法是指所得的支付人（即扣缴义务人）在支付所得之前，计算个人应纳税款并扣留，直接向税务机关申报缴纳。源泉扣缴法无须纳税人自行申报，极大地降低了纳税人的遵从成本，而税务机关直接向生产经营组织征收税款，管理难度要小得多。在源泉扣缴法下，税额计算准确，税款征收及时，偷逃税现象较少，是许多国家征收个人所得税的极佳办法。但是源泉扣缴法也有明显的缺点，即无法对个人自行取得的生产经营所得等收入准确课税，因此非雇佣的个人有偷逃税的较大可能性。

3）推定课征法

推定课征法是指当个人的某些实际所得无法确定时，税务机关会根据纳税人经济活动的外部表现，通过合理方法推算出纳税人的应税所得。推定课征法难以准确核算应纳税额，适用范围较为狭窄，通常只作为自行申报法和源泉扣缴法的补充。

推定课征法的具体实施又可以分为三种：一是净值法，即根据纳税人的房屋、交通工具等财产的现值来推定其应税所得；二是消费支出法，即根据纳税人的日常生活水平和消费支出水平来推定其应税所得；三是银行账户法，即根据纳税人银行账户的往来情况推定其应税所得。

3. 个人所得税的征税对象

个人所得税的征税对象就是个人取得的所得。要建立合理有效的个人所得税制度，所得的范围界定是务必要考虑的因素之一。

1）关于所得概念的学说

（1）流量学说，也称作消费支出学说。该学说的代表人物是费雪，他主张所得只包括个人在一定时期消费商品和劳务的金额，而储蓄、投资等未消费的货币不属于所得的范畴。流量学说的缺陷也很明显，按其主张实施的个人所得税类似于消费支出税，很可能税收负担具有累退性，很难达到缩小个人收入差距的目的，违背税收公平原则。

（2）周期学说，也称作源泉学说。该学说认为连续性、反复性、定期性、规律性取得的所得才应该课税，而偶然取得的收入不属于所得的范畴。该学说将财产赠与以及遗产取得等可能取得大额收入的情形排除在征税范围之外，显然是有失公平的，而且也为富人通过赠与行为转移财产以逃避税负的行为提供了机会。

（3）净资产增加说。德国学者尚茨（Schanz）提出净增值理论，认为所得是一定时间内净资产的增加值。美国学者黑格（Haig）和西蒙斯（Simous）在此基础上改进，提出了净资产增加说，将所得视为个人特定时期消费能力和财产价值的净增加额，包括经常性收入和偶然性收入、货币收入和非货币收入。这一学说充分贯彻了量能课税原则，但实际的税制设计可能会非常复杂。

（4）市场交易说。该学说认为所得是通过市场机制取得的经济成果，即市场交易实现的收入扣除相关的成本费用和亏损后的余额为所得，而无须支付对价的赠与、遗产均不属于所得。该学说与流量学说有类似之处，均无法准确衡量个人的税负能力。

2）征税对象确定的争议

各国和各地区在个人所得税的实施中都会遇到难以界定的所得，往往需要进行特别规定，目前争议较大的主要有以下几项。

（1）员工实物福利。在员工的货币工资数额相同的情况下，公司实物福利的提供与否以及提供多少均会影响员工个人的纳税能力。公司提供的免费通勤班车、免费的午餐和晚餐、免费的住宿以及节日发放的各种食品等这些实物福利，往往难以准确计算其货币价值。多数发达国家都认为如果不对实物福利课税，则有失税收公平原则，而且公司会产生把工资薪金尽可能转化为实物福利来避税的动机。美国规定实物福利要并入工资薪金项目一并征收个人所得税；英国则规定要征税的实物福利需满足两个条件，一是作为已提供服务的酬劳，二是可以转化为货币；澳大利亚和新西兰则开征了专门的附加福利税[①]。

（2）非法所得。以非法手段获取的收入是否要计入个人的应税所得，各国的处理方法也不相同。一方面，非法所得能使纳税人的财富增加，其纳税能力增强，应该对其课税；另一方面，非法所得一旦被发现就会被没收或物归原主，纳税人的所得实际上没有增加。美国、德国等部分发达国家将非法所得纳入征税范围，美国税法规定凡是增加个人纳税能力的所得均要征税，德国税法规定是否是以非法或违背公序良俗的手段获取收入并不影响是否构成应税行为的判定[②]。

（3）资本利得。资本利得是纳税人出售债券、股票、房屋、土地等财产取得的收入，扣除购置价款后的剩余所得。纳税人尚未出售财产而发生的财产增值属于未实现的资本利得，也会增加纳税人的税负能力，但是定期评估纳税人的财产是否增值在现实中成本太高，不具有可行性。因此各国还是普遍只对已实现的资本利得征税。然而在实现资本利得才征税的情况下，纳税人很可能会因税负而推迟财产转让，导致市场效率损失，对此政府可能会规定递延纳税的所得税优惠政策来减轻纳税人的行为扭曲。

 专栏 3-1

我国个人以非货币资产投资的个人所得税规定

《财政部 国家税务总局关于个人非货币性资产投资有关个人所得税政策的通知》（财税〔2015〕41 号）规定，从 2015 年 4 月 1 日起，针对个人以股权、不动产、技术发明成果以及其他非货币资产进行投资所获得的收益，纳税人难以一次性缴纳税款的，可以自应税行为发生之日起在不超过 5 个公历年度内分期缴纳个人所得税。

实行非货币性资产投资个人所得税递延纳税优惠政策的主要目的在于：一是减轻纳税人的当期税负，鼓励民间个人投资。个人非货币性资产投资所涉及的交易金额往往较大，导致应纳个人所得税的数额也较高，多数纳税人很可能在当期缺乏充足的资金来纳税，因此递延纳税规定较好地解决了沉重的税收负担和个人有限的纳税能力之间的冲突。另外，民间个人投资对我国经济发展的贡献也越来越大，递延纳税的优惠政策能够在一定程度上调动个人投资的积极性，为个人投资营造一个良好的政策环

---

① 王乔，席卫群. 比较税制[M]. 3 版. 上海：复旦大学出版社，2013：103.
② 王乔，席卫群. 比较税制[M]. 3 版. 上海：复旦大学出版社，2013：102.

境。二是支持小微企业发展，促进创业创新。递延纳税优惠政策顺应了"大众创业，万众创新"的政策导向，鼓励个人投资者加入大众创业队伍中，同时也有助于激发科学技术人员的创新热情，不断涌现更多的科技成果。

资料来源：《财政部 国家税务总局关于个人非货币性资产投资有关个人所得税政策的通知》（财税〔2015〕41号）；上官鸣，秦丽丽. 非货币性资产投资个人所得税递延纳税政策解读[J]. 财会通讯，2015（34）：95-96.

（4）以物易物。如果纳税人之间通过相互给予商品或提供劳务的方式进行交易，虽然不涉及货币，但彼此实际上都获得了实物所得。例如，甲是一名会计师，乙拥有一辆小汽车，乙将小汽车租给甲使用5年，甲在这5年中无偿为乙提供财务咨询、理财建议以及税务代理等服务。甲提供会计相关服务，乙出租小汽车，双方都获得了实物（服务）所得，理应纳税，但是税务机关往往在实物所得的判定和计量上面临困难。

3）中国个人所得税的征税对象

1980年，第五届全国人民代表大会第三次会议通过《中华人民共和国个人所得税法》（以下简称《个人所得税法》），这是中华人民共和国成立后的第一部个人所得税法，其中规定的应税所得有六项：工资、薪金所得，劳务报酬所得，特许权使用费所得，利息、股息、红利所得，财产租赁所得，经中华人民共和国财政部确定征税的其他所得。当时的《个人所得税法》的征税范围并没有纳入个人的经营所得，主要原因在于我国刚刚迈出了改革开放的步伐，私营经济的发展正处于探索阶段，个体工商户的数量少、规模小，纳税能力较弱，而且个体工商户的经营所得从建国以来就一直在征收工商所得税，不宜再加重其税收负担。

改革开放在促进我国经济飞速发展的同时，也导致了收入差距的加速扩大，一部分个体工商户、企业承包承租经营者、文艺工作者等已经逐步富裕了起来。为了调节日益扩大的收入差距，我国在1986年颁布《中华人民共和国个人收入调节税暂行条例》（以下简称《个人收入调节税暂行条例》）和《中华人民共和国城乡个体工商业户所得税暂行条例》，国务院在1988年又发布了《关于征收私营企业投资者个人收入调节税的规定》。《个人收入调节税暂行条例》的纳税人是在中国境内居住并且取得的收入达到规定标准的公民，其中规定了应税的八类收入，将个人的承包、转包所得纳入了征税范围；《中华人民共和国城乡个体工商业户所得税暂行条例》规定的纳税人是工业、商业、服务业和其他行业经工商行政管理部门批准开业的城乡个体工商户，该条例的出台顺应了我国个体工商户收入快速增长的现实情况，主要是为了对其中的高收入者进行税收调节；《关于征收私营企业投资者个人收入调节税的规定》征收范围包括私营企业投资者将私营企业税后利润用于个人消费的部分，主要是为了调节私营企业投资者的收入。但是1980年的《个人所得税法》，1986年的《中华人民共和国城乡个体工商业户所得税暂行条例》《个人收入调节税暂行条例》和1988年的《关于征收私营企业投资者个人收入调节税的规定》的并行使我国的个人所得税体系零散混乱。

1993年全国人民代表大会常务委员会在整合上述多个规定的基础上，通过了修订的《个人所得税法》，使我国的个人所得税体系更加统一、清晰，征税对象的范围划分为十一类所得：工资、薪金所得，个体工商户的生产、经营所得，对企事业单位的承包经营、承租经营所得，劳务报酬所得，稿酬所得，特许权使用费所得，利息、股息、红利所得，财产租赁所得，财产转让所得，偶然所得，经国务院财政部门确定征税的其他所得。相较之前增加了财产转让所得和偶然所得。在此后二十多年的发展中，这十一项应税所得没有发生实质性的变化，只是不断地对其进行细化规定。

2018 年我国个人所得税法迎来一次重大修订，在应税项目上，个体工商户的生产、经营所得和对企事业单位的承包经营、承租经营所得合并为经营所得项目，工资、薪金所得，劳务报酬所得，稿酬所得，特许权使用费所得，这四项劳动性所得统一视为综合所得合并计税。除此之外，还有提高免征额、引入专项附加扣除、引入反避税条款等亮点。我国的个人所得税从分类所得税制转变为分类与综合相结合的个人所得税制。

4. 个人所得税的税率

1）比例税率和累进税率

最开始实施个人所得税时，多数国家为计算和征收的简便，都会采用比例税率。进入 20 世纪后，有的国家开始对个人所得税实施累进税率。个人所得税采用的累进税率大多是超额累进税率，因为全额累进税率可能会导致级距点处相近数额的所得承受的税负差距极大。比例税率的优势除了计算和征管的便利性，还能鼓励生产，减少市场的效率损失，但在缩小收入分配差距上的作用很小，因此多用于各类商品税和企业所得税，以及分类所得税下的个别所得项目。目前只有俄罗斯、玻利维亚、牙买加、冰岛等少数国家的个人所得税采用单一的比例税率[①]，表明这些国家在公平与效率的权衡中更倾向于效率。累进税率较多地在个人所得税中使用，尤其是实行综合所得税制的发达国家，这样可以较好地贯彻税收公平原则，有效地调节个人收入分配。

2）累进税率的设计

（1）累进税率的起点与最高点。个人所得税的一个重要功能是调节收入分配，体现税收公平原则，因而应当对收入低于一定数额的个人或家庭不征或免征个人所得税，即个人所得税制需要规定一个合理的起征点或免征额，同时要根据经济发展水平、居民收入变化情况进行调整。累进税率最高点的确定，也要根据各国各地区的整体收入水平进行判定，不能规定得过低，使居民承受过重的税负，也不能规定得过高，导致几乎无人适用最高税率。

专栏 3-2

"累进消失"的税率结构

美国在 1988 年到 1990 年期间实施了"累进消失"的税率安排，下面以美国 1989 年的个人所得税税率表来介绍这一税率结构，如表 3-2 所示。

[①] 王乔，席卫群. 比较税制[M]. 3 版. 上海：复旦大学出版社，2013：110.

表 3-2　1989 年美国个人所得税税率表

已婚共同纳税人		单身纳税人	
应税所得额/美元	边 际 税 率	应税所得额/美元	边 际 税 率
29 750 以下	15%	17 850 以下	15%
29 750～71 900	28%	17 850～43 150	28%
71 900～149 250	33%	43 150～89 560	33%
149 250 以上	28%	89 560 以上	28%

　　该税率表中实际上只有 15%和 28%两档"正式"税率，而在 28%这一档税率中插入了 33%的"调整性税率"。这样安排税率的目的在于将高收入群体在 15%的低税率中得到的优惠通过 5%的附加税率逐渐抽掉，调整之后再次回到 28%的边际税率。

　　"累进消失"的税率结构，一方面保证了低收入者适用 15%的较低税率，另一方面在抽取了高收入者享受的低税率优惠后，重新回到 28%的税率，创造性地兼顾了税收公平原则与税收效率原则。但是这样的税率安排很容易遭到广大中等收入群体的反对，1991 年以后美国就取消了"累进消失"的税率结构。

　　资料来源：张进昌. 美英俄三国个人所得税税率结构比较与启示[J]. 税务研究，2003（10）：75-80.

　　（2）累进的速度。根据各级次边际税率的差距不同，累进的速度主要有加速累进、减速累进和直线累进。各级次边际税率的差距逐渐增加的是加速累进，各级次边际税率的差距逐渐减小的是减速累进，各级次边际税率的差距不变的是直线累进。很明显，在加速累进情况下，纳税人适用的平均税率的增加幅度最大，纳税人税负的增加幅度会大于其所得的增加幅度，缩小收入差距的作用最为明显，但也会导致高收入群体严重的行为扭曲，效率损失较为严重；减速累进则更好地兼顾了效率与公平，既能促进收入分配的公平，又能鼓励个人增加收入。

　　3）中国个人所得税的税率

　　1980 年《个人所得税法》中规定，个人所得税的免征额为 800 元，工资薪金所得适用 5%～45%的六级超额累进税率，其他所得均适用 20%的比例税率。800 元的免征额远远超过了当时全国职工的月平均工资，因此当时的个人所得税法主要是调节来华务工的外籍个人和港澳台同胞的收入水平。

　　随着 1978 年改革开放的深入发展，我国的私营经济也迅速发展，个体工商户中的高收入者越来越多，与一般职工的收入差距明显扩大。在收入两极分化加大的情况下，1986 年国务院发布《中华人民共和国城乡个体工商户所得税暂行条例》，规定城乡个体工商户适用 7%～60%的十级超额累进税率。同年国务院发布《个人收入调节税暂行条例》，其规定的纳税人是在中国境内有住所并取得个人收入的中国公民，免征额为 400 元，各项所得分别适用 20%～60%的五级超额累进税率和 20%的比例税率。

　　个人所得税"三足鼎立"的局面使我国个人所得税体系较为混乱，征税范围存在交叉，纳税人税负不公问题也较为突出。1993 年第八届全国人民代表大会第四次会议通过了修订的《个人所得税法》，规定了十一类所得免征额统一为 800 元，工资薪金所得适用 5%～45%的九级超额累进税率，个体工商户的生产经营所得和对企事业单位的承包经营、承租经营所得，适用 5%～35%的五级超额累进税率，其他适用 20%的比例税率。

1999 年为了鼓励国内投资，第九届全国人民代表大会常务委员会第十一次会议取消了储蓄存款利息免征个人所得税的规定。2005 年第十届全国人民代表大会常务委员会第十八次会议，通过了新修订的《个人所得税法》，把免征额从 800 元提升至 1600 元。

2007 年第十届全国人民代表大会常务委员会第二十八次会议授权国务院将储蓄存款利息个人所得税税率从 20%降至 5%，同年第十届全国人民代表大会第三十一次会议再次通过了《个人所得税法》的修订，将工薪所得免征额从 1600 元提升到 2000 元。

2011 年第十一届全国人民代表大会常务委员会第二十一次会议通过决议，把个人所得税免征额从 2000 元提高到 3500 元。另外，工资薪金所得适用的税率表也发生了变化，将九级超额累进税率减少为七级超额累进税率，第一档税率从 5%降至 3%，还扩大了部分税率级距。

2018 年第十三届全国人民代表大会常务委员会第三次会议通过了一次重大修订的《个人所得税法》，这次修订不仅将个人所得税免征额从每月 3500 元提高至每月5000 元，还将四项劳动性所得合并为综合所得，统一适用七级超额累进税率表，并扩大了最低三档税率的级距。

我国个人所得税的多次修订，几乎都伴随着免征额的提高，也有几次调整超额累进税率表，主要是因为改革开放后我国居民收入增长的速度很快，而且收入来源日益多元化，尤其是高收入群体的资本性收入占总收入的比重越来越大，而个人所得税的主要贡献者是以工资薪金所得为主的中低收入群体，其调节收入分配的功能逐渐不足，因此需要适时调整。

目前我国个人所得税的超额累进税率依然只调节劳动性收入，而且存在着边际税率过高、税率级次过多等问题，其调节收入分配实现社会公平的职能需要进一步加强，而且随着我国税制结构逐渐向发达国家靠拢，直接税占税收收入的比重有持续增加的趋势，个人所得税的财政收入职能也需要强化。

5. 个人所得税的申报

1）个人所得税申报制度的类型

个人所得税以自然人为纳税义务人，所以很多国家和地区都以个人为单位进行纳税申报。但是个人通过婚姻组成家庭后，其经济能力往往也增强了，因此也有国家会同时规定以家庭为单位来申报个人所得税。因此个人所得税的申报制度大体可以分为个人申报制和家庭申报制，个人申报只包括未婚者单独申报和已婚者单独申报，家庭申报制包括以夫妻为申报单位和以家庭为申报单位（也称户主申报）。

（1）个人申报制。采用个人申报制的国家有中国、日本、加拿大等。个人申报制对婚姻的影响是中性的，即男女双方的税负不会因为婚姻状态的改变而变化，同时也有利于夫妻各自的相对独立性，尊重彼此的隐私权。而个人申报制的缺点在于：一是当夫妻双方的收入差距较大时，可能通过收入的分散来避免高收入一方适用较高的边际税率，从而降低双方的整体税负。二是收入相同的个人由于家庭环境不同而具有不同的纳税能力，却要承担相同的税负。例如，两位男性纳税人甲和乙拥有相同的收入，甲为单身，乙已经结婚，妻子为全职太太，并共同抚养一个女儿。不考虑其他因素的话，显然乙的纳税能力比甲更弱，但在个人申报之下，二人由于收入相同却要承担相等的税负。

（2）家庭申报制。家庭申报制要求把夫妻二人或全体家庭成员的收入合并进行纳税申报。家庭申报考虑了家庭因素，影响个人的实际纳税能力，也防止了夫妻之间通过分散收入的方式来避税，坚持了税收公平原则。而家庭申报制存在的缺点是：一是对婚姻产生干扰。它鼓励收入悬殊的一对男女结婚，因为二人合并计税后的税额会低于他们单独计税后加总的税额。同时，它对收入接近的一对男女结婚产生了处罚作用，因为二人合并计税后的税额会高于他们单独计税再加总的税额。二是可能导致女性的就业率下降。如果个人所得税采用累进程度较高的超额累进税率，那么女性工作取得收入，反而导致其与丈夫的总收入适用更高的边际税率，则总体税负可能更重，而在家庭中女性一般都承担更多的家务，这种情况下女性的工作意愿可能会下降。

2）中国个人所得税的申报

目前我国个人所得税主要采用全员全额扣缴申报纳税和自行申报纳税两种方法。自行申报纳税目前只针对以下情形：综合所得需要办理汇算清缴；取得经营所得；取得应税所得而扣缴义务人未扣缴税款；取得境外所得；因移居境外注销中国户籍；非居民个人在中国境内从两处以上取得工资薪金所得；其他情形[①]。

我国离建立成熟完善的个人所得税申报制度还有很长的路要走，现在我国的个人所得税申报主要有以下三个方面的困难。

（1）居民的纳税意识普遍不强，这是一个在以流转税为主体的广大发展中国家普遍存在的现象。我国在对公民权利义务的教育中，经常着重强调纳税是不可逃避的义务，而忽视了纳税人享有的权利和主动自觉纳税对于国家的重大贡献，这使得广大民众普遍认为税收就是一种经济负担，尤其个人所得税等直接税引起的税收痛苦会更深。与此同时，我国个人所得税制度依然存在许多不合理之处，多数人都感到其引导收入分配公平的作用非常有限。

（2）税务代理等配套制度不完善。民众税收素养的普遍提高是一个漫长的过程，要求每个家庭掌握专业的税收知识也并不现实，而且纳税申报是一个复杂的过程，因此税务代理服务在连接纳税人与税务机关上就发挥了重要作用。然而，从我国目前税务代理机构的规模和高水平会计师、税务师等人才数量方面来看，都远远无法应对实行普遍的自行申报制度。

（3）奖惩机制不完善。我国对个人所得税失信行为的惩处措施主要是滞纳金和小额罚款，目前我国社会信用体系的建设尚不完善，纳税人不遵从的成本较低，因此许多纳税人依然有铤而走险的动机，而且我国也缺乏对诚信纳税人的正向激励机制。

我国在今后完善个人所得税申报和征管制度的过程中，需要在以下方面着力：加

---

① 《关于个人所得税自行纳税申报有关问题的公告》（国家税务总局公告〔2018〕62 号）。

强税收法律法规宣传，提高公民的纳税意识；利用互联网大数据、云计算等新兴技术，促进社会各部门信息的互联互通，尤其是获取高收入群体多种所得来源的信息；鼓励高水平财务人才的培养，规范我国税务代理行业的发展；完善个人所得税的奖惩机制，对诚实守信的纳税人适当给予相应的优惠政策，增强正向激励效应，而针对纳税人无故延迟纳税、偷税、逃税、抗税等税收失信行为，根据严重程度纳入个人的社会信用体系，采取更严厉的惩罚措施，使税收不遵从的成本大大提高。

3.2.2　公司所得税

1. 企业、公司、法人

公司所得税是指以公司形式存在的企业为纳税主体，以其各类收入为课税对象的一种所得税。为了更好地理解公司所得税，我们从企业、公司、法人三个概念进行辨析。

企业一般是指以盈利为目的的实行自主经营的经济组织。企业存在着不同的组织形式：第一种是独资企业，一般是由一人出资设立，企业所有人对企业承担无限责任。第二种是合伙企业，一般是由两人或者两人以上出资设立，出资人共同承担无限责任。第三种是公司的形式，公司分为股份有限公司和有限责任公司，以股东的出资额来确定其承担的有限责任，并实现了所有权和经营权的分离。由此可见，企业包含了各种各样的组织形式，而公司只是其中的一种。

法人是指依法成立的，具有民事权利能力和民事行为能力，依法独立享有民事权利和承担民事义务的组织。法人通常包括了企业法人、机关法人、事业单位法人和社会团体法人。需要注意的是，能否独立地承担民事责任是区别法人和其他组织的重要方式。独资企业和合伙企业由于无法独立地承担民事责任[①]，它们并不是法人。所以，一方面企业包含了非法人营利组织，如合伙企业和独资企业，从这个角度而言，企业涵盖了法人之外的范围。另一方面，法人包含了企业以外的非营利组织，那么从这个角度而言，法人同样也涵盖了企业之外的范围。

2. 公司所得税存在的依据

对于是否应该征收公司所得税在学术界存在争议，主要有"合并课税论"和"独立课税论"两种观点。

支持"合并课税论"的学者认为，首先，公司是由股东组成的，对公司的利润征税归根到底是对股东个人的所得征税，公司所得税和个人所得税的税基是一致的，这样会导致双重课税，违背了公平与效率原则。其次，政府提供的公共产品和服务并不是只有公司受益，其他组织也能从政府提供的公共产品和服务中受益，根据受益原则，不应当仅仅对公司征收所得税，也应当对其他组织征收所得税。最后，根据效率原则，对公司课税会扭曲公司的行为，例如影响公司的融资决策和利润分配计划。因此，不应当征收公司所得税。

---

① 承担民事责任的主要方式包括：停止侵害，排除妨碍，消除危险，返还财产，恢复原状，修理、重做、更换，继续履行，赔偿损失，支付违约金，消除影响、恢复名誉，赔礼道歉，等等。

支持"独立课税论"的学者认为，首先，公司是具有法人资格的经济实体，同自然人一样，独立享受权利并独立承担纳税义务。一般情况下，公司的所有权和经营权是分离的，公司能够以自己的名义进行生产经营。因此，公司和股东应被视为两个不同的纳税主体，两个独立纳税主体的所得应当被分别征税。其次，根据受益原则，公司享受了政府提供的公共产品和服务并获得了许多其他组织没有的特殊权利，例如，股东只需要按照出资份额承担有限责任。因此，相比于其他组织，公司从政府获得了更多的收益，因此其应当缴纳公司所得税。除此之外，征收公司所得税有利于保障政府的收入，如果政府不征收公司所得税，那么公司的未分配利润就可以完全逃避所得税纳税，股东可以将股息所得以股票增值的形式留在公司中累积，从而逃避个人所得税纳税。最后，根据税务行政原则，相对于个人所得税而言，公司所得税的纳税人数量更少，征收公司所得税更加便利，有利于降低税收征管成本、提高征税效率。

3. 公司所得税的基本类型

根据解决公司所得税和个人所得税双重课税问题的方式和程度的不同，公司所得税可以分为古典制、归属制、双税率制和免税制。

（1）古典制。古典制将公司和个人看作两个独立的实体。公司取得的所有收入都需要缴纳公司所得税，公司支付给股东的股息不能从公司的收入中扣除，并且缴纳过公司所得税的股息必须要作为股东的个人收入再征收个人所得税。可以看出，在古典制下，对于公司分配的股息而言存在着双重征税。

（2）归属制。归属制可以分为完全归属制和部分归属制。该类型是指在计算股东个人所得税时，将公司已经缴纳的公司所得税归属至股东获得的股息中，也就是将股东获得的股息还原为税前股息，然后与其他个人所得项目合并计算出个人所得税应纳税额，允许股东在应纳个人所得税税额中扣除股息已缴纳公司所得税的全部或部分。具体方式是先计算出税前股息，数额等于从公司获得的股息与股息所承担的公司所得税的总和。然后税前股息加上股东个人的其他所得，按照个人所得税税率计算出个人所得税应纳税额。最后，个人实际应纳税额等于计算出的个人所得税应纳税额扣除股息对应的公司所得税额。

（3）双税率制。对公司的利润采用两种不同的税率课征公司所得税。公司保留的利润使用高税率征收，公司分配的利润使用低税率征收。双税率制下，如果二者税率差距很小，则双税率制类似于古典制；如果二者税率差距很大，则双税率制类似于保留利润税。双税率制在一定程度上缓解了重复征税的问题，但是无法完全消除。

（4）免税制。免税制分为公司阶段免税和个人阶段免税。公司阶段免税是指对公司向股东分配的利润免税，但对公司的保留利润仍要征税。个人阶段免税是指允许股东在个人所得税应纳税所得中扣除获得的全部或部分股息。公司阶段的免税其实是将公司分配的股息视作费用支出，允许其在税前扣除，因此公司阶段免税可以消除重复征税的问题，但是其要求对保留利润征税，不利于公司未来的发展。而个人阶段免税在累进税率下容易出现高收入者实际减免金额较大的不公平问题。

4. 税收优惠

公司所得税既是政府筹集财政收入的重要来源，也是政府用来调节宏观经济的重要方式，税收优惠政策的制定和施行可以支持和鼓励部分产业的发展。一方面，税收优惠政策发挥了税收对经济的调节作用，促进了相关产业的发展，有助于经济增长和稳定；另一方面，税收优惠政策直接增加了财政压力。常见的公司所得税优惠政策有以下几类。

（1）税收减免。税收减免是指对纳税人的应纳税额少征收或者免予征收。从时间上可划分为定期减免和不定期减免，定期减免有时间限制，超过时间限制后不再实行优惠措施；不定期减免没有固定的减免时间限制。从与税法的关系上可划分为法定减免和非法定减免，法定减免是指税法中明文规定的减税免税，而非法定减免是指行政性法规规定的减税免税。法定减免例如：我国企业所得税法规定，符合条件的小型微利企业，减按 20%的税率征收企业所得税；国家需要重点扶持的高新技术企业，减按15%的税率征收企业所得税。企业从事农业、林业、牧业、渔业项目的所得，从事国家重点扶持的公共基础设施项目投资经营的所得，从事符合条件的环境保护、节能节水项目的所得，以及符合条件的技术转让所得，可以免征、减征企业所得税[①]。非法定减免例如：财税〔2011〕112 号文规定，2010 年 1 月 1 日至 2020 年 12 月 31 日，对在新疆喀什、霍尔果斯两个特殊经济开发区内新办的属于政策优惠范围内的企业，自取得第一笔生产经营收入所属纳税年度起，五年内免征企业所得税。[②]

（2）税收扣除。税收扣除是指允许按比例或者全部从计税依据中扣除一定的数额。税收扣除可以分为直接扣除和加计扣除。直接扣除是指允许全部或部分扣除某些符合规定的项目。例如，纳税人在生产、经营期间向金融机构借款的利息支出，按实际发生数扣除。加计扣除是指允许某些符合规定的扣除项目按超过实际发生数的数额进行扣除。例如，企业为开发新技术、新产品、新工艺发生的研究开发费用，未形成无形资产计入当期损益的，在按照规定据实扣除的基础上，按照研究开发费用的 50%加计扣除；形成无形资产的，按照无形资产成本的 150%摊销。又如，企业安置残疾人员的，在按照支付给残疾职工工资据实扣除的基础上，按照支付给残疾职工工资的100%加计扣除[③]。

专栏 3-3

加计扣除对企业的影响

经济的高质量发展依赖科技进步和技术创新。政府利用研发费用加计扣除政策鼓励企业进行研发投入和技术创新十分必要。第一，研发费用加计扣除优惠政策能够减

[①] 《中华人民共和国企业所得税法》（2018 年修订）第二十七条和第二十八条。

[②] 《财政部 国家税务总局关于新疆喀什霍尔果斯两个特殊经济开发区企业所得税优惠政策的通知》（财税〔2011〕112 号）。

[③] 《中华人民共和国企业所得税法》（2018 年修订）第三十条。

轻企业的税收负担，缓解企业融资约束，从而促进企业增加研发费用的投入。企业的研发资金主要来自于企业内部资金、债务或权益融资以及政府补贴，研发费用加计扣除政策是通过影响企业内部资金的方式来增加企业研发投入。实施加计扣除政策之后，企业缴纳的税款与原来相比减少，企业内部可流动资金会相应增加，进而有利于企业在后续研发中加大资金投入。第二，弥补企业研发行为的正外部性。因为企业的研发成果容易被模仿和复制，具有公共产品的属性，如果政府不对其加以支持和保护，那么在企业研发投资回报低于社会回报时，企业会逐步减少研发。加计扣除政策可以缩小企业个体边际收益和社会边际收益的差距，弥补企业研发行为的正外部性。第三，通过实施研发费用加计扣除税收政策，有利于提高企业盈利能力，一方面，因为企业的研发成果能够直接增加其营业利润，保持行业优势；另一方面，通过加计扣除可以降低其成本，进一步提高企业的预期收益。

资料来源：作者根据相关资料整理。

（3）投资抵免。投资抵免是指允许纳税人将一定比例的投资额冲抵其当年应纳税额的做法。投资抵免相当于政府对民间投资的一种补助，因此投资抵免也常被称作是"投资津贴"。该政策在一定程度上能够降低企业的投资成本，短期内刺激投资。例如，企业购置用于环境保护、节能节水、安全生产等专用设备的，该专用设备的投资额的10%可以从企业当年的应纳税额中抵免[①]。

（4）延期纳税。延期纳税是指允许纳税人将其应纳税款延期缴纳。这一措施相当于给予纳税人一笔无息贷款，降低了企业的融资成本，即延期纳税增加了企业当期的现金流，减少了企业当期的筹资成本和向银行支付的利息支出，间接增加了企业当期的利润总额。另外，纳税人可以在此期间利用这笔资金进行投资和再投资，只要企业合理利用这笔资金就可以获得相应的投资收益，从而直接增加企业当期的利润总额。除此之外，考虑到通货膨胀的影响，当物价水平上涨时，延期纳税后税款的实际币值下降，企业的实际支出减少。根据《中华人民共和国税收征收管理法》（2015 年修订）第三十一条规定，纳税人因有特殊困难，不能按期缴纳税款的，经税务局批准，可以延期缴纳税款，但是最长不得超过三个月。

（5）亏损结转。亏损结转是指纳税人在某一年度发生的亏损可以在其他纳税年度的盈利中抵补。就允许亏损结转的时间而言，不同的国家有着不同的规定，允许亏损结转的时间越长，企业享受的优惠力度越大。我国企业所得税法规定，企业纳税年度发生的亏损，准予向以后年度结转，用以后年度的所得弥补，但结转年限最长不得超过五年[②]。

（6）加速折旧。加速折旧是指允许企业采用年数总和法、余额递减法、缩短年限法对固定资产进行折旧。企业采用加速折旧，使得前期折旧额大，企业的成本高、利润少，所以企业应交的企业所得税较少，企业可以使用目前少交的所得税税金用于生产经营或者其他方面，这就相当于企业将一笔没有利息的资金用在经营活动或者投资

---

① 《中华人民共和国企业所得税法实施条例》（2019 年修订）第一百条。

② 《中华人民共和国企业所得税法》（2018 年修订）第十八条。

活动之上。因此，加速折旧能够使纳税人的税负得以递延，从而可以引导公司加大投资。我国近年来固定资产加速折旧优惠政策如表 3-3 所示。

表 3-3 我国近年来固定资产加速折旧优惠政策

政策起始时间	适用行业	固定资产类别	优惠事项
2008-01-01	所有行业	1．由于技术进步，产品更新换代较快的固定资产 2．常年处于强震动、高腐蚀状态的固定资产	可以缩短折旧年限或采取加速折旧方法： 1．企业采取缩短折旧年限方法的，对其购置的新固定资产，最低折旧年限不得低于《中华人民共和国企业所得税法实施条例》第六十条规定的折旧年限的 60%；若为购置已使用过的固定资产，其最低折旧年限不得低于《中华人民共和国企业所得税法实施条例》规定的最低折旧年限减去已使用年限后剩余年限的 60%。最低折旧年限一经确定，一般不得变更。 2．采取加速折旧方法的，可以采取双倍余额递减法或者年数总和法
2011-01-01	软件产业和集成电路产业	符合固定资产或无形资产确认条件的外购软件	折旧或摊销年限可以适当缩短，最短为 2 年（含）
	集成电路生产企业	生产设备	折旧年限可以适当缩短，最短可为 3 年（含）
2014-01-01	六个行业（生物药品制造业，专用设备制造业，铁路、船舶、航空航天和其他运输设备制造业，计算机、通信和其他电子设备制造业，仪器仪表制造业，以及信息传输、软件和信息技术服务业）	新购进（包括自行建造）的固定资产	可以缩短折旧年限或采取加速折旧方法（具体要求参照 2008 年的政策）
2015-01-01	四个领域（轻工、纺织、机械、汽车）的重点行业	新购进（包括自行建造）的固定资产	可以缩短折旧年限或采取加速折旧方法（具体要求参照 2008 年的政策）
2019-01-01	全部制造业企业以及信息传输、软件和信息技术服务业	新购进（包括自行建造）的固定资产	可以缩短折旧年限或采取加速折旧方法（具体要求参照 2008 年的政策）

注：表中内容来源于《中华人民共和国企业所得税法》（2018 年施行）第三十二条、《中华人民共和国企业所得税法实施条例》（2019 年施行）第九十八条、《关于进一步鼓励软件产业和集成电路产业发展企业所得税政策的通知》（财税〔2012〕27 号）、《关于完善固定资产加速折旧企业所得税政策的通知》（财税〔2014〕75 号）、《关于进一步完善固定资产加速折旧企业所得税政策的通知》（财税〔2015〕106 号）、《关于扩大固定资产加速折旧优惠政策适用范围的公告》（财税〔2019〕66 号）。

3.3 财产税系

3.3.1 财产税概述

1. 财产税的概念

财产税是以纳税人在某一时间点所占有或者控制的财产为征税对象的一种税。财产税是世界上最古老的税种之一。在古代社会，财产税是国家财政收入的重要来源之一，财产税的地位十分重要。随着社会经济的发展，财产税的地位受到了商品税和所得税的冲击，但财产税仍是地方政府实现财政职能的重要工具。

财产税的主要特征表现为以下几个方面：首先，财产税的征税对象具有稳定性。财产税把财产作为征税对象，当经济发展到一定阶段，财产税税源丰富，受经济波动的影响较小。其次，财产税对存量征税。对比所得税，财产税是对某一时间点的财产的存量征税，所得税是对某一时间段财产所带来的净收益征税，即对流量征税。最后，财产税多属于直接税。财产税一般直接对财产所有者或使用者征收，在财产所有者不与其他人在使用上发生经济关系时，财产税的税负难以转嫁。

2. 财产税的类型

财产包括动产、不动产和知识产权等，财产多种多样的形式也决定了财产税类型的丰富。按照课征对象、课征方式、课征标准、课征时序以及计税依据等的不同，可以把财产税分为不同的类型。

（1）根据课征对象分类，可以分为静态财产税和动态财产税。静态财产税是对纳税人在某一时间点拥有的财产征税的税种。静态财产税主要体现在对财产的持有征税，其征收时间具有一定的规律性，按年征收或者按月征收。动态财产税是对纳税人的财产所有权发生变化时征收的税种，例如纳税人的财产转移、馈赠等行为，遗产税和赠与税是最典型的动态财产税。

（2）根据课征方式进行分类，可以分为一般财产税和个别财产税。一般财产税对纳税人占有或者控制的全部财产综合征税。在综合征税的同时，会对生活必需品和一定价值或数量以下的财产免税，并且允许负债扣除。个别财产税对纳税人占有或者控制的不同财产分别征税，一般情况下不允许扣除和免税。例如，对纳税人拥有的土地征收的土地税，对纳税人拥有的房屋征收的房产税，对纳税人拥有的车辆征收的机动车辆税。

（3）根据课征标准分类，可以分为财产价值税和财产增值税。财产价值税是指按照财产的价值征税的税种。在我国的税种里，契税就是典型的财产价值税，其计税依据是不动产的价格。财产增值税是指当财产发生增值时，对财产的增值额征税的税种。在我国的税种里，土地增值税是典型的财产增值税，其计税依据是转让不动产取得的收入减去法定扣除项目金额后的增值额。

（4）根据课征时序分类，可以分为经常财产税和临时财产税。经常财产税是指每年都课征的财产税，是政府每年税收收入的一部分。临时财产税是指为了某种目的筹措资金而临时课征的财产税。

（5）根据计税依据分类，可以分为估价财产税和市价财产税。估价财产税是指把估计的价值作为财产税的计税依据，而市价财产税是指征收财产税时把市场价值作为财产税的计税依据。财产税按市场评估价值计征的优点是税负公平合理，但财产估值对相应部门的估值和征管水平要求很高，并且其很大程度上受到主观因素的影响，在征收财产税过程中容易产生徇私舞弊的问题。市价财产税以市场价值作为计税依据充分体现了税收的弹性原则，但是如果市场价格不稳定，波动幅度较大，可能会产生对同样的财产征税不同的不公平现象。

3. 财产税的优缺点

财产税是世界上最古老的税种之一。直到近代，财产税受到商品税的冲击，其重要地位才逐渐下降，但是其仍然在各国的税收体制中发挥着重要的作用。财产税具有以下几个方面的优点。

（1）财产税符合受益原则。政府为纳税人提供各种公共产品和服务，一方面政府直接为纳税人的财产提供了保护，另一方面政府提供的教育、商业环境、社会治安等服务为财产价值的增长提供了良好的环境。因此，纳税人缴纳财产税符合受益原则。

（2）财产税有利于调节社会财富差距。由于财产税对人们的财富征税，相对于商品税，财产税属于直接税，税负难以转嫁。根据公平原则，财富拥有量的多少在一定程度上可以反映纳税人的纳税能力，对财富占有多的纳税人征收税负高的财产税，对财富占有低的纳税人征收税负低的财产税，有利于直接调节社会财富差距，促进社会公平。

（3）财产税有利于促进资源合理配置和生产。因为财产税是对纳税人持有的财产课税，有利于促使纳税人减少闲置资产的持有，合理配置资源，将闲置资源转移到生产中。除此之外，对纳税人持有的财产征税，能够使得纳税人通过扩大生产和投资来减轻财产税带来的损失，因此财产税在一定程度上能够促进生产。

（4）财产税税收收入比较稳定，一般不受社会经济变动的影响。财产税一般是对人们的动产、不动产和知识产权征税，财产价值的相对稳定性使得财产税收入与所得税收入、商品税收入相比，其受经济周期短期波动的影响较小。因此，财产税作为地方税的重要税种，为地方政府提供了稳定的收入来源，使得地方政府在经济不景气时也能继续提供公共产品和服务。

（5）征收财产税省力易行。财产税对有形实物征收，税基容易确定。财产税是世界上最古老的税种之一，征收历史悠久，相对于其他新的税种而言，财产税的接受度较高。

同时，财产税也存在以下几个方面的缺点。

（1）财产税缺乏弹性，难以随着政府的收支需求变化。根据税收弹性原则，税收需要有一定的弹性，能够随着财政支出的需要而变化。财产税收入比较稳定，在短期内很难有大幅度的变化。累进税率能够使税收收入的增长快于经济增长，具有更大的弹性，而财产税一般采用的是比例税率，与累进税率相比较为缺乏弹性。

（2）课税难以普遍。随着社会的发展、经济水平的提高，人们所拥有的财产的种类更多，也更为复杂。一般情况下，财产税只对不动产或者少数动产课税，对现金、证券、黄金等难以查实的财产不进行课税。因此，可能会导致纳税人在纳税能力相同的情况下，拥有不动产的纳税人比拥有现金、证券的纳税人缴纳更多的财产税，违背了公平原则。

（3）财产税征收难度较大。财产税是对财产的估定价值征税，因此对财产价值的合理估计就至关重要。对财产进行估价时，如果存在此类财产的市场价格，那么再结合各种影响价格的因素进行估价，在技术上是可行的，但工作量较大；如果此类财产交易较少或没有普遍的市场价格，则估价工作较难实现或工作量巨大，而且也容易出现估价过程中徇私舞弊的情况。除此之外，由于人们还拥有着大量的无形资产等，也增加了财产税的征管难度。

4. 财产价值的评估方法

财产的定价与普通的商品往往不同，一般而言，普通的商品交易频繁，易于形成普遍接受的一致价格，而财产中有些交易不够频繁甚至稀少，有些虽有交易，但由于交易方的偏好差异使得成交价格差异很大，因此对于财产的价值需要评估而定。财产价值的评估方法主要有以下几种。

（1）现行市价法，是指通过比较被评估财产和当前市场上相同或类似的财产的异同，根据选定的相同或类似财产的市场价格，再结合影响价格的各种因素进行调整，确定一个评估率，以市价和评估率确定被评估财产价值的一种方法。

（2）收益现值法，是指将被评估财产的未来预期收益值折算为现值，以此作为财产评估价值的一种方法。收益现值法需要被评估财产能够用货币进行计量，并且其未来预期收益能够被预测。

（3）重置成本法，是指按照当前市场条件重新构建与被评估财产相同的全新财产，并允许剔除折旧和各项损耗之后其所需要花费的成本的一种方法。

3.3.2 房地产税

房地产税是指以保有的土地及其上的附着物（房屋建筑物等）为纳税对象的一种税。由于房地产与人们的生活密切相关，并且价值较高，所以房地产税受到社会各界的普遍和高度关注。在我国，随着房地产市场的迅速发展和收入差距的扩大，房地产税如何设计以及何时开征也成为税制改革的焦点问题。从2003年党的十六届三中全会首次提出"条件具备时对不动产开征统一规范的物业税[①]"，到2020年5月中共中央、国务院在发布的《关于新时代加快完善社会主义市场经济体制的意见》中提出加快建立现代财税制度、稳妥推进房地产税立法，国家文件不断提及房地产税的推进问题，足见房地产税改革对于我国建立和完善现代财税制度的重要性，以及政府对此的

[①] "物业"一词来自于中国香港，指已建成并投入使用的各类房屋及其配套的设备、设施和场地。物业税即是房地产税。

审慎态度和重视程度。

下面介绍房地产税的主要构成要素。

1. 纳税人

房地产税的纳税人是不动产的保有人，包括不动产的所有人和使用人。就世界范围内的房地产税而言，其纳税人主要分为三类：第一，不动产的所有人承担纳税义务。例如，我国香港征收"差饷"，其纳税人是该房屋的所有人，即业主。第二，不动产的使用人承担纳税义务。例如，英国住宅房产税的纳税主体是房屋使用者，包括年满 18 周岁的拥有或租住房屋的人。第三，不动产的所有人和使用人共同承担纳税义务。例如，荷兰只对城镇住房征税，荷兰的房产税对房屋产权所有人和居住者双重计征，如果房屋产权所有人就是居住人，则他就要交双份房产税。

2. 计税依据

房地产税以保有的土地及其上的附着物的价值为计税依据。从各国的房地产税制度来看，房地产税的计税依据可以分为改良资本价值、未改良资本价值、年度租金值以及某些物理特征，下面将对上述四种不同的计税依据确定方法进行说明。

（1）以不动产的改良资本价值为计税依据。不动产的改良资本价值一般是指土地和房屋的评估价值，对土地和房屋都征税。例如，法国的地方建筑税的计税依据既包括建筑物的价值，也包括相对应范围的土地价值。法国对建筑物和对应的土地分别适用不同的税率。

（2）以不动产的未改良资本价值为计税依据。不动产的未改良资本价值一般是指土地的价值，不包括建筑物的价值。例如，澳大利亚仅以土地的地价为计税依据。

（3）以不动产的年度租金值为计税依据。年度租金值是指以假设不动产空置后出租可获得的年租金。例如，新加坡的房地产税就是以不动产的年产值为计税依据，即住房按照当年市场价格出租一整年可以获得的租金。需要注意的是，以年度租金值为计税依据并不是只对出租的住房征税，即使房屋没有出租也要纳税。

（4）以不动产的某些物理特征为计税依据。根据不动产的某些物理特征，往往选择烟囱、窗户、房间、灶台等作为房地产税的计税依据。例如，英国在 1667 年曾征收"灶税"，凡是家里有灶台的，不管几人共用或房屋建筑面积多大，每个灶台征税 2 先令。1697 年英国改征"窗户税"，根据房屋有多少扇窗户征税[①]。目前，采用不动产某些物理特征征税的做法已经非常少见了。

3. 税率

就各国目前实行的房地产税制度而言，房地产税税率主要有比例税率、累进税率和定额税率三类。

比例税率因为征收简单，被世界上大多数国家采用。比例税率又可以分为统一比例税率和差别比例税率。许多国家根据不动产的性质和用途的不同设置差别比例税率。

累进税率符合公平原则，但是其对征管水平和不动产的估值水平要求比较高。

定额税率主要是应用于以不动产的某些物理特征为计税依据的房地产税制中。

---

① 苏京春. 房地产税国际经验述评及借鉴——以全球十一个国家和地区为例[J]. 经济研究参考，2015（71）：37-45.

 专栏 3-4

中国开征房地产税的试点与争论

为了完善房地产税体系，在全国范围内推广房地产税，中国首先在上海与重庆进行试点。2011 年 1 月 28 日起上海市和重庆市实施《对部分个人住房征收房产税试点的暂行办法》[①]，拉开了我国房地产税改革的序幕。目前，上海与重庆两个城市实施不同的房产税征收政策。下面重点对比一下上海和重庆两地房产税政策的不同，如表 3-4 所示。

表 3-4　上海和重庆房产税政策对比

	上　海	重　庆
试点区域	上海市全部行政区	重庆主城九区
征收对象	本市居民家庭在本市新购且属于该居民家庭第二套及以上的住房（包括新购的二手存量住房和新建商品住房）；非本市居民家庭在本市新购的住房征收房产税	个人拥有的独栋商品住宅；个人新购的高档住房；在重庆市同时无户籍、无企业、无工作的个人新购的第二套（含第二套）以上的普通住房
适用税率	0.4%，0.6%，其中 0.4% 是优惠税率	0.5%，1%，1.2%
计税依据	上海市的房产税应纳税额=新购住房应税面积×新购住房单价×相应税率×70%	重庆市的房产税应纳税额=应税建筑面积×建筑面积交易单价×对应税率
免税面积	人均不超过 60 平方米（即免税住房面积，含 60 平方米）的，其新购的住房暂免征收房产税	免税面积以家庭为单位，一个家庭只能对一套应税住房扣除免税面积。独栋商品住宅，免税面积为 180 平方米；新购的独栋商品住宅、高档住房，免税面积为 100 平方米

注：表中内容来源于《上海市开展对部分个人住房征收房产税试点的暂行办法》（沪府发〔2011〕3 号）、《重庆市人民政府关于进行对部分个人住房征收房产税改革试点的暂行办法》和《重庆市个人住房房产税征收管理实施细则》（渝府令〔2011〕247 号）。

此次房产税试点改革加大了对房地产保有环节的征收力度，在完善房地产税体制的道路上迈出了重要的一步。最近几年房地产市场正向着回归住房的基本功能的规范发展阶段演进，如何稳妥推进房地产税落地也成为各界关注的焦点。

许多学者认为开征房地产税的优点主要有以下几点[②]。

第一，开征房地产税有利于健全财产税体系。开征房地产税能够完善直接税体制，建立健全个人财产信息系统，并且与商品税和所得税相比，我国财产税体制方面相对比较落后，推进房地产税立法和实施有利于我国财产税体系的健全。除此之外，房地产税的开征有利于平衡我国房地产交易环节和保有环节的税负结构，适当降低建设、交易环节税费负担，逐步建立完善的现代房地产税制度。

[①] 房地产税和房产税不是完全相同的概念，虽然上海市、重庆市的发文是对房产税试点，但通过政策的具体实施内容来看，业内普遍认为这两地的试点符合房地产税制改革的总体方向，对房地产税的立法开征具有一定的探索意义。

[②] 这一内容参考中国人民大学吕冰洋教授的税收学课堂讲义进行编写。

第二，开征房地产税有利于房地产市场的建设。对政府而言，开征房地产税能够均衡税源，保证地方政府的财政收入。"营改增"将营业税取消，地方政府的财政收入受到一定程度的影响。开征房地产税能够使地方政府获得长期、稳定的收入，有利于改善地方政府的短视行为，不再依靠土地出让来增加财政收入。对于刚需购房者而言，将税费由一次性支付改为逐年支付，这将使开发商成本下降，随之房地产价格也将下降，有利于刚需购房者购得自用房。对房地产市场而言，开征房地产税增加了持有成本，有助于闲置住房出售、增加供给，有利于给楼市降温，减少炒房行为。

第三，开征房地产税有利于资源节约型社会建设。开征房地产税，不管是以房地产面积还是以房地产价格为计税依据，都会直接或间接地与房地产面积大小相关，这将有利于降低过度的人均住宅面积，引导住房建造与消费转向舒适型、高质量型，建设资源节约型社会。

与此同时，开征房地产税也面临着种种困难，具体如下。

第一，现行土地出让金制度的制约。土地出让金是政府出让土地一定期限的使用权所获得的收入，房地产税是对房地产保有环节课征的税收，如果开征房地产税，其与现行土地出让金的关系存在处理上的困难。对于房地产持有人而言，土地出让金实际是为土地的一定期限使用权一次性支付的费用，房地产价格本身包含了土地出让金，如果按国际通行惯例以房地产市场价格或评估价格作为计税依据，因其中包括了土地出让金，显然出现了双重征税（费）问题；如果不将土地出让金纳入计税依据中，这时的课税又不是一般意义上房地产税的概念。

第二，税制要素具体如何设计。房地产税涉及的征税对象范围广、税基数额大，如何做到其基本功能的有效实现、其税负水平的适度确定，需要较为复杂的税制设计，而当需要对房地产价值进行评估时，则更是需要完善的房地产价值评估体系，这对于财产税系还不完善的中国税制而言，面临着不小的改革和发展挑战。

第三，产权不明，纳税人难以确定。由于历史原因以及现实生活中的复杂情况，存在房地产的产权与使用权分离、产权不清等情形，那么产权所有人、经营管理单位、承典人、房产代管人或者使用人在税收实践中都可以被规定为法定义务人，面对各种复杂情况，究竟确定谁为纳税人，对于具有固定性的税法而言存在不确定的困难。只有健全了财产登记制度，明确了产权关系，纳税人的确定才有了基础。

当然，以上困难并不是不能逾越的障碍，在各种困难稳步解决之后，未来的房地产税改革将能够顺利展开。

资料来源：作者根据相关资料整理。

3.3.3　遗产税和赠与税

1.　遗产税和赠与税

遗产税和赠与税是最典型的动态财产税，即对财产的转移征税。遗产税是对财产所有人去世后遗留的财产征收的一种税，以遗产管理人或遗产继承人为纳税人。赠与税是对财产所有人赠与他人的财产征收的一种税，以赠与人或受赠人为纳税人。在大多数情况下，赠与税是对遗产税的补充，如果只征收遗产税，纳税人可能会在生前将财产转移，会导致遗产税收入的大量流失。

世界上已有许多国家开征了遗产税，课征遗产税主要基于以下原因。

（1）征收遗产税符合量能课税原则。财富通过遗产转移的方式实现了代际积累，那么获得遗产的纳税人其纳税能力明显增加了，根据量能课税原则，应当对纳税人所继承的遗产征税。

（2）征收遗产税符合受益原则。法律保护了遗产的继承权，遗产的继承人享受了法律带来的权利，根据受益原则，应当对纳税人所继承的遗产征税。

（3）征收遗产税有利于维护社会公平。遗产的代际积累会使得财富越来越集中于少数人手里，社会的贫富差距会逐步扩大，征收遗产税有利于缩小贫富差距，维护社会公平。

（4）征收遗产税有利于鼓励劳动。遗产税的继承人不通过劳动就可以获得一笔财富，容易鼓励遗产继承人不劳而获。因此，征收遗产税可以看作对"不劳而获"的惩罚，它鼓励纳税人增加工作时间以弥补因为征收遗产税所造成的损失。

（5）征收遗产税有利于弥补纳税人逃税造成的损失。在现实生活中，纳税人可能会逃税，但其一生所逃掉的税款会积累成纳税人的财富。因此，征收遗产税可以看作对纳税人过去一生所逃避的税收的追缴，能够弥补因逃税而造成的收入损失。

（6）征收遗产税有利于促进公益事业的发展。一般情况下，政府会对个人将遗产捐赠给慈善组织、学校和公共团体的部分给予免税优惠。这种免税优惠能够鼓励个人将财产捐赠给公益事业，有利于促进公益事业的发展。

2. 遗产税的经济效应

征收遗产税有利于缩小社会贫富差距，与此同时，遗产税具有财富再分配效应、储蓄效应、劳动供给效应等经济效应。

（1）遗产税的财富再分配效应。遗产税通过对财产所有者转移给继承者的财产课税，能够减少财产代际转移的数量，减少代际间的财富差异水平，降低了继承者的非劳动收入，缩小了后代的起点差距。

（2）遗产税的储蓄效应。遗产税的储蓄效应有两个方面：一方面，对继承人而言，遗产税的课征会减少继承人获得的非劳动收入，继承人为了维持征收遗产税之前的境况，会增加储蓄。另一方面，对被继承人而言，遗产税对储蓄的影响分为收入效应和替代效应。前者是指为了弥补继承人因缴纳遗产税造成的遗产数量继承的减少，被继承人会增加储蓄以留下更多遗产。后者是指遗产税减少了被继承人通过储蓄形成的遗产，这鼓励了被继承人的消费而抑制了其储蓄。

（3）遗产税的劳动供给效应。遗产税的劳动供给效应也有两个方面：一方面，对继承人而言，遗产税会减少继承人获得的财产，继承人为了弥补这一损失会增加劳动供给。另一方面，对被继承人而言，遗产税可看作对被继承人劳动所得的征税，那么遗产税对劳动供给的影响分为收入效应和替代效应。前者是指征税减少了被继承人的劳动所得，从而促使被继承人增加劳动供给。后者是指征税减少了税后所得，即降低了闲暇的机会成本，从而促使被继承人增加闲暇而减少劳动供给。

3. 遗产税和赠与税的模式

遗产税可以分为总遗产税、分遗产税和总分遗产税三种类型。

总遗产税是指先对被继承人去世后遗留的财产征收遗产税，再把财产分配给继承人。总遗产税的纳税人或代扣代缴人是遗产的管理人。总遗产税的主要特点是"先税后分"，不考虑继承人和被继承人的亲疏关系和继承人的具体状况。世界上美国、英国、新西兰等国家实行总遗产税。

分遗产税是指先把财产分配给继承人，然后再就各继承人所获得的遗产分别征税。分遗产税的纳税人是遗产的继承人。分遗产税的主要特点是"先分后税"，会考虑继承人和被继承人的亲疏关系和继承人的具体状况。世界上日本、俄罗斯、法国、德国等国家实行分遗产税。

总分遗产税是指先对被继承人去世后遗留的财产征收一道遗产税，遗产分配后，再对继承人所获得的遗产分别征收一道遗产税。总分遗产税的主要特点是"先税后分再征税"。世界上意大利、伊朗等国家实行总分遗产税。

各国的赠与税可以分为总赠与税和分赠与税。总赠与税是对赠与人转赠的财产课税，以赠与人为纳税人，对其全部赠与额征税。分遗产税是对受赠人所接受的财产课税，以受赠人为纳税人，对其各自收到的财产额征税。

专栏 3-5

中国的遗产税征不征?

一些学者认为现阶段中国开征遗产税缺少较为完善的条件。首先，开征遗产税会影响民营经济的发展，导致投资积极性下降、畸形消费和资本外流。除此之外，遗产税存在征收管理难度大、财产估值难度高、收入少却成本高等问题。

一些学者认为虽然应对是否开征遗产税持谨慎态度，但是也需要看到中国开征遗产税的各种有利条件。改革开放后，中国经济快速发展，一部分人已经率先富裕了起来，这为开征遗产税提供了必要性和可能性。世界上有许多国家开征遗产税，不仅有美国、英国、瑞典等发达国家，也有菲律宾、巴西、智利等发展中国家。中国历史上也征收过遗产税，因此国内、国外都有丰富的经验可以借鉴。中国的税制建设和税收工作不断加强，公民的税收观念也在逐步增强，税务机关的征收管理水平也有很大提高。实际上，当今世界各国开征遗产税大多出于政治、社会目的的考虑，并不是非常看重遗产税的财政收入意义。

资料来源：刘佐. 关于目前中国开征遗产税问题的一些不同看法[J]. 财贸经济，2003（10）：74-77.

本章小结

1. 商品税是以商品和劳务为征税对象，以商品和劳务在生产、流转、消费等环节的流转额为计税依据的各种税的统称，包括增值税、消费税、关税等。

2．增值税是以商品和劳务在流转过程中的增值额为计税依据的一种商品税。根据对外购固定资产所含税金扣除方式的不同，增值税可以分为三种类型：生产型增值税、收入型增值税、消费型增值税。

3．免征增值税与实行增值税零税率的效果是不同的。免税只是免除生产流通中某一环节的增值税，其他环节依然要缴纳增值税；零税率则相当于免除了某商品从生产到最终消费全环节的增值税。

4．消费税是以消费品或消费行为作为课税对象的一类税的统称。我国目前实行的消费税一共有三种计税方法：从价计税、从量计税、复合计税。

5．零售税是仅在商品的最终销售阶段（即零售阶段）征收的一种消费税。消费支出税是针对个人或家庭在一定时期的消费支出数额的课税，理论上可以作为所得税的替代，但现实中少有实践。

6．个人所得税是针对个人从各种来源取得的所得课征的一种直接税，可以分为三种类型：分类所得税、综合所得税、分类综合所得税。

7．个人所得税的征收办法主要有三种：自行申报法、源泉扣缴法、推定课征法。

8．企业一般是指以盈利为目的的实行自主经营的经济组织。企业、公司、法人的概念涵盖范围具有重合之处。

9．根据解决公司所得税和个人所得税双重课税问题的方式和程度不同，公司所得税可以分为古典制、归属制、双税率制和免税制。

10．在公司所得税（企业所得税）税制中，税收优惠政策可以支持和鼓励部分产业的发展，具体的税收优惠政策有税收减免、税收扣除、投资抵免、延期纳税、亏损结转、加速折旧等。

11．财产税是以纳税人在某一时间点所占有或者控制的财产为征税对象的一种税。财产税多属于直接税，其征税对象具有稳定性。

12．房地产税的纳税人是不动产的保有人，包括不动产的所有人和使用人。房地产税以保有的土地及其上的附着物的价值为计税依据。就各国目前实行的房地产税制度而言，房地产税税率主要有比例税率、累进税率和定额税率三类。

13．遗产税是对财产所有人去世后遗留的财产征收的一种税，以遗产管理人或遗产继承人为纳税人。赠与税是对财产所有人赠与他人的财产征收的一种税，以赠与人或受赠人为纳税人。遗产税可以分为总遗产税、分遗产税和总分遗产税三种类型，赠与税可以分为总赠与税和分赠与税。

思考题

1．商品税具有哪些特点？

2．三种类型的增值税各自的优点和缺点分别是什么？

3．增值税免税和零税率是否等同？请说明理由。

4．我国现行消费税的三种计税方法各有什么特点？

5．个人所得税的分类所得税与综合所得税各自有什么样的特点？

6．在设计个人所得税的累进税率时，需要考虑哪些因素？

7．我国目前个人所得税的申报制度有哪些不完善之处？请提出改进优化的建议。

8．请阐述对于是否应该课征公司所得税的争论观点。

9．公司所得税包括哪些类型？请对每种类型进行简要阐述。

10．什么是财产税？财产税具有什么特征？

11．开征房地产税能够抑制房价吗？请说明理由。

12．为什么要课征遗产税？试分析遗产税的经济效应。

本章阅读与参考文献

[1] 董艳玲．美国为何没有增值税[J]．瞭望新闻周刊，2002（50）：43．

[2] 黄桦．税收学[M]．2版．北京：中国人民大学出版社，2011．

[3] 纪益成．增值税管理研究——发票法与账簿法比较[J]．财政研究，1999（8）：53-54，66．

[4] 李京坤．荷兰的财产房产税[J]．税务，2000（7）：43．

[5] 李万甫．西方消费支出税简介[J]．涉外税务，1990（2）：31-33．

[6] 梁宝柱．通货膨胀影响与税收政策导向[J]．税务与经济，1994（2）：13-15．

[7] 林佩瑛，赵治中．改革增值税刍议[J]．税务研究，1990（6）：35-38．

[8] 刘佐．关于目前中国开征遗产税问题的一些不同看法[J]．财贸经济，2003（10）：74-77．

[9] 钱淑萍．税收学教程[M]．4版．上海：上海财经大学出版社，2019．

[10] 上官鸣，秦丽丽．非货币性资产投资个人所得税递延纳税政策解读[J]．财会通讯，2015（34）：95-96．

[11] 苏京春．房地产税国际经验述评及借鉴——以全球十一个国家和地区为例[J]．经济研究参考，2015（71）：37-45．

[12] 王安栋．农业税收模式创新的探讨[J]．宏观经济研究，2004（4）：43-44．

[13] 王建平．我国增值税制度的发展历程及展望[J]．税务研究，2015（6）：51-56．

[14] 王乔，席卫群．比较税制[M]．2版．上海：复旦大学出版社，2013．

[15] 王玮．税收学原理[M]．2版．北京：清华大学出版社，2012．

[16] 王佐云．税收学[M]．2版．上海：立信会计出版社，2007．

[17] 徐瑞娥．法国增值税简介[J]．西欧研究，1987（2）：53-54．

[18] 杨斌．税收学[M]．2版．北京：科学出版社，2011．

[19] 杨国超，刘静，廉鹏，等．减税激励、研发操纵与研发绩效[J]．经济研究，2017，52（8）：110-124．

[20] 杨震．世界大国增值税类型选择的规律——以美国、印度和欧盟为例[J]．涉外税务，2007（3）：13-18．

[21] 喻兴旺. 美国地方财产税的借鉴与思考[J]. 经济问题探索，2012（9）：181-184.

[22] 张进昌. 美英俄三国个人所得税税率结构比较与启示[J]. 税务研究，2003（10）：75-80.

[23] 赵仁平，杨瑞. 我国个人所得税的历史与功能变迁[M]//中央财经大学中国财政史研究所. 财政史研究：第三辑. 北京：中国财政经济出版社，2010.

[24] 周啸海. 个人所得税改革背景下的征税对象研究[D]. 厦门：厦门大学，2018.

[25] 朱军. 我国开征遗产税的可行性和现实路径[J]. 税务研究，2013（3）：51-54.

[26] 庄佳强. 我国消费税征收现状与改革建议[J]. 税务研究，2017（1）：33-37.

第4章 税收负担

学习目标

▶▶▶ 掌握税负的界定；
▶▶▶ 掌握税负的计算；
▶▶▶ 掌握税负转嫁的定义与方式；
▶▶▶ 了解税负归宿的概念。

4.1 税负的界定与衡量

4.1.1 税负的概念

税负，全称税收负担，是指由于政府部门征税而使纳税人（自然人或法人）所承受的经济负担。对于征税一方来说，税收负担是国家的税收收入，是税收政策的财政收入功能的体现；对于纳税一方来说，税收负担是一种由于履行纳税义务而带来的经济负担。上述是对税收负担的理论概念界定，在具体应用中，税收负担的衡量往往以税款额度与可供征税的税基之比来表示，称为税负水平或税负率，也可以直接称为税收负担[①]。

税收负担实质上是一种分配关系，这种分配关系既体现在国家与纳税人之间，又体现在不同纳税人之间。一方面，国家与纳税人之间对于国民总收入的分配关系具有此消彼长的特点，政府对纳税人征税越多，纳税人分配到的收入越少，国家分配到的收入越多；另一方面，政府对不同纳税人征税与不征税、多征税与少征税的选择，也能够有效调节不同社会成员之间的收入分配关系。从不同的经济层次出发，税负可以分为宏观税负和微观税负。

专栏 4-1

"国泰民安"钟的税负思想

安徽绩溪县的龙川旅游风景区内，有一处全国重点文物保护单位——胡氏宗祠。

---

① 在许多文献里，对于税收负担、税负水平、税负率并不加区分，等同使用。

因宗祠气势磅礴的构造和精美绝伦的木雕，龙川胡氏宗祠被冠以"江南第一祠"的美称，还以"木雕艺术殿堂"和"民族艺术博物馆"著称于世。在宗祠的左厢里，四根木头搭建起来的支架上，悬着一口古老的大铁钟。这口大铁钟的铸造时间是"大明嘉靖甲子年仲秋月"，即公元 1564 年秋，距今已有 450 多年的历史了。一个有趣的现象是，大铁钟上雕刻的"国泰民安"四个大字（见图 4-1）中有两个错字："国"字里面少了一点，而"民"字的斜勾上面出了头，即多了一点，这一现象常为人们津津乐道。这口大钟钟高 85 厘米，直径 75 厘米，重约 250 公斤，钟身上铸有 108 字铭文，整齐端庄，唯独最显眼的"国泰民安"四个大字中出现两个错字。后人推想，这并不是古人的一时疏忽，其中应该蕴藏着一些思想：要想实现真正意义上的国泰民安，国家就要少收一点（税），给农民多留一点（钱粮），让农民的负担轻一些。显然，一口"国泰民安"钟蕴含了中国古代"轻徭薄赋、富民强国"的思想。

图 4-1　安徽胡氏宗祠"国泰民安"钟

资料来源：杨青平．皇粮国税：税制流变与王朝兴衰[M]．郑州：河南人民出版社，2006：183．

4.1.2　宏观税负

1. 宏观税负的概念

宏观税负是指在一定的时期内整个纳税人群体所负担的税款总额占一国当期经济总量的比例。宏观税负是从整个国民经济角度出发衡量社会的税收负担水平，其税收收入直观地由国家按照一定标准征收的总税款额来体现，是一个总量概念。宏观税负水平的高低，反映了国民收入在公共部门和私人部门之间的分配情况。宏观税负水平较高，表示政府配置社会资源的能力较强，反之则较弱。

宏观税负是各种税负指标中最主要的类别之一，它反映了一个国家税收负担的总体水平，是分析国家财政税收政策的核心内容。因此，如何科学衡量国家的宏观税负水平具有重要意义。通过对一个国家的宏观税负水平的纵向比较，可以分析不同时期宏观税负的历史差异，从而梳理税收制度的演进以及其与经济发展的协调状况；通过对不同国家间宏观税负水平的横向比较，可以分析一国的税收制度与国际通行做法的差异。宏观税负衡量指标体系包括以下指标。

1）国内生产总值税收负担率

国内生产总值（GDP）是指某个时期内一个国家（或地区）的所有常住单位运用生产要素所生产的全部最终产品和服务的市场价值。这其中包括境内所有本国居民和非本国居民所生产的最终产品和劳务价值。

国内生产总值税收负担率是指一个国家（或地区）在某个时期内，税收总额占同期国内生产总值的比例。其计算公式为

$$国内生产总值税收负担率 = \frac{T}{GDP} \times 100\%$$

其中，T 表示税收总额。

2）国民生产总值税收负担率

国民生产总值（GNP）是指一个国家（或地区）的居民某个时期内在境内外运用生产要素所生产的全部最终产品和服务的市场价值。这其中包括全部居民在境内外的最终产品和劳务价值，但是不包括境内非本国居民的最终产品和劳务价值。在国内生产总值（GDP）的基础上，加上本国居民从国外得到的要素报酬，减去本国居民支付给国外的要素报酬，就可以得到国民生产总值（GNP）。

国民生产总值税收负担率是指一个国家（或地区）在某个时期内，税收总额占同期国民生产总值的比例。其计算公式为

$$国民生产总值税收负担率 = \frac{T}{GNP} \times 100\%$$

其中，T 表示税收总额。

3）国民收入税收负担率

国民收入（NI）是指一个国家（或地区）从事物质生产的劳动者在一定时期内新创造的价值，即工资、利息、租金和利润等的总和。国民收入税收负担率是指一个国家（或地区）在某个时期内，税收总额占同期国民收入的比例。国民收入有广义和狭义之分。广义的国民收入概念更加抽象，它在很多情况下可以指代国民生产总值、国内生产总值等概念。这里的国民收入是指狭义的国民收入。国民收入税收负担率的计算公式为

$$国民收入税收负担率 = \frac{T}{NI} \times 100\%$$

其中，T 表示税收总额。

上述三种衡量宏观税负水平的指标中，国内生产总值税收负担率和国民生产总值税收负担率都是衡量一个国家宏观税负的重要指标，是国际通用的衡量宏观税负的标准。上述三个公式中的税款总额 T 包括中央政府和各级地方政府的全部税收收入和关税收入（扣除出口退税）。值得注意的是，不同国家对社会保险税费的处理不同，所以税收总额 T 中是否包含社会保险税收入，取决于各国税收制度的具体规定。

 专栏 4-2

中国宏观税率的变化及原因

宏观税负问题一直都是我国财税领域的热点问题，国家重大财税改革的影响因素之一便是宏观税负。对宏观税负的衡量最具代表性的观点为小、中、大"三口径"论[①]（安体富和岳树民，1999），其中小口径宏观税率即表示国家各项税收收入占 GDP 的比例。改革开放前，我国实行的是高度集中的计划经济体制，宏观税率整体偏高。改革开放以来，我国的宏观税率（小口径）呈现阶段性变化特征，如图 4-2 所示。

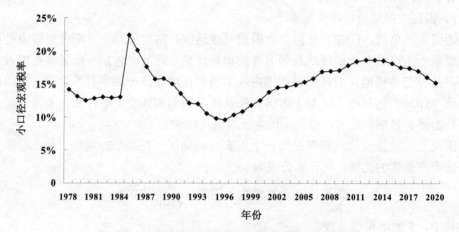

图 4-2　改革开放以来我国小口径宏观税率变化趋势

注：小口径宏观税率是作者根据《中国统计年鉴》数据计算得出。

第一阶段为 1978—1985 年的平稳转跳涨阶段。1978 年我国刚刚迈出改革开放的步伐，企业活力逐渐释放，经济稳步增长，在"利改税"完成之前，我国的宏观税率虽有波动，但整体上呈现出一种稳定态势。1983—1984 年，我国分两步进行了"利改税"：第一步是把所得税的征税制度引入国营企业的利润分配中，但仍保留了多种形式的利润留成方法，可以说是"利税并存"。第二步是实现完全的以税代利。"利改税"改革实施后，国营企业上缴利润变为缴纳税收，我国宏观税率有较大幅度的跳涨，1985 年达到最大值 22.4%。

第二阶段为 1985—1993 年的高位回落阶段。1985 年国务院决定实行"划分税种、核定收支、分级包干"的财政管理体制，逐步建立以税种划分为基础的新财政体制，使中央和地方都拥有相对固定的收入来源，财权与事权基本匹配，并充分调动地方政府筹集财政收入的积极性。然而，"财政大包干"的管理体制产生了严重的不利影

[①] 三个口径宏观税负分别为：（1）小口径宏观税负率=(税收收入/GDP)×100%；（2）中口径宏观税负率=(财政收入/GDP)×100%；（3）大口径宏观税负率=(政府收入/GDP)×100%，这里的政府收入不仅包括财政收入，而且包括各级政府及其部门向企业和个人收取的大量的不纳入财政预算的预算外收入，以及没有纳入预算外管理的制度外收入等。

响：一方面，地方政府可能出于自身利益而忽视跨区域的合作，不利于全国统一市场的形成；另一方面，国家财力趋于分散，预算外资金膨胀，中央财政困难，弱化了中央政府的宏观调控能力。从 1986 年开始至 1993 年的分税制改革前夕，我国的宏观税负一直在下降，主要原因是我国在 1988—1989 年出现了严重的通货膨胀，随后国家采取一系列紧缩措施，使得通胀率迅速向正常水平回调，但代价也非常大，经济增速在 1989 年和 1990 年骤降，需求低迷、生产滑坡、税源萎缩，因而宏观税负水平持续下降。

第三阶段为 1994—2012 年的触底回升阶段。1992 年党的十四大正式确立了社会主义市场经济体制，而经济体制的全面转型要求一套全新的税收管理体制，1994 年分税制改革应运而生。1994 年开始实施的分税制财政管理体制重新划分了中央与地方的收入、中央与地方的事权和支出责任，并且设置国税和地税两套税务机关。分税制既保证了中央政府的财力，增强了中央的宏观调控能力，又能调动地方政府促进本区域发展的积极性，我国的"两个比重"明显提高，即全国财政收入占 GDP 的比重明显提高，中央财政收入占全国财政收入的比重明显提高。自此，我国宏观税率连续下降的态势被扭转并开始持续上升。这个阶段我国的宏观税率上升的原因有以下几点：第一，税制设计存在重复征税机制；第二，人口红利、工业化和城市化进程等特定阶段因素促进了税收的增长；第三，税收征管力度的加强[①]。

第四阶段为 2012 年以来的触顶缓降阶段。自 2008 年国际金融危机之后，世界经济进入深度调整期，而我国实行第二次积极财政政策促使经济增长恢复以后，在 2012 年后主动进行经济结构调整，在国际经济大环境下经济下行压力也不断加大。面对新的经济形势，政府有必要继续实施积极财政政策来稳定并提振经济，而"减税降费"正是刺激居民消费和企业投资的重要举措。2012—2016 年我国持续推进"营改增"，2017—2019 年简并增值税税率结构并连续下调税率，2018 年我国个人所得税迎来一次重大改革，以及企业所得税税收优惠的增加，这些都是"减税降费"的具体措施。"减税降费"政策的实施使得我国宏观税率的增长速度逐渐放缓，并呈现出下降趋势。

资料来源：安体富，岳树民. 我国宏观税负水平的分析判断及其调整[J]. 经济研究，1999（3）：41-47；李普亮，贾卫丽. 中国宏观税负的回顾、反思与展望[J]. 地方财政研究，2019（12）：48-59.

2. 行业的税负

行业的税负是指在一定时期内某行业的税款总额与该行业的同期总产值之间的比例关系。通过计算行业税负水平可以衡量一国重点行业的税负率，通过分析和比较行业的税负水平可以衡量一国的税收制度与其宏观产业政策是否协调。某行业税收负担率的计算公式为

$$某行业税收负担率 = \frac{行业税款总额}{该行业同期总产值} \times 100\%$$

3. 税基的税负

在现有的几种宏观税负衡量方法中，国内生产总值税收负担率便于与国际统一规则接轨，比较符合按属地主义原则征收的税制。但是国内生产总值反映的是所有常住

[①] 这一内容参考中国人民大学吕冰洋教授的税收学课堂讲义进行编写。

单位的增加值概念，而对于大多数税种而言，其税基并不是增加值，这就造成了税基与 GDP 的背离，从而造成宏观税负测量上的问题。

事实证明，宏观经济税率的计算在实践中确实存在一定的困难。已有文献将纳税申报表等官方信息与家庭收入分配调查和特定行业投资项目的实际现值数据结合起来计算宏观有效税率（Barro and Sahasakul，1986；Mckee，Visser and Saunders，1986；Easterly and Rebelo，1993）。但是 Frenkel，Razin 和 Sadka（1991）后来提出在实际测算中，大多数国家存在税收优惠政策，以及各税种之间的交叉联系，使得为宏观经济模型构建有效税率的工作十分复杂。

同样复杂的是，在以家庭为单位的收入调查中，适用于特定个体的边际税率以及基于税收等级权重的家庭税收收入总和，是否与以现有方法测算的宏观经济总税率相等。此外，现有方法对宏观税率时间序列和跨国税率的测算受到数据获取的制约。

Lucas（1990，1991）以及 Razin 和 Sadka（1993）提出了另一种使用实际纳税数据和国家账户中的收入数据测算有效税率的方法。Mendoza，Razin 和 Tesar（1994）将这种方法推广到有效税率时间序列的测算中。该方法考虑主要税种所造成的税收总负担，将一级政府的税收收入全部划分为消费税收入、资本所得税收入和劳动所得税收入三类，每一项税收收入中都有相应的税基可以进行精确测算。目前，Mendoza 等的方法已经被多国广泛用于测算消费、劳动和资本的平均税率并进行国际比较。

Mendoza 等的测算方法的主要优势在于更容易地取得可靠的数据，可以从国际渠道较为容易地获得 OECD 国家的国民账户和税收收入统计数据，除此之外的优点还有：① 考虑了税收抵免、减税、免税等税收优惠规定的影响。② 将劳动性收入的税收与资本性收入的税收分离开来。③ 考虑了没有包括在个人所得税申报表中的个别税收对劳动要素税负的影响（税制体系中经常出现针对同一税基而课征不同税收的情况，例如，工资薪金税和社会保障税都是针对劳动性所得进行课税）。然而该方法也有不足之处，即忽略了法定税率和税收收入在不同层级政府之间的分配信息。

该方法选取的 OECD 国家国民收入统计表中与计算税负有关的变量列举在表 4-1 和表 4-2 中，其中四位数字编号代表不同种类的税收，与 OECD 国家的税收变量相对应，而大写英文字母代表 OECD 国家国民账户变量的缩写。

表 4-1　OECD 国家统计框架下的税收变量

编　号	税收变量
1100	对个人或家庭所得、利润及资本利得的征税额
1200	对企业所得、利润及资本利得的征税额
2000	总的社会保障缴款（其中，2100 是雇主支付的部分，2200 是雇员支付的部分，2300 是自主就业支付的部分，2400 是不属于上述三种的其他部分）
3000	对工资和员工的征税额
4100	对不动产的征税额
4400	对金融和资本交易的征税额
5110	一般商品和服务的课税
5121	消费税

表 4-2 OECD 国家统计框架下的国民账户变量

英 文 缩 写	国民账户变量
CP	私人最终消费支出
CG	政府最终消费支出
CGW	政府最终工资支出
OSPUE	非公司组织的净收入
PEI	家庭财产收益和经营收益
W	工资和薪金
OS	总经济剩余

1）消费支出的平均税率

计算消费支出平均税率的公式为

$$\tau_c = \frac{5110+5121}{CP+CG-CGW-5110-5121} \times 100\%$$

该表达式的分子代表着间接税收入，包括一般商品和服务的课税与消费税。从定义上看，间接税的总税收收入应该等于总消费的含税价格与不含税价格的差额。分母则代表了商品服务税的税基，也就是消费的不含税价格，其中从政府最终消费支出 CG 中减去支付给员工的报酬 CGW，是因为 CGW 并没有直接被征收商品服务税，同时私人最终消费支出 CP 和政府最终消费支出 CG 所对应的都是包含着间接税的含税价格，需要扣除间接税还原为不含税价格，因此分母上又减去了一般商品和服务的课税与消费税。

2）劳动性收入的平均税率

在现实中，计算劳动性收入的边际税率存在一定的困难，因为许多国家的纳税申报表都会直接涵盖纳税人的全部所得，而不会区分所得的不同来源，因此劳动性收入和资本性收入往往难以划分。Mendoza 等通过假设家庭的全部来源收入都被课征相同的税率来求得近似解。同时，除了个人所得税，针对劳动性收入的其他税费也要考虑，如社会保障缴费和工薪税等。

计算家庭总收入的平均税率公式为

$$\tau_h = \frac{1100}{OSPUE+PEI+W} \times 100\%$$

分子 1100 就是对个人或家庭所得、利润及资本利得的征税额，即对家庭征收的总所得税额。分母则代表家庭的全部来源所得，包含了工资薪金、财产收益、个人独资企业和合伙企业分得的利润等。

接下来开始测算劳动性收入的平均税率，其计算公式为

$$\tau_l = \frac{\tau_h W+2000+3000}{W+2200} \times 100\%$$

分子中的 W 代表对工资和薪金征收的所得税，同时还纳入了社会保障缴费和工薪税，分母也将税基扩大到了社会保障缴费的雇员支付部分。

3）资本收益的平均税率

依然假设家庭的全部来源收入都被课征相同的税率，计算资本收益平均税率的公

式为

$$\tau_k = \frac{\tau_h(\text{OSPUE} + \text{PEI}) + 1200 + 4100 + 4400}{\text{OS}} \times 100\%$$

分子包括家庭从个人独资企业和合伙企业分得的收益应缴纳的所得税，从企业取得的所得、利润和资本利得应缴纳的税收，家庭为不动产支付的各种税收，对金融和资本交易的征税。分母是资本收益税收的税基，用总经济剩余来表示。

4. 税种的税负

税种的税负是指一定时期内某税种的实际税收总额与该税种同期计税基数的比例关系。通过计算税种的税收负担率，可以得出政府税收收入的来源结构特征，通过分析和研究某税种的税收负担率，可以得出某税种的实际税率与其法定税率的差异，从而反映税收征管水平。某税种税收负担率的计算公式为

$$某税种税收负担率 = \frac{某税种税款总额}{该税种同期计税基数} \times 100\%$$

4.1.3 微观税负

1. 微观税负的概念

微观税负是指在一定的时期内单个纳税人所负担的税款，这里的单个纳税人可以是法人，也可以是自然人。微观税负水平是衡量不同微观经济主体之间横向税负差异的指标，与宏观税负不同的是，微观经济主体之间存在税负转嫁，因此微观税负更多地衡量的是一种名义税负。微观税负是从纳税人角度考察税负的指标，是一国政府制定税收政策时应直接考虑的因素。根据纳税人的性质不同，微观税负一般又可以分为企业税负和个人税负。

2. 企业税负

企业税负是指某个企业在一定时期负担的税款总额占当期企业某财务指标的比例。企业的税负水平通常用以下几种指标来衡量。

1）企业总税收负担率

$$企业总税收负担率 = \frac{企业实际缴纳的各项税收总额}{同期企业销售收入} \times 100\%$$

企业总税收负担率反映了政府以税收形式参与企业收入分配的程度，可以用于比较不同部门、不同地区各个企业间的综合税收负担水平。

2）企业净产值税收负担率

$$企业净产值税收负担率 = \frac{企业实际缴纳的各项税收总额}{同期企业净产值} \times 100\%$$

由于中国一般只统计工业净产值，因此企业净产值税收负担率仅适用于工业企业，该指标反映了工业企业新创造的价值中有多少以税收形式转移给公共部门，常用于同一工业企业在不同时期的税负水平比较[1]。

---

[1] 杨斌. 税收学[M]. 2版. 北京：科学出版社，2011：155-156.

上述两种企业税负衡量指标通常用来衡量单个企业的综合税收负担水平。

3）企业流转税负担率

$$企业流转税负担率 = \frac{企业实际缴纳的流转税总额}{同期企业销售收入} \times 100\%$$

4）企业所得税负担率

$$企业所得税负担率 = \frac{企业实际缴纳的所得税总额}{同期企业销售利润所得和其他所得} \times 100\%$$

由于我国现阶段的税制结构是流转税占比最高，企业流转税负担率成为衡量企业税负的重要指标之一，而企业所得税负担率直接反应了国家与企业的分配关系。企业流转税负担率和企业所得税负担率是从税种的角度来衡量企业的税收负担水平，由于流转税的间接税属性和所得税的直接税属性，前者属于企业的名义税负率，后者属于企业的实际税负率[①]。

3. 个人税负

个人税负是指单个自然人在一定时期负担的税款数额。与企业税负类似，个人税负也可以按综合税收负担率和个别税种税收负担率来分类衡量。个人税收负担率是指个人所缴纳的税款总额占同期该个人各项收入总和的比例。其计算公式为

$$个人税收负担率 = \frac{个人缴纳税款总额}{同期个人收入总额} \times 100\%$$

个人税收负担率既可以体现个人对国家税收收入的贡献，又反映了国家对不同群体收入分配差距的调节力度。但是，由于个人的消费行为不定，以及流转税的转嫁程度不同，加之统计数据的缺乏，个人真实的综合税收负担率很难衡量。因此，只考虑个人缴纳的个人所得税和财产税等直接税的税收负担率往往更有实际意义。

如个人所得税负担率，是指个人所缴纳的所得税款总额占同期该个人各项收入总和的比例。共计算公式为

$$个人所得税负担率 = \frac{个人缴纳所得税款总额}{同期个人收入总额} \times 100\%$$

在累进所得税制下，该指标能够衡量个人所得税的平均税率。

4.2 税负的影响因素

税负是税收制度和税收政策的核心问题。税负水平是否合理，关系政府能否正常履行职能、经济社会能否稳定发展等问题。因此，一个国家在制定税收政策、确定总体的税负水平时，需要充分考虑本国目前所处的经济发展阶段，并根据宏观经济调控的需要，使本国的税负水平逐渐趋于合理。一般来讲，影响一个国家税负的因素主要有以下几个方面。

[①] 杨志勇，张馨. 公共经济学[M]. 4 版. 北京：清华大学出版社，2018：157.

1. 经济发展水平

经济发展水平是一个国家税负水平的最根本影响因素。一个国家的经济发展水平往往通过国内生产总值（GDP）或国民生产总值（GNP）来表示。一方面，GDP 或 GNP 越高，表明一个国家越富有，居民的人均收入水平越高，社会上能够调动的资源也就越丰富，这也意味着政府征税具有更宽广的税基和更充足的税源，纳税人的承税能力会相对较强；反之，一个国家在社会上能够调动的资源就越少，政府征税的税基和税源也相对有限，纳税人的承税能力也会相对较弱。另一方面，一个国家的经济发展水平越高，该国居民越会要求政府提供数量更多、质量更优的公共产品和服务，那么该国政府就需要筹集更多的税收收入，因此宏观税负水平也会更高。一般来讲，一国的经济实力与其宏观税负水平往往呈正相关关系。

2. 经济结构

经济发展对税负水平的影响不仅体现在经济总量的需要上，还体现在经济结构的变化上。经济结构包括所有制结构、产业结构、区域结构等，一个国家的经济结构决定政府征税的税源结构和税基的大小，在这其中对税负影响最大的是产业结构[①]。在三大产业中，第一产业承受税负的能力较弱，第二、三产业承受税负的能力较强。因此，当一个国家以农业为主要产业时，该国家的宏观税负水平往往较低；当一个国家已经成为相对发达的工业化国家时，该国家的宏观税负水平往往较高。而且深入探究三大产业的内部也会发现，每个产业里既存在着发展速度较快、盈利水平较高、税负承受能力较强的行业，又存在着发展缓慢、税负承受能力较低的行业，这些行业在一个国家或一个地区的市场中所占据的份额不同，也会影响该国家或该地区的税负水平。

3. 政府的职能范围

税收是政府实现其职能的重要收入来源，所以政府的税收需求量与其职能范围息息相关。从理论上讲，政府与市场的职能范围是互补的。在市场机制失灵的领域，政府需要对市场经济进行干预以实现必要的社会政策目标，但是根据不同流派的经济理论观点，政府对市场干预的程度不同。亚当·斯密主张"自由放任"的经济政策，主张政府给予经济主体最大限度的自由竞争，凯恩斯则认为市场经济不能自动达到均衡，强调政府全面干预经济的重要性。政府的职能范围越广、提供公共产品和服务的数量越多、对市场的干预程度越深，就意味着政府的规模越大、需要筹集的税收收入越多，相应的宏观税负水平也就越高。

4. 经济体制

在传统的计划经济体制下，整个社会的经济活动基本由国家统辖，人力、物力、财力由国家统一调配，市场的发育程度很低，国有资产收入是财政收入的主要形式，因此，包括国有资产收入、税收等在内的财政收入作为分子所计算的中口径宏观税负率也就较高[②]。在市场经济体制下，市场发育程度较高，其在资源配置方面发挥主要

[①] 黄桦. 税收学[M]. 2 版. 北京：中国人民大学出版社，2011：80.

[②] 中口径宏观税负率=（财政收入/GDP)×100%，关于宏观税负率的小、中、大"三口径"衡量的比较请见前文专栏 4-2 及其脚注部分。这里之所以使用中口径宏观税负率进行对比分析，是因为在计划经济体制下只涵盖税收收入的小口径宏观税率，无法真实地反映政府对社会资源的集中程度，如国有资产收入也是财政的重要收入形式。

功能，国民收入分配格局也会向着居民、企业倾斜，宏观税负率相应地比计划经济时期要低。图 4-3 显示了我国 1954—2020 年的中口径宏观税负率，从图中可以看到，我国计划经济时期的宏观税负率明显高于市场经济时期。新中国成立初期，百端待举，为了快速恢复国民经济，我国只有实行高度集中的计划经济体制，相应地采取统收统支的财政体制，宏观税负率处于较高的水平。改革开放以后，我国开始建设社会主义市场经济体制，重视发挥市场在经济活动中的基础性作用，鼓励非国有经济的发展，采取让利措施提高农民、城镇职工、企业的收入，国民收入分配中国家所得迅速下降，宏观税负率相应快速降低。

图 4-3　我国 1954—2020 年的中口径宏观税负率

注：中口径宏观税负率是作者根据《中国统计年鉴》数据计算得出。

5. 财政因素

政府的财政收入除了税收，还有国有资产收入、政府性基金收入、行政事业性收费收入、公债收入等。这些都是政府筹集财政收入的方式，从筹集财政收入方式的多少可以看出政府对税收收入的依赖程度。当一个国家筹集财政收入的方式多种多样、对税收的依赖程度相对较小时，该国家的税收负担会相对较轻；当一个国家的财政收入主要依靠税收来满足时，该国家的税收负担可能就会相对较重。一国的财政收入结构深刻影响着税收收入占政府财政收入的比例。

除了财政收入结构，一国政府根据经济形势而实施的财政政策对税负水平也有显著的影响。扩张性财政政策意味着政府需要"少收多支"。从短期来看，扩张性财政政策会导致宏观税负水平下降。但是从长期来看，扩张性财政政策对宏观税负水平的影响取决于本国税收对国民收入的弹性。如果弹性大于 1，意味着宏观税负水平提高；相反，则意味着宏观税负水平会下降。同样地，紧缩性财政政策意味着政府需要"少支多收"。从短期来看，紧缩性财政政策会导致宏观税负水平上升。但是从长期来看，影响同样取决于本国税收对国民收入的弹性。如果弹性大于 1，意味着宏观税负水平下降；如果弹性小于 1，则意味着宏观税负水平会提高。

6. 税制结构

不同的税收制度会对一国的税负水平产生影响。税种的设定、税率的高低以及税收优惠政策等因素都会直接影响一国税负水平的高低。一般来说，税种设置得越多，税收收入的来源越广，宏观税负水平就越高。但是不同税种的财政收入能力不同，因此宏观税负水平也与一个国家的税制结构息息相关。当今世界各国大多采用流转税为主体税种或所得税为主体税种的税制结构。流转税大多采用比例税率的形式，因此流转税收入通常会随着经济增长而成比例地增加，而多数国家都在所得税制中安排了累进税率，在这种情况下，税收收入的增长速度可能比经济增长速度更快。因此，在其他因素既定的情况下，一个国家是采用以流转税为主体的税制结构，还是采用以所得税为主体的税制结构，宏观税负水平将会有明显差别。在税收优惠方面，政府出台的税收优惠规定涉及的范围越广、优惠力度越大，越有可能降低整体的宏观税负。

7. 税收征管

前述各种影响因素决定的是税收收入的潜在规模，但是要将收入的潜在规模变成实际的税收收入则要依靠税收征管。在现实经济社会中，实际的税收收入与潜在的税收收入往往存在差异。税收征管的效率高低会直接或间接对税负产生影响。如果政府非常重视本国税收征管，积极引入新技术提高税收征管的严密性、简化纳税申报的流程，则会提高纳税人纳税遵从度，实际征收的税款与潜在的税款差异就会越小，这将使得测算的宏观税负水平越高。

除了上述直接的影响方式，税收征管努力的大小还会通过改变税收确定性从而对税负产生影响。亚当·斯密曾在《国富论》中提出，税收必须是确定的，不确定的税收制度会使得征税受到税吏权力的影响——税吏可能会通过各种方式加重赋税，从而导致税负的增加[①]。另外一种情况，如果纳税人的名义税负较高，较强的税收征管努力可能会带来较大程度的逃避税行为，从而使得实际税负下降。

4.3　税负转嫁与归宿

税负转嫁与归宿是税负流转过程中的两个重要环节。政府征税会减少纳税人的经济利益，而纳税人为追求经济利益的最大化，一定会试图将税负转嫁出去，税负归宿就是税负转嫁的最终结果。为了使税收制度既促进公平又实现效率，政府需要知道税负归宿，从而认识到税收政策对经济活动的潜在影响。

1. 税负转嫁与归宿的概念

税负转嫁，亦称税收转嫁，是指纳税人通过某种方式将自己应缴纳的税款转移给他人负担。税负转嫁的媒介是经济交易活动，纳税人主要通过改变价格的方式完成税负转嫁。税负转嫁可能是部分税负的转嫁，也可能是税负的全部转嫁。税负转嫁并不是一项无休止的运动，税负转嫁的最终结果或落脚点即为税负归宿。

2. 税负转嫁的方式

根据经济交易过程中税负转嫁的不同方向，税负转嫁的方式可以分为一般方式和特殊方式，这里主要介绍以下五种。

---

① 杨武，李升. 税收征管不确定性与外商直接投资：促进还是抑制[J]. 财贸经济，2019，40（11）：50-65.

1）一般方式

（1）前转，又称为"顺转"，是指税款的名义纳税人在经济交易过程中，通过提高商品出售价格的方式，将自己法定应缴纳的税款转移给下一个环节的商品购买者来负担。一般来讲，前转被认为是税负转嫁最普遍的方式，常见于卖方市场，即销售方在市场中处于有利地位并对价格起主导作用。前转又可以分为一次性完成的税负转嫁和辗转前转（复前转），后者为分多次完成的税负转嫁[①]。如果购买方是最终消费者，那么税负前转就是一次性完成的；如果购买方是经营者，那么税负就会多次前转，例如，原材料供应商通过提高价格的方式把税负转嫁给生产商，生产商也通过提价的方式把税负转嫁给批发商，批发商再将税负转嫁给零售商，零售商再将税负转嫁给最终消费者。税负前转的方向如下：

原材料供应商→生产商→批发商→零售商→消费者

（2）后转，又称为"逆转"，是指商品的购买者通过压低购进价格的方式，将自己法定应缴纳的税款转移给商品的供应商来负担。商品的后转依赖于交易双方议价能力的相对大小，常见于买方市场，即购买方在市场中处于有利地位并对价格起主导作用。例如，对某种商品征收消费税，消费者对该种商品的需求弹性较大，此时消费者可以通过压低该种商品购入价格的方式将税负转移给零售商。利用同样的方式，零售商再将税负转移给批发商，批发商再将税负转移给生产商，生产商再将税负转移给原材料的供应商。后转的过程如下：

原材料供应商←生产商←批发商←零售商←消费者

（3）混转，又称为"散转"，是指纳税人同时运用前转和后转两种方式，既通过抬高出售价格的方式将部分税负转嫁给商品购买者，又通过压低购入价格的方式将部分税负转嫁给商品供应商。混转的过程举例如下：

生产商←批发商→零售商

假设政府要在某商品的批发环节征收消费税，如果批发商将全部税负都向前转嫁给零售商，很可能使商品的批发价格过高而导致零售商终止与其继续合作。因此，批发商只把部分税负向前转嫁，同时批发商再压低商品的购进价格，从而将剩余税负转嫁给生产商。

2）特殊方式

（1）消转，又称为税收转化，是指纳税人通过提高生产效率、革新生产技术的方式寻求超额利润，从而抵补税负的方式。消转是税负被消化在课征环节，税负既没有向前转嫁，也没有向后转嫁，实际上还是由纳税人自己承担。因此，消转实质上并不是税负的转嫁。但是这种通过获得超额利润以消化税负的方式，要求生产经营者具有技术进步、管理改善的空间。

（2）税收资本化，是指在经济交易过程中，商品购买者通过将商品可预见的未来应纳税款按一定的贴现率折算为现值，从商品价格中一次性扣除，从而达到转移税负的目的。例如，小张挂牌 100 万元出售一栋公寓给小李，预计该公寓使用期限为 30

---

① 钱淑萍. 税收学教程[M]. 4 版. 上海：上海财经大学出版社，2019：24.

年，每年应纳税款为 1 万元，贴现率为 5%，30 年总税额的现值为 15.37 万元，则小李在购买时将未来 30 年应纳 30 万元税负的现值 15.37 万元从小张的挂牌价格中扣除，只支付给小张 84.63 万元。在税收资本化的过程中，税负实际上由商品的出售者负担。税收资本化一般发生在土地买卖或者其他具有持续性收益来源的特定商品买卖过程中。

专栏 4-3

卷烟消费税改革与税负归宿

由于卷烟的生产和消费造成了环境的污染和消费者身体健康的损害，世界卫生组织积极寻求全球范围内的控烟行动。卷烟消费税作为一种间接税，理论上而言会前转至消费者负担，因此很多国家对卷烟课征重税以达到控烟的目的，也确实起到了降低吸烟率、减少销售量的作用。但是由于经济体制、市场环境、社会风俗等因素，卷烟消费税并不必然会发生前转或全部前转，其转嫁方向和税负归宿的情况需要具体分析。

我国的卷烟消费税自 1994 年建立以来，已经历了五个阶段，其中后三个阶段明显是提升卷烟税负的调整，如表 4-3 所示。下面对这五个阶段进行梳理性介绍，为税负转嫁与归宿的分析提供材料基础。

表 4-3 我国卷烟消费税的税目税率调整

起始年份	税目	环节			
		生产、进口		批发	
		适用税率			
		从价税税率	从量税税额	从价税税率	从量税税额
1994 年	甲类卷烟（出厂价/5 万支≥780 元）	40%	—	—	—
	乙类卷烟（出厂价/5 万支<780 元）	40%	—	—	—
1998 年	一类卷烟（销售价/5 万支≥6410 元）	50%	—	—	—
	二类卷烟（2137 元≤销售价/5 万支<6410 元）	40%	—	—	—
	三类卷烟（2137 元≤销售价/5 万支<6410 元）	40%	—	—	—
	四类卷烟（销售价/5 万支<2137 元）	25%	—	—	—
	五类卷烟（销售价/5 万支<2137 元）	25%	—	—	—
2001 年	甲类卷烟（调拨价/200 支≥50 元）	45%	0.003 元/支	—	—
	乙类卷烟（调拨价/200 支<50 元）	30%	0.003 元/支	—	—
2009 年	甲类卷烟（调拨价/200 支≥70 元）	56%	0.003 元/支	5%	—
	乙类卷烟（调拨价/200 支<70 元）	36%	0.003 元/支	5%	—
2015 年	甲类卷烟（调拨价/200 支≥70 元）	56%	0.003 元/支	11%	0.005 元/支
	乙类卷烟（调拨价/200 支<70 元）	36%	0.003 元/支	11%	0.005 元/支

注：表中内容来源于《中华人民共和国消费税暂行条例》（1993 年）、《关于甲类卷烟暂时给予减征消费税照顾的通知》（财税〔1994〕38 号）、《国家税务总局关于贯彻〈国务院关于调整烟叶和卷烟价格及税收政策的紧急通知〉的通知》（国税发〔1998〕121 号）、《关于调整烟类产品消费税政策的通知》（财税〔2001〕91 号）、《关于调整烟产品消费税政策的通知》（财税〔2009〕84 号）以及《关于调整卷烟消费税的通知》（财税〔2015〕60 号）。

第一阶段，从 1994 年 1 月 1 日开始我国对甲类卷烟、乙类卷烟从价计征 40%的消费税①，并且只在卷烟的生产和进口环节课征，法定税负由卷烟生产和进口企业承担。此时，甲类卷烟和乙类卷烟税率相同，但生产甲类卷烟的烟厂利润较高，所以造成了卷烟生产结构从低档向高档的转变。在此情形下，大部分卷烟生产企业扩大了高端高价位卷烟的产能，导致高端高价位卷烟的供给量大幅增加，但是当时的社会消费能力远远达不到普遍消费高端卷烟，因此市场上出现了高端卷烟供求严重失衡、价格波动幅度大而低端卷烟供不应求的混乱局面，再加上税制改革后，地方政府也普遍不再为卷烟生产企业提供补贴、减税等优惠政策，同时农副产品价格上涨，卷烟生产原材料和辅助材料的成本也增加了，造成了大量小规模卷烟厂的严重亏损。1995 年年初，烟草行业明确商业要帮助工业消化原辅材料涨价的因素，在烟草工商双方共同的努力下，烟草行业并没有出现全面亏损，也培育了一批知名的卷烟品牌，形成了一批有竞争力的地方卷烟企业。然而，这也导致了全国大部分烟草工商业没有分家独立，整个行业普遍以商业收入补贴工业收入，形成了默认的生存利益链条。

第二阶段，从 1998 年 7 月 1 日开始，卷烟消费税调整为三档差别税率。其中，一类卷烟适用 50%的税率，二、三类卷烟适用 40%的税率，四、五类卷烟适用 25%的税率，此时纳税人的范围仍为卷烟的生产和进口企业。1998 年卷烟消费税的改革有效推动了低端卷烟市场的发展，但是也使得一部分以生产低端卷烟为主、濒临破产的小企业扭亏为盈，不利于未来烟草行业的优化整合。而且，1994 年税制改革之后烟草工商企业未分家独立的局面依然存在，导致烟草工业和商业"合力"规避税负。大量卷烟生产企业通过设立分支机构、品牌运营中心等方式来降低卷烟的出厂价格，尤其是将卷烟的出厂价格控制在等级分档价格标准的较低处，适用较低的消费税税率。

第三阶段，从 2001 年 6 月 1 日开始，卷烟消费税调整为从价和从量并行征收。这次调整提高了卷烟生产和进口企业的税负，尤其是生产低档卷烟的中小型企业的税负。同时，由 1994 年的出厂统一价征税改为核定价或调拨价征税，而且许多卷烟工业企业所属的或者有关联的调拨站被强制撤销，压缩了烟草企业利用转让定价方式避税的空间，有效扩大了税基。此次卷烟消费税调整后，烟草行业的税负明显增加，尤其是低档卷烟，以生产低档卷烟为主的中小企业大量出现亏损，而以生产中高档卷烟为主的大型烟草生产企业的利润却增加了，推动了烟草行业的整合优化。

第四阶段，从 2009 年 5 月 1 日开始，我国在 2001 年的基础上进一步提高了甲类卷烟和乙类卷烟消费税税率，并同时在卷烟的批发环节征收一道 5%的从价税，扩大了纳税人的范围。此次调整顺应了经济发展的新要求，提升了卷烟类别的价位门槛，也扩大了从价计税的基数。在正常的价格传导机制下，消费税税率提高以及加征消费税应该会使卷烟的批发价格和零售价格均提高，但是 2009 年调整后卷烟的实际零售价格却几乎没有变化，即此次卷烟消费税改革控烟职能基本失效。此次价税联动失败的深层原因可能是我国烟草行业的"政企合一"和政府对烟草行业的保护态度。国家烟

---

① 关于甲类卷烟的税率，1994 年 1 月 1 日开始实施的《中华人民共和国消费税暂行条例》规定对甲类卷烟课征 45%的从价税率，但 1994 年 6 月财政部、国家税务总局联合下发《关于甲类卷烟暂时给予减征消费税照顾的通知》（财税〔1994〕38 号），从 1994 年 1 月 1 日起对甲类卷烟暂减按 40%的税率征收消费税，所以 1994 年我国对甲类卷烟、乙类卷烟课征的均是 40%的从价税。

草专卖局和烟草总公司实际上是一个整体，国家烟草专卖局既要敦促禁烟工作，又要促进烟草行业发展，职责明显存在冲突之处，烟草专卖局可以直接调整批发和零售环节的毛利率，使烟草企业牺牲自身的部分经济利益来承担增加的消费税，从而保证卷烟的零售价基本不变。另外，烟草行业巨大的盈利能力可以为地方政府带来丰富的财政收入，地方政府需要在保护公民健康利益和维持烟草行业的发展上进行权衡。

第五阶段，2015 年国家在较为严峻的经济形势下进行卷烟消费税调整，既要缓解财政收支压力，又要履行控烟协议，决定从 5 月 10 日开始将卷烟批发环节从价税税率由 5%提高到 11%，并按 0.005 元/支加征从量税。同时还明确了卷烟批发环节和零售环节的价格范围，确保价税联动。这使得卷烟生产、批发以及进口企业的税负进一步上升，利润大幅下降，促进了卷烟市场内部企业组织结构以及产品结构的变革。当价格随着税收的增加而提高，则增加的税收将会不同程度地转移至最终消费者负担。

资料来源：郑榕，王洋，胡筱. 烟草税：理论、制度设计与政策实践[J]. 财经智库，2016，1（6）：5-30，141；张东涛. 卷烟消费税政策变迁及其对烟草经营的影响研究[D]. 郑州：郑州大学，2017.

本章小结

1. 税负，全称税收负担，是指由于政府部门征税而使纳税人（自然人或法人）所承受的经济负担。

2. 宏观税负是指在一定的时期内整个纳税人群体所负担的税款总额占一国当期经济总量的比例。宏观税负一般用国内生产总值税收负担率、国民生产总值税收负担率和国民收入税收负担率来衡量。

3. 微观税负是指在一定的时期内单个纳税人所负担的税款额。根据纳税人的性质不同，微观税负可以分为企业税负和个人税负，前者用企业总税收负担率等指标来衡量，后者由个人所得税负担率来衡量。

4. 影响税负的因素包括经济发展水平、经济结构、政府的职能范围、经济体制、财政因素、税制结构和税收征管等因素。

5. 税负转嫁，亦称税收转嫁，是指纳税人通过某种方式将自己应缴纳的税款转移给他人负担。税负转嫁的最终结果或落脚点即为税负归宿。税负转嫁方式可分为一般方式和特殊方式，前者包括前转、后转和混转，后者包括消转和税收资本化等方式。

思考题

1. 国内生产总值税负率、国民生产总值税负率和国民收入税负率三种衡量宏观税负的指标，你认为哪个更适合我国并说明理由。

2. 你认为个人税收负担率的衡量存在哪些问题？

3. 为什么会出现宏观税负较轻的情况下，一些微观经济主体的税负感却较重？

4. 结合本章所学，试分析宏观税负与经济增长之间的关系。

5. 影响税负水平的因素有哪些？

6．税负转嫁的一般方式和特殊方式有哪些？

7．试分析卷烟消费税改革过程中的税负转嫁过程。

本章阅读与参考文献

[1] 安体富，岳树民．我国宏观税负水平的分析判断及其调整[J]．经济研究，1999（3）：41-47．

[2] 陈骏．税收负担与盈余管理：基于内部控制的研究视角[J]．财贸研究，2016，27（6）：131-142．

[3] 高鸿业．西方经济学[M]．6 版．北京：中国人民大学出版社，2014．

[4] 胡怡建．税收学教程[M]．上海：格致出版社，2008．

[5] 黄桦．税收学[M]．2 版．北京：中国人民大学出版社，2011．

[6] 李普亮，贾卫丽．中国宏观税负的回顾、反思与展望[J]．地方财政研究，2019（12）：48-59．

[7] 楼继伟．40 年重大财税改革的回顾[J]．财政研究，2019（2）：3-29．

[8] 曼昆．宏观经济学[M]．10 版．北京：中国人民大学出版社，2020．

[9] 孟莹莹，尹音频．卷烟消费税的负外部性矫正效应——基于中国卷烟消费税政策调整效果的实证检验[J]．税务研究，2013（7）：54-59．

[10] 钱淑萍．税收学教程[M]．4 版．上海：上海财经大学出版社，2019．

[11] 王国清．税收经济学[M]．成都：西南财经大学出版社，2006．

[12] 王玮．税收学原理[M]．2 版．北京：清华大学出版社，2012．

[13] 杨斌．税收学[M]．2 版．北京：科学出版社，2011．

[14] 杨青平．皇粮国税：税制流变与王朝兴衰[M]．郑州：河南人民出版社，2006．

[15] 杨武，李升．税收征管不确定性与外商直接投资：促进还是抑制[J]．财贸经济，2019，40（11）：50-65．

[16] 杨志勇，张馨．公共经济学 [M]．4 版．北京：清华大学出版社，2018．

[17] 尹唯佳，王燕，高尧．烟草价税联动对实现控烟目标的影响研究[J]．财政研究，2012（9）：21-25．

[18] 张东涛．卷烟消费税政策变迁及其对烟草经营的影响研究[D]．郑州：郑州大学，2017．

[19] 郑榕，王洋，胡筱．烟草税：理论、制度设计与政策实践[J]．财经智库，2016，1（6）：5-30，141．

[20] BARRO R J, Sahasakul C. Average Marginal Tax Rates from Social Security and the Individual Income Tax[J]. Journal of Business, 1986, 59(4): 555-566.

[21] EASTERLY W, REBELO S T. Fiscal Policy and Economic Growth: An Empirical Investigation[J]. Journal of Monetary Economics, 1993, 32(3): 417-458.

[22] FRENKEL J, RAZIN A, SADKA E. International taxation in an integrated world[M]. Cambridge: The MIT Press, 1991.

[23] LUCAS, JR R E. Supply-Side Economics: An Analytical Review[J]. Oxford Economic Papers, 1990, 42(2): 293-316.

[24] MCKEE M J, VISSER J, SAUNDERS P G. Marginal tax rates on the use of labour and capital in OECD countries[R]. Paris: OECD Publishing, 1986.

[25] MENDOZA E G, RAZIN A, TESAR L L. Effective Tax Rates in Macroeconomics: Cross-country Estimates of Tax Rates on Factor Incomes and Consumption[J]. Journal of Monetary Economics, 1994, 34(3): 297-323.

[26] RAZIN A, SADKA E. The Economy of Modern Israel: Malaise and Promise[M]. Chicago: The University of Chicago Press, 1993.

第5章 税负转嫁与归宿的经济分析

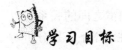
学习目标

▶▶ 理解税负归宿与供求弹性之间的关系；
▶▶ 了解完全竞争市场下的税负转嫁与归宿；
▶▶ 了解垄断市场下的税负转嫁与归宿；
▶▶ 掌握从价税和从量税的比较方法；
▶▶ 了解税负归宿一般均衡分析的逻辑思路和基本结论。

税收往往代表着纳税人经济利益的流出，纳税人为了使自身经济利益最大化，通常会采用各种方法将税负转嫁给他人，这就意味着税法中规定的名义纳税人很可能不是税负的实际承担者。为了建立公平与效率兼顾的税收制度，我们需要确定税负的最终落脚点，即税负归宿。只有从实际负税人的角度出发，才能深入探究税收对资源配置、收入分配和社会福利等的影响。

对于税负归宿的分析通常可采用局部均衡分析法或一般均衡分析法。局部均衡分析法研究的是某种产品或生产要素的单一独立市场，并不考虑不同市场之间的相互联系和影响，因此局部均衡分析法较为简单、容易理解，但是其分析也有很大的局限性，与现实经济情况可能有较大差距。一般均衡分析法把经济体系中不同的市场联系起来进行考察，不仅分析某一产品或生产要素的供求与自身价格的关系，还会研究其他市场的价格变化对该产品或生产要素的供求影响，如互补品市场和替代品市场的变化。因此一般均衡分析的过程较为复杂，但也会更加贴近现实经济情况。

5.1 局部均衡分析

在税负归宿的局部均衡分析法下，假定不同市场之间不存在相互影响，只针对单一产品或要素市场中税收对产品或要素供需的经济影响进行分析。虽然局部均衡分析法有很大的局限性，但对于规模较小的市场分析起来简单直接，对于规模较大的市场有时也能将复杂问题简单化，从而得到的结论对于研究复杂多样的现实问题也具有一定的启发和指导意义。

5.1.1 税负归宿与供求弹性的关系

价格是税负转嫁的载体，在征税的经济环境下，价格可分为生产者获取的生产者价格和消费者接受的消费者价格，它们的差额即为税收。买卖双方对产品或生产要素的议价能力将决定税收怎样影响生产者价格和消费者价格，即税收在生产者和消费者之间如何负担，而这种议价能力的强弱取决于他们的供求弹性大小，也就是说，供求弹性是影响税负归宿的关键因素。

供求弹性包括供给弹性和需求弹性。为探究供求弹性与税负归宿之间的关系，以下假定政府征收 T 单位从量税，在不同的供给弹性水平与需求弹性水平下分别分析对应情况的税负归宿，最终得出一般化的结论。

1. 供给完全无弹性

供给完全无弹性时，价格的变动不会对供给量产生任何影响，因而此时供给曲线 S 垂直于横轴。如图 5-1 所示，征税前需求曲线 D 与供给曲线 S 相交于 E 点。此时均衡价格为 P^*，均衡数量为 Q^*。假定政府对消费者征收 T 单位的从量税，则生产者做决策时所参照的需求曲线由 D 下移至 D_1[①]，新的均衡点为 E_1，对应的均衡价格为 P_1，新的均衡数量仍为 Q^*。据图 5-1 可知，征税前消费者支付的价格为 P^*，征税后消费者支付的价格为 P_1+T，依然为 P^*，而生产者得到的价格税前为 P^*，税后为 P_1，下降了 T 个单位。因此，在供给完全无弹性的情况下，生产者独自承担全部税负。

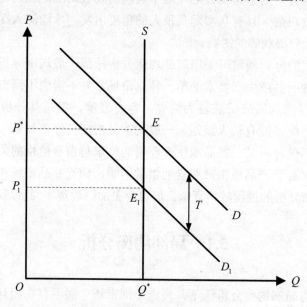

图 5-1　供给完全无弹性下的税负归宿

2. 供给完全弹性

供给具有完全弹性时，商品价格的任意变动都会使生产者供给数量产生无穷大的

[①] 但实际上，消费者做决策的真实需求曲线仍为 D。

变化，此时供给曲线 S 与横轴平行。如图 5-2 所示，征税前需求曲线 D 与供给曲线 S
相交于 E 点，此时均衡价格为 P^*，均衡数量为 Q^*。假定政府对消费者征收 T 单位的
从量税，则生产者做决策时所参照的需求曲线由 D 下移至 D_1[①]，新的均衡点为 E_1，对
应的新的均衡价格依然为 P^*，新的均衡数量为 Q_1。据图 5-2 可知，征税前消费者支付
的价格为 P^*，征税后消费者支付的价格为 P^*+T，即 P_1，生产者得到的价格税前为
P^*，税后依然为 P^*。因此，在供给完全弹性的情况下，消费者独自承担全部税负。

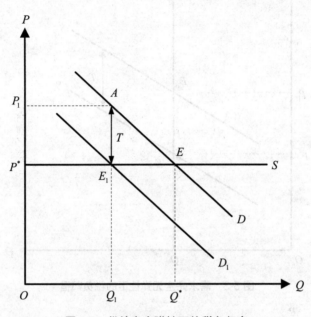

图 5-2　供给完全弹性下的税负归宿

3. 需求完全无弹性

需求完全无弹性时，价格的变动不会对需求量产生任何影响，因而需求曲线 D 垂
直于横轴。如图 5-3 所示，征税前需求曲线 D 与供给曲线 S 相交于 E 点，此时均衡价
格为 P^*，均衡数量为 Q^*。假定政府对生产者征收 T 单位的从量税，则消费者做决策
时所参照的供给曲线由 S 上移至 S_1[②]，新的均衡点为 E_1，对应的新的均衡价格为 P_1，
新的均衡数量仍为 Q^*。据图 5-3 可知，征税前消费者支付的价格为 P^*，征税后消费者
支付的价格为 P^*+T，即 P_1。而生产者税前得到的价格为 P^*，税后得到的价格为
P_1-T，仍为 P^*。因此，在需求完全无弹性的情况下，消费者承担了全部税负。

4. 需求完全弹性

需求具有完全弹性时，价格的任意变动都会使需求量产生无穷大的变化，因而此
时需求曲线与横轴平行。如图 5-4 所示，征税前需求曲线 D 与供给曲线 S 相交于 E
点，此时均衡价格为 P^*，均衡数量为 Q^*。假定政府对生产者征收 T 单位的从量税，

---

① 但实际上，消费者做决策的真实需求曲线仍为 D。

② 但实际上，生产者做决策的真实供给曲线仍为 S。

则消费者做决策时所参照的供给曲线由 S 上移至 S_1 [①]，新的均衡点为 E_1，对应的新的均衡价格依然为 P^*，新的均衡数量为 Q_1。据图 5-4 可知，征税前消费者支付的价格为 P^*，征税后消费者支付的价格依然为 P^*，而生产者税前得到的价格为 P^*，税后得到的价格为 $P^* - T$。因此，在需求具有完全弹性时，生产者承担了全部税负。

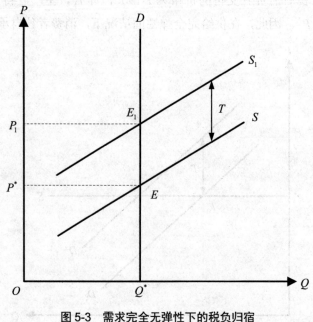

图 5-3 需求完全无弹性下的税负归宿

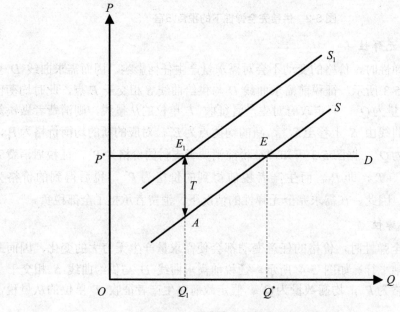

图 5-4 需求完全弹性下的税负归宿

---

① 但实际上，生产者做决策的真实供给曲线仍为 S。

5. 需求弹性大于供给弹性

当需求弹性大于供给弹性时，需求曲线较平缓，供给曲线较陡峭。如图 5-5 所示，征税前需求曲线 D 与供给曲线 S 相交于 E 点，均衡数量为 Q^*，均衡价格为 P^*。假定政府对生产者征收 T 单位的从量税，则消费者做决策时所参照的供给曲线由 S 上移至 S_1[①]，新的均衡点为 E_1，对应的新的均衡价格为 P_1，均衡数量为 Q_1。据图 5-5 可知，征税前消费者支付的价格为 P^*，征税后消费者支付的价格为 P_1；征税前生产者获得的价格为 P^*，征税后生产者获得的价格为 P_2。消费者承担了税负 T 中的 $P_1 - P^*$ 部分，生产者承担了余下的 $P^* - P_2$ 部分，且 $P^* - P_2 > P_1 - P^*$。因此，在需求弹性大于供给弹性的情况下，生产者承担较多税负。

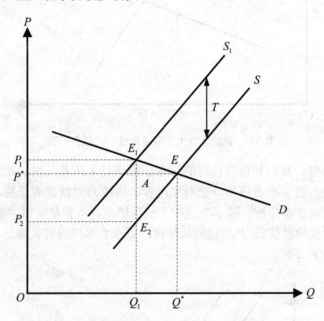

图 5-5　需求弹性大于供给弹性下的税负归宿

6. 供给弹性大于需求弹性

当供给弹性大于需求弹性时，供给曲线较平缓，需求曲线较陡峭。如图 5-6 所示，征税前需求曲线 D 与供给曲线 S 相交于 E 点，均衡数量为 Q^*，均衡价格为 P^*。假定政府对生产者征收 T 单位的从量税，则消费者做决策时所参照的供给曲线由 S 上移至 S_1[②]，新的均衡点为 E_1，对应的新的均衡价格为 P_1，均衡数量为 Q_1。据图 5-6 可知，征税前消费者支付的价格为 P^*，征税后消费者支付的价格为 P_1；征税前生产者获得的价格为 P^*，征税后生产者获得的价格为 P_2。消费者承担了税负 T 中的 $P_1 - P^*$ 部分，生产者承担了余下的 $P^* - P_2$ 部分，且 $P_1 - P^* > P^* - P_2$。因此，在供给弹性大于需求弹性的情况下，消费者承担较多税负。

[①] 但实际上，生产者做决策的真实供给曲线仍为 S。

[②] 但实际上，生产者做决策的真实供给曲线仍为 S。

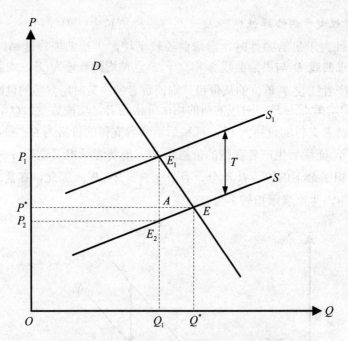

图 5-6　供给弹性大于需求弹性下的税负归宿

在上述情况中，我们分别假设对消费者征税或对生产者征税，如果变换一下，把对消费者征税改为对生产者征税，把对生产者征税改为对消费者征税，则完全不会影响供需双方的税收负担分摊。图 5-7 说明了这种情况，不管是对需求者征收 T 单位的从量税，还是对供给者征收 T 单位的从量税，需求者承担的税负都是 $P_1 - P^*$，供给者承担的税负都是 $P^* - P_2$。

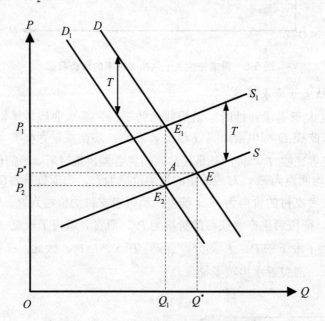

图 5-7　对需求者征税或是对供给者征税

由此可得出如下结论：弹性越大，承担的税负越少；弹性越小，承担的税负越多。无论最初是对谁课税，需求者和供给者最终都要承担各自相同的税负。

下面对供需弹性与税收负担分摊的关系进行具体刻画。在图 5-6 中，需求者税负与供给者税负的比率为

$$\frac{T_D}{T_S} = \frac{P_1 - P^*}{P^* - P_2} \tag{5-1}$$

式（5-1）右边的分子与分母同时除以交易量的变化，即除以 $(Q^* - Q_1)$，得：

$$\frac{T_D}{T_S} = \frac{\dfrac{P_1 - P^*}{Q^* - Q_1}}{\dfrac{P^* - P_2}{Q^* - Q_1}} \tag{5-2}$$

式（5-2）右边表示的是需求曲线斜率的绝对值与供给曲线斜率的绝对值之比，因而可知需求者承担的税负 T_D 与供给者承担的税负 T_S 的比率等于需求曲线斜率的绝对值与供给曲线斜率的绝对值的比率。

由需求价格弹性、供给价格弹性的计算公式可知

$$\varepsilon_D = \frac{\dfrac{\Delta Q}{Q}}{\dfrac{\Delta P}{P}} = \frac{\dfrac{Q^* - Q_1}{Q^*}}{\dfrac{P_1 - P^*}{P^*}} \tag{5-3}$$

$$\varepsilon_S = \frac{\dfrac{\Delta Q}{Q}}{\dfrac{\Delta P}{P}} = \frac{\dfrac{Q^* - Q_1}{Q^*}}{\dfrac{P^* - P_2}{P^*}} \tag{5-4}$$

联立式（5-2）～式（5-4）可得

$$\frac{T_D}{T_S} = \frac{\varepsilon_S}{\varepsilon_D} \tag{5-5}$$

综上可知，供需双方所承受的税负与他们的弹性成反比，即"谁弱势，谁负担"，而税负的大小与最初对谁征税无关。事实上，当商品被课税时，交易双方中市场力量弱势（弹性低）的一方为了让交易能顺利达成，势必要做出更大的妥协、承担更多的税负。

5.1.2　完全竞争市场下的税负转嫁与归宿

本部分以社会保障税对劳动力市场的影响为例来分析税负转嫁与归宿。雇主为雇员支付总工资 W，t 为社会保障税的税率，雇员获得净工资 w，则有 $W=(1+t)w$。假设一开始没有社会保障税，后来增加税率为 Δt 的社会保障税，分析增加的税收由谁来负担。这里需要求出 $\dfrac{\mathrm{d}\ln W}{\mathrm{d}t}$、$\dfrac{\mathrm{d}\ln w}{\mathrm{d}t}$，它们分别反映当税率变动一个单位时 W 和 w 的变化率，比较它们的绝对值 $\left|\dfrac{\mathrm{d}\ln W}{\mathrm{d}t}\right|$ 和 $\left|\dfrac{\mathrm{d}\ln w}{\mathrm{d}t}\right|$ 的大小就可以判断雇主和雇员的税收负担情况。

首先，根据劳动的需求和供给弹性写出表达式

$$\varepsilon_D = -\frac{\dfrac{\mathrm{d}L^D}{L^D}}{\dfrac{\mathrm{d}W}{W}} = -L^{D\prime}\frac{W}{L^D} = -L^{D\prime}\frac{w(1+t)}{L^D} = -L^{D\prime}\frac{w}{L^D} \qquad (5\text{-}6)$$

$$\varepsilon_S = \frac{\dfrac{\mathrm{d}L^S}{L^S}}{\dfrac{\mathrm{d}w}{w}} = L^{S\prime}\frac{w}{L^S} \qquad (5\text{-}7)$$

由此可得

$$L^{D\prime} = -\varepsilon_D\frac{L^D}{w} \qquad (5\text{-}8)$$

$$L^{S\prime} = \varepsilon_S\frac{L^S}{w} \qquad (5\text{-}9)$$

然后，假设初始时没有社保税，某个时点开始征税，则有

$$L^D(w(1+t)) = L^S(w) \qquad (5\text{-}10)$$

对等式两边进行全微分得

$$L^{D\prime}(\mathrm{d}w + w\mathrm{d}t + t\mathrm{d}w) = L^{S\prime}\mathrm{d}w \qquad (5\text{-}11)$$

由于 $t=0$，上式整理得

$$\frac{\mathrm{d}w}{w\mathrm{d}t} = \frac{L^{D\prime}}{L^{S\prime} - L^{D\prime}} \qquad (5\text{-}12)$$

即

$$\frac{\mathrm{d}\ln w}{\mathrm{d}t} = \frac{L^{D\prime}}{L^{S\prime} - L^{D\prime}} = \frac{-\varepsilon_D\dfrac{L^D}{w}}{\varepsilon_S\dfrac{L^S}{w} + \varepsilon_D\dfrac{L^D}{w}} = -\frac{\varepsilon_D}{\varepsilon_S + \varepsilon_D} \in [-1,0] \qquad (5\text{-}13)$$

接着，如果是以总工资为参数写出劳动力的供需平衡等式，则有

$$L^D(W) = L^S\left(\frac{W}{1+t}\right) \qquad (5\text{-}14)$$

对等式两边进行全微分得

$$L^{D\prime}\mathrm{d}W = L^{S\prime}\left(\frac{\mathrm{d}W}{1+t} + \frac{-W\mathrm{d}t}{(1+t)^2}\right) \qquad (5\text{-}15)$$

由于 $t=0$，上式整理得

$$\frac{\mathrm{d}W}{W\mathrm{d}t} = \frac{L^{S\prime}}{L^{S\prime} - L^{D\prime}} \qquad (5\text{-}16)$$

即

$$\frac{\mathrm{d}\ln W}{\mathrm{d}t} = \frac{L^{S\prime}}{L^{S\prime} - L^{D\prime}} = \frac{\varepsilon_S\dfrac{L^S}{w}}{\varepsilon_S\dfrac{L^S}{w} + \varepsilon_D\dfrac{L^D}{w}} = \frac{\varepsilon_S}{\varepsilon_S + \varepsilon_D} \in [0,1] \qquad (5\text{-}17)$$

由此可见，雇主和雇员对于社会保障税的负担分摊情况取决于 ε_D 和 ε_S 的比较。

另外，征税后劳动力的均衡量如何变化也非常值得关注，其结论对于就业政策的制定和调整具有启示意义，为此需要求出 $\dfrac{\mathrm{d}\ln L}{\mathrm{d}t}$。

由劳动力供给弹性的定义可得

$$\varepsilon_S = \frac{\dfrac{\mathrm{d}L^S}{L^S}}{\dfrac{\mathrm{d}w}{w}} \tag{5-18}$$

移项得

$$\frac{\mathrm{d}L^S}{L^S} = \varepsilon_S \frac{\mathrm{d}w}{w} \tag{5-19}$$

两边同样变换得

$$\frac{1}{L^S}\frac{\mathrm{d}L^S}{\mathrm{d}t} = \varepsilon_S \frac{1}{w}\frac{\mathrm{d}w}{\mathrm{d}t} \tag{5-20}$$

整理变换得

$$\frac{\mathrm{d}\ln L}{\mathrm{d}t} = \varepsilon_S \frac{\mathrm{d}\ln w}{\mathrm{d}t} = \frac{-\varepsilon_S \varepsilon_D}{\varepsilon_S + \varepsilon_D} = -\frac{1}{\dfrac{1}{\varepsilon_D} + \dfrac{1}{\varepsilon_S}} \tag{5-21}$$

由以上结果可知征税后就业量会下降，而就业量的下降率与劳动力供需弹性密切相关。如果供需方弹性都不大，那么征税后就业量不会下降很多，但如果双方弹性很大，而且即使只有一方弹性很大，那么就业量下降率也会很大。

5.1.3 垄断市场下的税负转嫁与归宿

在完全竞争市场中，每一个厂商都无法控制市场价格。但是，在垄断市场条件下，垄断厂商可以通过对产量的调整来影响价格，从而实现 MR=SMC 的原则。如果对垄断厂商生产的商品征税，税收负担分摊又是怎样的呢？下面通过一个具体的垄断市场局部均衡模型来分析这一问题。

在垄断市场中，p 为消费者价格，q 为生产者价格，t 为从价税率，三者的关系为 $p = q(1+t)$；商品的边际成本为常数 c；需求函数为 $D(p) = a - p$，其中 a 为常数且大于 0；假设初始时没有税，某个时点对垄断商品开始征税。垄断厂商最大化其利润函数：

$$\max \pi = \frac{p}{1+t}D(p) - cD(p) \tag{5-22}$$

一阶优化条件为

$$\frac{\partial \pi}{\partial p} = \frac{1}{1+t}D(p) + \frac{p}{1+t}D'(p) - cD'(p) = 0 \tag{5-23}$$

由此可得

$$q = \frac{p}{1+t} = c - \frac{D(p)}{D'(p)(1+t)} \tag{5-24}$$

将 $D(p) = a - p$ 代入上式可求得

$$p = \frac{1}{2}[a + c(1+t)] \tag{5-25}$$

$$q = \frac{p}{1+t} = \frac{1}{2}\left(\frac{a}{1+t} + c\right) \tag{5-26}$$

则有

$$\frac{\mathrm{d}p}{\mathrm{d}t} = \frac{c}{2} \tag{5-27}$$

$$\frac{\mathrm{d}q}{\mathrm{d}t} = -\frac{a}{2}\frac{1}{(1+t)^2} \tag{5-28}$$

进一步变换得

$$\frac{\mathrm{d}\ln p}{\mathrm{d}t}\Big|_{t=0} = \frac{1}{p}\frac{\mathrm{d}p}{\mathrm{d}t} = \frac{1}{\frac{1}{2}[a + c(1+t)]} \cdot \frac{c}{2} = \frac{c}{\frac{1}{2}(a+c)} \in (0,1) \tag{5-29}$$

$$\frac{\mathrm{d}\ln q}{\mathrm{d}t}\Big|_{t=0} = \frac{1}{q}\frac{\mathrm{d}q}{\mathrm{d}t} = \frac{-\frac{a}{2}\frac{1}{(1+t)^2}}{\frac{1}{2}\left(\frac{a}{1+t} + c\right)} = -\frac{a}{a+c} \in (-1,0) \tag{5-30}$$

由此可见，对垄断商品所征的税由消费者和垄断厂商共同承担，承担比例与需求函数和边际成本有关。

5.1.4 从量税和从价税的比较

上面对于完全竞争市场和垄断市场的税负转嫁与归宿分析是基于从价税的假设，如果征收从量税情况是否会有不同呢？下面我们分别对两类市场上的从价税和从量税的税负承担进行比较。

1. 完全竞争市场下

在征收从价税的前提下，商品的供需均衡等式可以写为

$$D(q^*(1+t)) = S(q^*) \tag{5-31}$$

则政府的税收额为 $tq^*S(q^*)$，如果用从量税代替从价税，由于政府要征收同样额度的税收，从量税必须设定为 $\tau = tq^*$，才能征到 $tq^*S(q^*)$ 的额度，新的生产者价格 q' 则满足下列等式方程：

$$D(q'+\tau) = S(q') \tag{5-32}$$

显然，$q' = q^*$ 是上面方程的解，生产者价格、消费者价格和税收额均没有变化。由此可以得知，在完全竞争市场下，不管课征从价税还是从量税，供需双方税负承担比例是一样的。

2. 垄断市场下

在没有征税时，垄断厂商最大化其利润函数：

$$\max \pi = q(Q) \cdot Q - c(Q) \tag{5-33}$$

一阶优化条件为

$$\frac{\partial \pi}{\partial Q} = q'Q + q - c' = 0 \tag{5-34}$$

即边际收益（MR）等于边际成本（MC），$MR = q'Q + q$，$MC = c'$。

开始征税以后，先考虑从价税的情况：

$$\max \pi = q(Q) \cdot Q - t \cdot q(Q) \cdot Q - c(Q) \tag{5-35}$$

一阶优化条件为

$$\frac{\partial \pi}{\partial Q} = MR - t \cdot MR - c' = 0 \tag{5-36}$$

再考虑从量税的情况：

$$\max \pi = q(Q) \cdot Q - \tau \cdot Q - c(Q) \tag{5-37}$$

一阶优化条件为

$$\frac{\partial \pi}{\partial Q} = MR - \tau - c' = 0 \tag{5-38}$$

如果使得两种征收方式下的税收量相等，即 $tqQ = \tau Q$，则须 $\tau = tq$。由此可以比较出 τ 和 $t \cdot MR$ 的大小：$\tau = tq > tq + tq'Q = t \cdot MR$，这里 $q' < 0$ 是因为垄断厂商可以通过扩大产量来压低价格，通过减少产量来提高价格。

由于 $\tau > t \cdot MR$，从量税的边际收益曲线比从价税的边际收益曲线更靠左，如图 5-8 所示，在边际收益递减的一般假设下，可以得出在征税总额相同的情况下，从量税情形下商品产量下降得更多，从而使消费者效用损失更大，同时消费者在单位商品上负担的税收也要较从价税情形下更多。

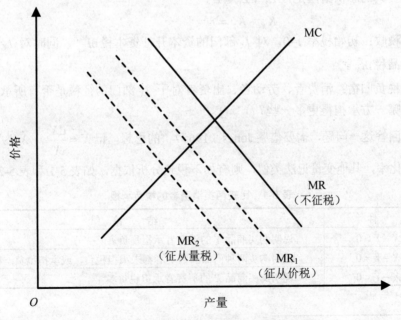

图 5-8　垄断市场下从量税和从价税的比较

5.2 一般均衡分析

税负归宿的局部均衡分析把研究范围限定在被征税部门，例如，只考虑某个单独的被征税的商品市场，而不考虑由此造成对其他商品市场或生产要素市场的影响，从而反过来又会影响此商品市场的税负归宿。虽然局部均衡分析更为简化、更容易获得确定性的结论，在一些较为独立的生产要素市场或商品市场中具有一定程度的适用性，但一般均衡分析更为贴近现实经济，得到的结论更具有普适性。本节就来具体讨论税负转嫁与归宿的一般均衡模型。

假设一个经济体有两个生产部门，一个生产部门生产商品 X，另一个生产部门生产商品 Y。用于进行生产的生产要素包括两种，分别是资本 K 和劳动力 L，它们的价格分别是 r 和 w。在这个经济体内，每种生产要素的总量是固定的，并且可以在两个生产部门间自由流动，生产技术具有规模报酬不变的特征。初始税率 $t=0$，现对生产商品 X 的部门同时开征生产要素税和商品税，分别为对资本的征税 $\mathrm{d}t_{K_x}$ 和对商品的征税 $\mathrm{d}t_X$。那么税负归宿在一般均衡分析框架下（哈伯格，1962）[①]是怎样的呢？下面给出具体分析。

1. 基本假设

（1）两个部门：I_X，生产商品 X；

　　　　　　I_Y，生产商品 Y。

（2）两种要素：资本 K，价格 r；

　　　　　　　劳动力 L，价格 w。

生产要素的总供给固定：$L_X + L_Y = \overline{L}$；

　　　　　　　　　　　　$K_X + K_Y = \overline{K}$。

（3）税收：初始税率 $t=0$，对 I_X 部门的资本开征资本税 $\mathrm{d}t_{K_x}$，同时对 I_X 部门的商品开征商品税 $\mathrm{d}t_X$。

（4）税负归宿：消费者、劳动者、出资者对于 I_X 部门的征税是否有所承担，如果有承担，哪一方承担得更多一些？

为了回答这一问题，需要借鉴 Jones（1965）[②]的思想，记 $\hat{X} = \dfrac{\mathrm{d}X}{X}$，$\hat{X}$ 为商品 X 购买量的变化率，其他变量记法类似，则有如下税负分析依据，如表 5-1 和表 5-2 所示。

表 5-1　比较两类消费者的税负承担

条　　件	结　　论
如果 $\hat{X} - \hat{Y} > 0$	说明购买商品 Y 的消费者承担税负多
如果 $\hat{X} - \hat{Y} = 0$	说明购买两种商品的消费者都未承担税负，或承担税负一样多
如果 $\hat{X} - \hat{Y} < 0$	说明购买商品 X 的消费者承担税负多

① HARBERGER A C. The Incidence of the Corporation Income Tax [J]. Journal of Political Economy, 1962, 70(3): 215-240.

② JONES R W. The Structure of Simple General Equilibrium Models [J]. Journal of Political Economy, 1965, 73(6): 557-572.

表 5-2　比较生产要素提供者的税负承担

条　件	结　论
如果 $\hat{r} - \hat{w} > 0$	说明出资者承担税负少
如果 $\hat{r} - \hat{w} = 0$	说明出资者和劳动者都未承担税负，或承担税负一样多
如果 $\hat{r} - \hat{w} < 0$	说明劳动者承担税负少

2. 分析步骤

通过以上的基本假设说明可以得知，若想确定税负归宿需要确定 $\hat{X} - \hat{Y}$ 和 $\hat{r} - \hat{w}$ 的符号，如果能将 $\hat{X} - \hat{Y}$ 和 $\hat{r} - \hat{w}$ 作为两个未知变量求得解析解，那么问题即被解决。这个过程可以分为下面四个步骤来完成。

第一步，用生产函数（利润函数）求解出一个 $\hat{X} - \hat{Y}$ 和 $\hat{r} - \hat{w}$ 的关系式。

第二步，用需求函数求解出另一个 $\hat{X} - \hat{Y}$ 和 $\hat{r} - \hat{w}$ 的关系式。

第三步，两个关系式里有两个未知变量，那么可以解出 $\hat{X} - \hat{Y}$ 和 $\hat{r} - \hat{w}$ 的显示解。

第四步，通过显示解分析经济学含义并确定税负归宿。

进一步的具体分析如下。

第一步，从供给角度分析。

由于规模报酬不变的完全竞争厂商长期利润为零[①]，则有

$$P_X \cdot X = r \cdot K_X + w \cdot L_X \tag{5-39}$$

对等式两边进行全微分得

$$P_X \cdot \mathrm{d}X = r \cdot \mathrm{d}K_X + w \cdot \mathrm{d}L_X \tag{5-40}$$

变换整理得

$$\frac{\mathrm{d}X}{X} = \frac{r \cdot K_X}{P_X \cdot X} \cdot \frac{\mathrm{d}K_X}{K_X} + \frac{w \cdot L_X}{P_X \cdot X} \cdot \frac{\mathrm{d}L_X}{L_X} \tag{5-41}$$

记 $\hat{X} = \dfrac{\mathrm{d}X}{X}$、$S_{K_X} = \dfrac{r \cdot K_X}{P_X \cdot X}$、$S_{L_X} = \dfrac{w \cdot L_X}{P_X \cdot X}$（$S_{K_X}$ 和 S_{L_X} 即为销售收入分配给生产要素的比例），上式变为

$$\hat{X} = S_{K_X} \hat{K}_X + S_{L_X} \hat{L}_X \tag{5-42}$$

因为 $S_{K_X} + S_{L_X} = 1$，即 $S_{K_X} = 1 - S_{L_X}$，则上式可变换为

$$\hat{X} = \hat{K}_X + S_{L_X} \left(\hat{L}_X - \hat{K}_X \right) \tag{5-43}$$

同理可得

$$\hat{Y} = \hat{K}_Y + S_{L_Y} \left(\hat{L}_Y - \hat{K}_Y \right) \tag{5-44}$$

那么有

$$\hat{X} - \hat{Y} = \hat{K}_X - \hat{K}_Y + S_{L_X} \left(\hat{L}_X - \hat{K}_X \right) - S_{L_Y} \left(\hat{L}_Y - \hat{K}_Y \right) \tag{5-45}$$

[①] 可通过反证法证明：在规模报酬不变的生产技术下，记厂商的利润 $\pi = F(K, L) - r \cdot K - w \cdot L$，假设 $\max \pi \neq 0$，则有：

$$F(aK^*, aL^*) - r \cdot aK^* - w \cdot aL^* = a \cdot F(K^*, L^*) - a \cdot rK^* - a \cdot wL^*$$
$$= a \cdot \max \pi$$
$$> \max \pi \ (a > 1)$$

也就是说，$\max \pi$ 不是最大值，与假设相违背，结论得证。

这里需要求出 $\hat{K}_X$、$\hat{K}_Y$、$\hat{L}_X$、$\hat{L}_Y$，可以从"生产要素总供给是固定的"这个假设入手，由于 $\overline{L} = L_X + L_Y$，$\overline{K} = K_X + K_Y$，则有

$$\mathrm{d}\overline{L} = \mathrm{d}L_X + \mathrm{d}L_Y = 0 \tag{5-46}$$

$$\mathrm{d}\overline{K} = \mathrm{d}K_X + \mathrm{d}K_Y = 0 \tag{5-47}$$

即

$$\mathrm{d}L_X + \mathrm{d}L_Y = \frac{\mathrm{d}L_X}{L_X} \cdot L_X + \frac{\mathrm{d}L_Y}{L_Y} \cdot L_Y = L_X \cdot \hat{L}_X + L_Y \cdot \hat{L}_Y = 0 \tag{5-48}$$

$$\mathrm{d}K_X + \mathrm{d}K_Y = \frac{\mathrm{d}K_X}{K_X} \cdot K_X + \frac{\mathrm{d}K_Y}{K_Y} \cdot K_Y = K_X \cdot \hat{K}_X + K_Y \cdot \hat{K}_Y = 0 \tag{5-49}$$

所以：

$$\hat{K}_Y = -\frac{K_X}{K_Y}\hat{K}_X = -\frac{\lambda_{K_X}}{\lambda_{K_Y}}\hat{K}_X \tag{5-50}$$

$$\hat{L}_Y = -\frac{L_X}{L_Y}\hat{L}_X = -\frac{\lambda_{L_X}}{\lambda_{L_Y}}\hat{L}_X \tag{5-51}$$

其中，$\lambda_{K_X} = \dfrac{K_X}{\overline{K}}$，$\lambda_{K_Y} = \dfrac{K_Y}{\overline{K}}$，$\lambda_{L_X} = \dfrac{L_X}{\overline{L}}$，$\lambda_{L_Y} = \dfrac{L_Y}{\overline{L}}$。

下面写出 I_X 部门生产要素的替代弹性（即 I_X 部门 $\dfrac{利率}{工资}$ 的比率变化对 $\dfrac{资本}{劳动力}$ 的比率变化的影响）：

$$\sigma_X = -\frac{\mathrm{d}\ln\dfrac{K_X}{L_X}}{\mathrm{d}\ln\left[\dfrac{r\left(1+t_{K_X}\right)}{w}\right]} = -\frac{\hat{K}_X - \hat{L}_X}{\hat{r} + \mathrm{d}t_{K_X} - \hat{w}} \text{①} \tag{5-52}$$

由此可得

$$\hat{K}_X - \hat{L}_X = -\sigma_X\left(\hat{r} + \mathrm{d}t_{K_X} - \hat{w}\right) \tag{5-53}$$

同理通过写出 I_Y 部门生产要素的替代弹性可以得出

$$\hat{K}_Y - \hat{L}_Y = -(\hat{r} - \hat{w})\sigma_Y \tag{5-54}$$

由式（5-50）、式（5-51）、式（5-53）、式（5-54）联立可以求解得

$$\lambda^* \cdot \hat{K}_X = \lambda_{K_Y}\left(\hat{r} - \hat{w}\right)\left(\lambda_{L_X}\sigma_X + \lambda_{L_Y}\sigma_Y\right) + \lambda_{L_X}\lambda_{K_Y}\sigma_X\mathrm{d}t_{K_X} \tag{5-55}$$

其中，$\lambda^* = \lambda_{K_X} - \lambda_{L_X}$。

---

① $\mathrm{d}\ln\left[\dfrac{r\left(1+t_{K_X}\right)}{w}\right] = \mathrm{d}\ln\left[r\left(1+t_{K_X}\right)\right] - \mathrm{d}\ln w = \mathrm{d}\ln r + \mathrm{d}\ln\left(1+t_{K_X}\right) - \mathrm{d}\ln w = \hat{r} + \mathrm{d}\ln\left(1+t_{K_X}\right) - \hat{w}$，其中 $\mathrm{d}\ln\left(1+t_{K_X}\right) = \dfrac{\mathrm{d}\left(1+t_{K_X}\right)}{1+t_{K_X}}$，如前所述假设开始不征税，即 $t_{K_X} = 0$，那么开始征税后（即 t_{K_X} 有一个小的变动 $\mathrm{d}t_{K_X}$），上式 $\dfrac{\mathrm{d}\left(1+t_{K_X}\right)}{1+t_{K_X}} = \dfrac{\mathrm{d}t_{K_X}}{1} = \mathrm{d}t_{K_X}$。

将式（5-50）、式（5-53）～式（5-55）代入式（5-45）可得

$$\lambda^* \left(\hat{X} - \hat{Y} \right) = \left(\hat{r} - \hat{w} \right) \left(a_X \sigma_X + a_Y \sigma_Y \right) + a_X \sigma_X dt_{K_X} \tag{5-56}$$

其中，记 $a_X = S_{K_X} \lambda_{L_X} + S_{L_X} \lambda_{K_X}$，$a_Y = S_{K_Y} \lambda_{L_Y} + S_{L_Y} \lambda_{K_Y}$。

第二步，从需求角度分析。

下面写出商品的替代弹性：

$$\varepsilon_D = -\frac{\mathrm{d}\ln \dfrac{X}{Y}}{\mathrm{d}\ln \left[\dfrac{P_X \left(1 + t_X\right)}{P_Y} \right]} = -\frac{\hat{X} - \hat{Y}}{\hat{P}_X + \mathrm{d}t_X - \hat{P}_Y} \tag{5-57}$$

则有

$$\hat{X} - \hat{Y} = -\varepsilon_D \left(\hat{P}_X - \hat{P}_Y + \mathrm{d}t_X \right) \tag{5-58}$$

由生产均衡时价格等于边际成本可知

$$P_X = C_X \left(r \left(1 + t_{K_X} \right), w \right) \tag{5-59}$$

$$P_Y = C_Y (r, w) \tag{5-60}$$

则有

$$\begin{aligned}
\mathrm{d}P_X &= C_{Xr(1+t_{K_X})} \left[\mathrm{d}r \left(1 + t_{K_X} \right) \right] + C_{Xw} \mathrm{d}w \\
&= C_{Xr(1+t_{K_X})} \left[\mathrm{d}r + r\mathrm{d}t_{K_X} + t_{K_X} \mathrm{d}r \right] + C_{Xw} \mathrm{d}w \\
&= C_{Xr} \left(\mathrm{d}r + r\mathrm{d}t_{K_X} \right) + C_{Xw} \mathrm{d}w \quad (\text{因为} t_{K_X} = 0)
\end{aligned} \tag{5-61}$$

两边同时除以 P_X 得

$$\hat{P}_X = \frac{rC_{Xr}}{P_X} \left(\hat{r} + \mathrm{d}t_{K_X} \right) + \frac{wC_{Xw}}{P_X} \hat{w} \tag{5-62}$$

由对偶定理可得生产要素的需求函数：

$$K_X = \frac{\partial \widetilde{C_X}}{\partial r} = \frac{\partial \left(C_X X \right)}{\partial r} = C_{Xr} \cdot X \tag{5-63}$$

$$L_X = \frac{\partial \widetilde{C_X}}{\partial w} = \frac{\partial \left(C_X X \right)}{\partial w} = C_{Xw} \cdot X \tag{5-64}$$

其中，$\widetilde{C_X}(r, w, X) = C_X(r, w) X$。所以有

$$C_{Xr} = \frac{K_X}{X} \tag{5-65}$$

$$C_{Xw} = \frac{L_X}{X} \tag{5-66}$$

则式（5-62）变为

$$\begin{aligned}
\hat{P}_X &= \frac{r \cdot K_X}{P_X \cdot X} \left(\hat{r} + \mathrm{d}t_{K_X} \right) + \frac{w \cdot L_X}{P_X \cdot X} \hat{w} \\
&= S_{K_X} \left(\hat{r} + \mathrm{d}t_{K_X} \right) + S_{L_X} \hat{w}
\end{aligned} \tag{5-67}$$

同理可得

$$\hat{P}_Y = S_{K_Y}\hat{r} + S_{L_Y}\hat{w} \tag{5-68}$$

则有

$$\hat{P}_X - \hat{P}_Y = \left(S_{K_X} - S_{K_Y}\right)\hat{r} + \left(S_{L_X} - S_{L_Y}\right)\hat{w} + S_{K_X}\mathrm{d}t_{K_X}$$
$$= (\hat{r} - \hat{w})S^* + S_{K_X}\mathrm{d}t_{K_X} \tag{5-69}$$

其中，记 $S^* = S_{K_X} - S_{K_Y} = 1 - S_{L_X} - \left(1 - S_{L_Y}\right) = S_{L_Y} - S_{L_X}$。

将上式代入式（5-58）可得

$$\hat{X} - \hat{Y} = -\varepsilon_D\left[(\hat{r} - \hat{w})S^* + S_{K_X}\mathrm{d}t_{K_X} + \mathrm{d}t_X\right] \tag{5-70}$$

第三步，进行求解。

将式（5-56）和式（5-70）联立可以求得

$$D(\hat{r} - \hat{w}) = -\left(a_X\sigma_X + \lambda^*\varepsilon_D S_{K_X}\right)\mathrm{d}t_{K_X} - \lambda^*\varepsilon_D\mathrm{d}t_X \tag{5-71}$$

$$D\left(\hat{X} - \hat{Y}\right) = -\varepsilon_D\left[\left(a_X\sigma_X S_{K_Y} + a_Y\sigma_Y S_{K_X}\right)\mathrm{d}t_{K_X} + \left(a_X\sigma_X + a_Y\sigma_Y\right)\mathrm{d}t_X\right] \tag{5-72}$$

其中，记 $D = a_X\sigma_X + a_Y\sigma_Y + \varepsilon_D S^*\lambda^*$。

若要判定 $\hat{X} - \hat{Y}$ 和 $\hat{r} - \hat{w}$ 的符号，需要判定 D 的符号和等式右边式子的符号。下面先来分析 D 的符号。

由于：

$$S^* = S_{K_X} - S_{K_Y}$$
$$= S_{K_X} - S_{K_X}S_{K_Y} + S_{K_X}S_{K_Y} - S_{K_Y}$$
$$= S_{K_X}\left(1 - S_{K_Y}\right) + S_{K_Y}\left(S_{K_X} - 1\right) \tag{5-73}$$
$$= S_{K_X}S_{L_Y} - S_{K_Y}S_{L_X}$$
$$= \frac{rK_X}{P_X X} \cdot \frac{wL_Y}{P_Y Y} - \frac{rK_Y}{P_Y Y} \cdot \frac{wL_X}{P_X X}$$

则有

$$P_X \cdot X \cdot P_Y \cdot Y \cdot S^* = rw\left(K_X L_Y - K_Y L_X\right) \tag{5-74}$$

又由于：

$$\lambda^* = \lambda_{K_X} - \lambda_{L_X} = \frac{K_X}{\overline{K}} - \frac{L_X}{\overline{L}} \tag{5-75}$$

则有

$$\overline{K} \cdot \overline{L} \cdot \lambda^* = K_X\overline{L} - L_X\overline{K}$$
$$= K_X\left(L_X + L_Y\right) - L_X\left(K_X + K_Y\right) \tag{5-76}$$
$$= K_X L_Y - L_X K_Y$$

将式（5-76）代入式（5-74）可得

$$P_X \cdot X \cdot P_Y \cdot Y \cdot S^* = \overline{K} \cdot \overline{L} \cdot \lambda^* \cdot r \cdot w \tag{5-77}$$

由此可知 S^* 和 λ^* 是同号的，即 $S^*\lambda^* \geqslant 0$，则可知 $D > 0$。

第四步，经济学分析。

对 I_X 部门征税，通过两种效应影响税负归宿：一种是商品相对需求量变化引起的产量效应（volume effect）；另一种是生产要素相对需求量变化引起的要素替代效应（factor substitution effect）[①]。

1）产量效应

产量效应是征税对消费者的影响。式（5-72）右边小于 0，左边的 D 大于 0，因此 $\hat{X} - \hat{Y} < 0$。这表明，由于仅在 I_X 部门征税，I_X 部门的消费者总要多承担一些税负，除非 $\varepsilon_D = 0$，即 X 与 Y 不可替代，此时无产量效应。

2）要素替代效应

要素替代效应指的是征税对出资者和劳动者的影响。下面分情况进行讨论。

（1）先分析资本税，令 $\mathrm{d}t_{K_X} > 0$，$\mathrm{d}t_X = 0$。则式（5-71）变为

$$D(\hat{r} - \hat{w}) = -\left(a_X \sigma_X + \lambda^* \varepsilon_D S_{K_X}\right) \mathrm{d}t_{K_X} \tag{5-78}$$

如果 $\lambda^* = \lambda_{K_X} - \lambda_{L_X} > 0$，即 I_X 部门资本相对密集（资本不稀缺），则 $\hat{r} - \hat{w} < 0$，那么出资者承担更多的资本税。

如果 $\lambda^* = \lambda_{K_X} - \lambda_{L_X} < 0$，即 I_X 部门劳动相对密集（劳动不稀缺），且 $\sigma_X \to 0$（I_X 部门资本与劳动力基本不可替代），则 $\hat{r} - \hat{w} > 0$，那么劳动者承担更多资本税。

（2）再分析商品税，令 $\mathrm{d}t_X > 0$，$\mathrm{d}t_{K_X} = 0$，则式（5-71）变为

$$D(\hat{r} - \hat{w}) = -\lambda^* \varepsilon_D \mathrm{d}t_X \tag{5-79}$$

如果 $\lambda^* = \lambda_{K_X} - \lambda_{L_X} > 0$，即 I_X 部门资本相对密集（资本不稀缺），则 $\hat{r} - \hat{w} < 0$，那么出资者承担更多的商品税。

如果 $\lambda^* = \lambda_{K_X} - \lambda_{L_X} < 0$，即 I_X 部门劳动相对密集（劳动不稀缺），则 $\hat{r} - \hat{w} > 0$，那么劳动者承担更多的商品税。

综上所述，在一般均衡分析框架下，税收通过产量效应和要素替代效应共同发挥作用。产量效应的结果是：被征税的部门，产量相对萎缩，该部门商品的消费者承担更多的税负。要素替代效应的结果是：由于被征税部门生产萎缩，多余要素（另一部门稀缺）流向另一部门，导致该要素的价格下降，该要素承担更多的税负。

本章小结

1. 在分析税负转嫁与归宿时有局部均衡分析法和一般均衡分析法两种方法。局部均衡分析法假定其他市场保持不变的情况下，研究某一市场里的变化对该市场的影响。一般均衡分析法是假定所有市场都同步发生变化，研究某一市场里的变化对该市场的影响。前者简单直接，适用于分析规模较小的市场，但当研究对象是规模较大的市场时，分析结论往往存在较大的偏差。后者考虑全面，更贴合现实经济情况，适用于分析规模较大的市场，但分析方法比较复杂，分析结论往往不直观和不易理解，甚

[①] SALANIÉ B. The Economics of Taxation [M]. Cambridge: The MIT Press, 2003: 31.

至有时模型无法求解。

2．在局部均衡分析中，判断税负归宿分摊主要看供需弹性。在完全竞争市场下，无论是对消费者征税还是对生产者征税，都不会影响最终的税负归宿分摊，税负分摊的大小与弹性成反比，即"谁弱势，谁负担"；在垄断市场下，只要需求曲线具有弹性，那么垄断厂商和消费者就都会承担税负，税负承担份额的大小与需求函数和边际成本有关，背后体现的也是需求方和供给方的"市场势力"。

3．在局部均衡分析中，可以对从价税和从量税进行比较。在完全竞争市场下，政府课征从价税还是从量税的选择不影响供需双方的税负承担份额；在垄断市场下，在征税总额相同的情况下，从量税情形下商品产量下降更多，从而使消费者效用损失更大，同时消费者在单位商品上负担的税收也要较从价税情形下更多。

4．在一般均衡分析中，判断税负归宿主要看产量效应和要素替代效应。产量效应的结果是：被征税的部门，产量相对萎缩，该部门商品的消费者承担更多的税负。要素替代效应的结果是：由于被征税部门生产萎缩，多余要素（另一部门稀缺）流向另一部门，导致该要素的价格下降，该要素承担更多的税负。在此分析框架下，税收通过产量效应和要素替代效应共同发挥作用。

思考题

1．请谈一谈税负转嫁与归宿的局部均衡分析法和一般均衡分析法的差别，并说明它们的优缺点。

2．请在局部分析框架下，用图形和公式说明税负归宿与供需弹性之间的关系。

3．在征收同等额度税款的情况下，从税负归宿角度比较从价税和从量税的优劣。

4．请简单阐释一般均衡分析框架下税负转嫁与归宿的分析结论。

本章阅读与参考文献

[1] 万莹. 税收经济学[M]. 上海：复旦大学出版社，2016.

[2] HARBERGER A C. The Incidence of the Corporation Income Tax [J]. Journal of Political Economy, 1962, 70(3): 215-240.

[3] JONES R W. The Structure of Simple General Equilibrium Models [J]. Journal of Political Economy, 1965, 73(6): 557-572.

[4] SALANIÉ B. The Economics of Taxation [M]. Cambridge: The MIT Press, 2003.

第6章 税收扭曲与税收的经济效应

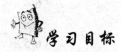

学习目标

▶▶ 掌握税收会造成市场扭曲的证明方法；
▶▶ 学会如何量化分析税收造成的社会福利损失；
▶▶ 掌握税收经济效应的分析方法及相关结论。

6.1 税收扭曲与福利损失

6.1.1 税收扭曲

福利经济学第一定理认为完全竞争市场下的一般均衡是帕累托最优的，但现实经济中由于存在公共产品、外部性、自然垄断、信息不对称等因素，市场可能出现失灵，需要政府部门介入以弥补市场失灵，而课税一方面其本身即为政府发挥经济作用的工具，另一方面其为政府部门发挥资源配置作用提供了基础。

一般来说，除一次总付税外的其他课税都会带来替代效应，替代效应将改变（扭曲）微观经济主体的行为决策，从而产生税收超额负担，损及经济效率。但总额税因其不公平性，在现代经济社会中不可能作为长期稳定实施的主体税类，那么理想的税收中性很难实现，因此下面将具体讨论税收扭曲是否存在[①]。

假设存在这样一个经济体，只有两种产品，分别为农作物 X_1 和工业品 X_2，同时只有同质的一类消费者和同质的一类厂商（也可简化认为只有一个消费者和一个厂商）。消费者消费两种产品获得效用，效用函数为 $U(X_1, X_2) = X_1 \cdot X_2$；厂商用农作物作为原料生产工业品，生产函数为 $X_2 = \dfrac{X_1}{C}$。消费者的目标是效用最大化，厂商的目标是利润最大化。农作物的价格为1，工业品的价格为 P，消费者拥有可支配收入为1（当然，也可以设为 w，并不影响结论分析）。

简而言之，假设：X_1（农作物），X_2（工业品），$U(X_1, X_2) = X_1 \cdot X_2$，$X_2 = \dfrac{X_1}{C}$，$P_{X_1} = 1$，$P_{X_2} = P$，$w = 1$。

---

① 这一模型参考 Salanié（2003）进行编写。

1）消费者

$$\max_{X_1, X_2} U(X_1, X_2) = X_1 \cdot X_2 \tag{6-1}$$

$$\text{s.t. } 1 \cdot X_1 + PX_2 = 1 \tag{6-2}$$

首先写出拉格朗日函数

$$L(X_1, X_2, \lambda) = X_1 \cdot X_2 + \lambda(1 - X_1 - PX_2) \tag{6-3}$$

其次写出一阶优化条件

$$\frac{\partial L}{\partial X_1} = X_2 - \lambda = 0 \tag{6-4}$$

$$\frac{\partial L}{\partial X_2} = X_1 - \lambda P = 0 \tag{6-5}$$

$$\frac{\partial L}{\partial \lambda} = 1 - X_1 - PX_2 = 0 \tag{6-6}$$

最后求得最优解

$$X_1^* = \frac{1}{2}, X_2^* = \frac{1}{2P} \tag{6-7}$$

2）厂商

$$\max \pi = PX_2 - 1 \cdot X_1$$
$$= P \cdot \frac{X_1}{C} - X_1 \tag{6-8}$$

由一阶优化条件 $\dfrac{\partial \pi}{\partial X_1} = \dfrac{P}{C} - 1 = 0$ 可得

$$P = C \tag{6-9}$$

综上所述，则有

$$\text{MRS} = \frac{\dfrac{\partial U}{\partial X_1}}{\dfrac{\partial U}{\partial X_2}} = \frac{X_2^*}{X_1^*} = \frac{\dfrac{1}{2P}}{\dfrac{1}{2}} = \frac{1}{P} \tag{6-10}$$

$$\text{MRT} = \frac{\text{MC}_1}{\text{MC}_2} = \frac{1}{\dfrac{\text{d}X_1}{\text{d}X_2}} = \frac{1}{C} \tag{6-11}$$

又由于 $P = C$，则可知

$$\text{MRS} = \text{MRT} = \frac{P_X}{P_Y} \tag{6-12}$$

也就是说，这个经济体的均衡满足边际替代率等于边际转换率，达到了帕累托最优。

以上分析是在没有课税的情况，如果经济体中加入政府部门，对工业品征收从量税 t，并对消费者进行转移性支出 T，那么经济体的均衡结果会发生什么变化呢？下面进行具体分析。

1）消费者

$$\max_{X_1, X_2} U = X_1 \cdot X_2 \tag{6-13}$$

$$\text{s.t. } X_1 + (P+t)X_2 = 1 + T \tag{6-14}$$

首先写出拉格朗日函数

$$L(X_1, X_2, \lambda) = X_1 \cdot X_2 + \lambda[1 + T - X_1 - (P+t)X_2] \tag{6-15}$$

其次写出一阶优化条件

$$\frac{\partial L}{\partial X_1} = X_2 - \lambda = 0 \tag{6-16}$$

$$\frac{\partial L}{\partial X_2} = X_1 - \lambda(P+t) = 0 \tag{6-17}$$

$$\frac{\partial L}{\partial \lambda} = 1 + T - X_1 - (P+t)X_2 = 0 \tag{6-18}$$

最后求得最优解

$$X_1^{**} = \frac{1+T}{2}, \quad X_2^{**} = \frac{1+T}{2(P+t)} \tag{6-19}$$

2）厂商

$$\max \pi = PX_2 - 1 \cdot X_1$$

$$= P \cdot \frac{X_1}{C} - X_1 \tag{6-20}$$

由一阶优化条件 $\dfrac{\partial \pi}{\partial X_1} = \dfrac{P}{C} - 1 = 0$ 可得

$$P = C \tag{6-21}$$

虽然有了课税，但由于厂商仍以生产者价格 P 为决策基础来最大化其利润，所以一阶优化条件的结果较之无税时没有变化。

综上所述，则有

$$\mathrm{MRS} = \frac{\dfrac{\partial U}{\partial X_1}}{\dfrac{\partial U}{\partial X_2}} = \frac{X_2^{**}}{X_1^{**}} = \frac{1}{P+t} \tag{6-22}$$

$$\mathrm{MRT} = \frac{\mathrm{MC}_1}{\mathrm{MC}_2} = \frac{1}{C} \tag{6-23}$$

由此可见：$\mathrm{MRS} \neq \mathrm{MRT}$，也就是说，当引入课税以后经济体的均衡已经不满足帕累托效率了。那么课税对于消费者效用产生怎样的影响呢？

首先，我们知道课税以后如下不等式成立：

$$T \leqslant tX_2^{**} = t \cdot \frac{1+T}{2(C+t)} \tag{6-24}$$

解不等式可得

$$T \leqslant \frac{t}{2C+t} \tag{6-25}$$

其次，课税前后消费者效用的变化为

$$U^{**} - U^* = \frac{(1+T)^2}{4(C+t)} - \frac{1}{4C} \leqslant \frac{\left(1+\dfrac{t}{2C+t}\right)^2}{4(C+t)} - \frac{1}{4C} = \frac{-t^2}{4C(2C+t)^2} < 0 \quad (6\text{-}26)$$

最后，比较课税前后消费结构的变化：

$$X_2^{**} = \frac{1+T}{2(C+t)} \leqslant \frac{1+\dfrac{t}{2C+t}}{2(C+t)} = \frac{1}{2C+t} \leqslant \frac{1}{2C} = X_2^* \quad (6\text{-}27)$$

$$X_1^{**} = \frac{1+T}{2} \geqslant \frac{1}{2} = X_1^* \quad (6\text{-}28)$$

鉴于以上分析可知，课税后消费者效用降低了，消费结构也发生了扭曲，与帕累托最优情况下相比，没课税的商品 X_1 消费过度，而课税的商品 X_2 则消费不足。

6.1.2　福利损失

税收扭曲造成的社会福利损失有多大，我们可以在经济假设更为宽松的局部均衡模型下度量。图 6-1 为开始时无课税的情况下某种商品的供需均衡图，在没有课税之前供需曲线相交于 C 点，当对供给方课征 dt 的从量税时，新的均衡点移至 D 点，三角形 CDF 的面积即可以衡量社会福利损失。

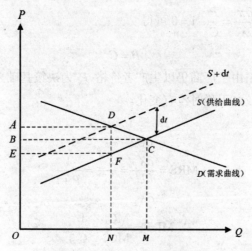

图 6-1　开始时无课税的情况

注：dt 是税收的微小变动，图中为了便于展示做了放大处理。

由于消费者剩余 $= -ABCD$，生产者剩余 $= -BCFE$，政府税收 $= +AEFD$，则有

社会福利损失 $=$ 消费者剩余 $+$ 生产者剩余 $+$ 政府税收

$$
\begin{aligned}
&= -ABCD - BCFE + AEFD \\
&= -CDF \\
&= -\frac{1}{2} \cdot dt \cdot (-dx) \\
&= \frac{1}{2} \cdot dt \cdot dx
\end{aligned}
\quad (6\text{-}29)
$$

又因为

$$\frac{\mathrm{d}x}{x} = -\frac{\varepsilon_S \varepsilon_D}{\varepsilon_D + \varepsilon_S} \mathrm{d}t \,^{①} \qquad (6\text{-}30)$$

则上式变为

$$社会福利损失 = -\frac{x}{2} \cdot \frac{\varepsilon_S \varepsilon_D}{\varepsilon_D + \varepsilon_S} (\mathrm{d}t)^2 \qquad (6\text{-}31)$$

这一结果告诉我们三个结论：（1）社会福利损失与$(\mathrm{d}t)^2$成正比。（2）在课征同样额度税收的情况下，低税率的"小税"比高税率的"大税"好。（3）不要频繁增加税收。

我们将以上分析拓展到更一般的情况，假设开始就有课税，然后再增加课税，社会福利损失会有多大？如图 6-2 所示。

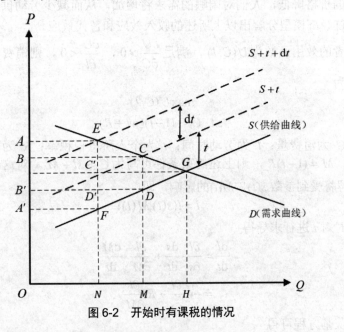

图 6-2　开始时有课税的情况

注：$\mathrm{d}t$ 是税收的微小变动，图中为了便于展示做了放大处理。

由于消费者剩余 $= -ABCE$，生产者剩余 $= -A'B'DF$，政府税收变动 $= AEFA' - BCDB' = AEC'B + A'FD'B' - C'CDD'$，则有

社会福利损失 = 消费者剩余 + 生产者剩余 + 政府税收变动

$$= -ABCE - A'B'DF + (AEC'B + A'FD'B' - C'CDD')$$

$$= -ECC' - FDD' - C'CDD'$$

$$= -ECDF \qquad (6\text{-}32)$$

$$= -\frac{t + (t + \mathrm{d}t)}{2} \cdot (-\mathrm{d}x)$$

$$= \left(t + \frac{1}{2}\mathrm{d}t\right) \cdot \mathrm{d}x$$

---

① 将这里的 x 设为式（5-21）中的 L，则很容易得到这个式子。

可以看出，在更一般的情况下，福利损失不仅和新增税率有关，还和已有税率水平有关，已有的税率水平越高，增税后的福利损失越大。

6.2 税收与劳动供给

由 6.1 节已知税收会对经济行为产生扭曲，本节将分析课征个人所得税对劳动供给会产生怎样的影响。我们知道与劳动互替的是闲暇，闲暇可看作正常商品，课征个人所得税对劳动供给产生两种效应：一是因个人收入减少，减少了人们的消费需求，包括对闲暇这种商品的需求，从而将增加劳动供给，此为收入效应。二是因净工资减少，即闲暇的价格降低，人们对闲暇的需求将增加，从而减少劳动供给，此为替代效应。下面通过经济模型分解出以上所述的收入效应和替代效应。

设消费者的效用函数为 $U(C,l)$，满足 $\dfrac{\partial U}{\partial C}>0$，$\dfrac{\partial U}{\partial l}<0$，则消费者效用最大化问题可以表示为

$$\max U(C,l) \tag{6-33}$$
$$\text{s.t. } C \leqslant (1-t)(wl+R) \tag{6-34}$$

其中，C 为消费量；l 为劳动时间；t 为个人所得税税率；R 为非劳动所得。记 $s=(1-t)w$，$M=(1-t)R$，则上述约束条件可写为 $C \leqslant sl+M$。对这一问题进行求解可得知 l 的解将受到参数 $s(t)$、$M(t)$ 的影响，即

$$l = l(s(t),M(t)) \tag{6-35}$$

两边同时对 t 进行求导得

$$\frac{\mathrm{d}l}{\mathrm{d}t} = \frac{\partial l}{\partial s}\cdot\frac{\mathrm{d}s}{\mathrm{d}t} + \frac{\partial l}{\partial M}\cdot\frac{\mathrm{d}M}{\mathrm{d}t}$$
$$= -w\frac{\partial l}{\partial s} - R\frac{\partial l}{\partial M} \tag{6-36}$$

由斯拉茨基方程可得

$$\frac{\partial(1-l)}{\partial s} = \left(\frac{\partial(1-l)}{\partial s}\right)_U - l\frac{\partial(1-l)}{\partial(I-M)} \tag{6-37}$$

即

$$\frac{\partial l}{\partial s} = \left(\frac{\partial l}{\partial s}\right)_U + l\frac{\partial l}{\partial M} \tag{6-38}$$

其中，I 为消费者的总收入。记 $\tilde{S}=\left(\dfrac{\partial l}{\partial s}\right)_U$，且将式（6-38）代入式（6-36）得

$$\frac{\mathrm{d}l}{\mathrm{d}t} = -w\tilde{S} - (wl+R)\frac{\partial l}{\partial M} \tag{6-39}$$

上式将个人所得税对劳动供给的影响分解为两种效应：$-w\tilde{S}$ 为替代效应，其值小于零；$-(wl+R)\dfrac{\partial l}{\partial M}$ 为收入效应，其值大于零。

下面通过一个具体的例子分析两种效应的作用。假设消费者的效用函数为柯布—

道格拉斯效用函数，消费者效用最大化问题的模型可以写为

$$\max_{C,l} U(C,l) = a\ln C + (1-a)\ln(\bar{l} - l) \tag{6-40}$$

$$\text{s.t.} \ \ C \leqslant sl + M \tag{6-41}$$

其中，$0 < a < 1$，$\bar{l}$ 为总时间。

首先，写出拉格朗日函数

$$L(C,l,\lambda) = a\ln C + (1-a)\ln(\bar{l} - l) + \lambda(sl + M - C) \tag{6-42}$$

然后，写出一阶优化条件

$$\frac{\partial L}{\partial C} = \frac{a}{C} - \lambda = 0 \tag{6-43}$$

$$\frac{\partial L}{\partial l} = -\frac{1-a}{\bar{l} - l} + \lambda s = 0 \tag{6-44}$$

$$\frac{\partial L}{\partial \lambda} = sl + M - C = 0 \tag{6-45}$$

式（6-43）和式（6-44）联立可得

$$C^* = \frac{a}{1-a} s\left(\bar{l} - l^*\right) \tag{6-46}$$

式（6-45）和式（6-46）联立可得

$$\frac{a}{1-a} s\left(\bar{l} - l^*\right) = sl^* + M \tag{6-47}$$

即

$$\frac{a}{1-a}(1-t)w\left(\bar{l} - l^*\right) = (1-t)wl^* + (1-t)R \tag{6-48}$$

两边将 $(1-t)$ 消掉后整理得

$$l^* = \frac{aw\bar{l} - R(1-a)}{w} \tag{6-49}$$

由此可见 l^* 的表达式中不含有 t 变量，也就是说，l^* 与 t 没有关系，即 $\frac{\partial l^*}{\partial t} = 0$，这一结果是不是说明个人所得税对劳动供给没有产生任何影响呢？答案是否定的，这并不是说个人所得税对劳动供给没有产生任何影响，而是收入效应和替代效应刚好完全抵消了。

另外，由 $C^* = \frac{a}{1-a} s\left(\bar{l} - l^*\right) = \frac{a}{1-a}(1-t)w\left(\bar{l} - l^*\right)$ 可知 $\frac{\partial C^*}{\partial t} < 0$，说明个人所得税税率提高将使得消费者的消费降低。这也可以从侧面说明，在此种情况下，并不是个人所得税对劳动供给决策没有产生任何的影响，否则消费者的消费行为也将不会有任何变化。

6.3　税收与储蓄

对个人所得课税会对劳动供给行为产生影响，对储蓄利息收入课税同样会对储蓄

行为产生影响。储蓄的必要性可以放在跨期经济中分析，在两期跨期经济中，每个消费者共经历年轻期和年老期，消费者在年轻期通过劳动获取收入，一部分用于当期的消费，另一部分储蓄起来在年老期消费，这就通过储蓄将两期的消费决策联系了起来，消费者通过决策两期的消费结构使得效用最大化。如果政府对储蓄的利息收入课征利息税，那么对消费者的储蓄行为（其实反映的是两期消费结构的决策）会产生怎样的影响？

下面来具体刻画这一简单的跨期经济，假设这一经济体内有一个消费者，他在年轻期的劳动收入为 w，一部分用于当期消费 C_1，另一部分用于储蓄 S，到了年老期不再工作，其消费支出 C_2 来源于净储蓄收入，即课征利息税后的储蓄本息，r 为储蓄利率，t 为利息税税率。这个消费者的决策目标和预算约束为

$$\max_{C_1, C_2} U(C_1, C_2) \tag{6-50}$$

$$\text{s.t.} \begin{cases} C_1 + S = w \\ C_2 = [1 + r(1-t)]S \end{cases} \tag{6-51}$$

将两个约束条件等式联立可以变换为

$$C_1 + \frac{C_2}{1+r(1-t)} = w \xrightarrow{\ p = \frac{1}{1+r(1-t)}\ } C_1 + pC_2 = w \tag{6-52}$$

$$C_2 = [1+r(1-t)]S \xrightarrow{\ p = \frac{1}{1+r(1-t)}\ } S = pC_2 \tag{6-53}$$

其中，p 相当于扣除利息税的贴现系数，而且 $\frac{\partial p}{\partial t} > 0$。

本节分析利息税对于储蓄行为的影响，需求 $\frac{\partial S}{\partial t}$ 的符号，在难以直接求解的情况下，可以间接通过求解 $\frac{\partial S}{\partial p}$ 的符号并结合 $\frac{\partial p}{\partial t} > 0$ 的结论来确定 $\frac{\partial S}{\partial t}$ 的符号，而 $\frac{\partial S}{\partial p}$ 的符号我们可以通过求解 $\frac{\partial \ln S}{\partial \ln p}$ 来确定。

$\frac{\partial \ln S}{\partial \ln p}$ 的求解需要分以下四个步骤。

第一步，写出跨期消费替代弹性 σ。

第二步，推导出 $\frac{\partial \ln C_1(p, U)}{\partial \ln p}$ 的表达式，其中 $C_1(p, U)$ 为第一期消费的希克斯需求。

第三步，推导出 $\frac{\partial \ln C_1(p, w)}{\partial \ln p}$ 的表达式，其中 $C_1(p, w)$ 为第一期消费的马歇尔需求。

第四步，通过关系式 $S = w - C_1$ 推导出 $\frac{\partial \ln S}{\partial \ln p}$ 的表达式。

进一步的具体分析如下。

第一步，根据弹性概念写出跨期消费替代弹性并进行简单变换。

$$\sigma = -\frac{\partial \ln \dfrac{C_1(p,U)}{C_2(p,U)}}{\partial \ln \left(\dfrac{1}{p}\right)}$$

$$= \frac{\partial \ln \dfrac{C_1(p,U)}{C_2(p,U)}}{\partial \ln p} \qquad (6\text{-}54)$$

$$= \frac{\partial \ln C_1(p,U)}{\partial \ln p} - \frac{\partial \ln C_2(p,U)}{\partial \ln p}$$

第二步，根据等式 $C_1(p,U) + pC_2(p,U) = e(p,U)$ 推导 $\dfrac{\partial \ln C_1(p,U)}{\partial \ln p}$ 的表达式，其中 $e(p,U)$ 表示效用达到 U 时的最小支出。

上述等式两边对 p 求偏导，并根据对偶定理可得

$$\frac{\partial C_1(p,U)}{\partial p} + C_2(p,U) + p\frac{\partial C_2(p,U)}{\partial p} = \frac{\partial e(p,U)}{\partial p} = C_2(p,U) \qquad (6\text{-}55)$$

即

$$p\frac{\partial C_2(p,U)}{\partial p} = -\frac{\partial C_1(p,U)}{\partial p} \qquad (6\text{-}56)$$

变换得

$$p\frac{C_2}{p} \cdot \frac{\partial \ln C_2(p,U)}{\partial \ln p} = -\frac{C_1}{p} \cdot \frac{\partial \ln C_1(p,U)}{\partial \ln p} \qquad (6\text{-}57)$$

即

$$\frac{\partial \ln C_2(p,U)}{\partial \ln p} = -\frac{C_1}{pC_2} \cdot \frac{\partial \ln C_1(p,U)}{\partial \ln p} \qquad (6\text{-}58)$$

将上式代入第一步的结果可得

$$\sigma = \frac{\partial \ln C_1(p,U)}{\partial \ln p} + \frac{C_1}{pC_2} \cdot \frac{\partial \ln C_1(p,U)}{\partial \ln p}$$

$$= \frac{pC_2 + C_1}{pC_2} \cdot \frac{\partial \ln C_1(p,U)}{\partial \ln p} \qquad (6\text{-}59)$$

$$= \frac{w}{pC_2} \cdot \frac{\partial \ln C_1(p,U)}{\partial \ln p}$$

记 $\tilde{s} = \dfrac{S}{w} = \dfrac{pC_2}{w}$ ，则 $\tilde{s}$ 为储蓄率，上式变为

$$\sigma = \frac{1}{\tilde{s}} \cdot \frac{\partial \ln C_1(p,U)}{\partial \ln p} \qquad (6\text{-}60)$$

即

$$\frac{\partial \ln C_1(p,U)}{\partial \ln p} = \tilde{s}\sigma \qquad (6\text{-}61)$$

第三步，通过斯拉茨基方程推导 $\dfrac{\partial \ln C_1(p,w)}{\partial \ln p}$ 的表达式。

由斯拉茨基方程可得

$$\frac{\partial C_1(p,w)}{\partial p} = \frac{\partial C_1(p,U)}{\partial p} - C_2(p,w)\frac{\partial C_1(p,w)}{\partial w} \tag{6-62}$$

变换得

$$\frac{\partial \ln C_1(p,w)}{\partial \ln p} = \frac{\partial \ln C_1(p,U)}{\partial \ln p} - \frac{pC_2(p,w)}{C_1(p,w)} \cdot \frac{\partial C_1(p,w)}{\partial w}$$

$$= \tilde{s}\sigma - \frac{pC_2(p,w)}{C_1(p,w)} \cdot \frac{C_1(p,w)}{w} \cdot \frac{\partial \ln C_1(p,w)}{\partial \ln w} \tag{6-63}$$

记 $\eta = \dfrac{\partial \ln C_1(p,w)}{\partial \ln w}$ ，则 η 为第一期的消费收入弹性，上式可写为

$$\frac{\partial \ln C_1(p,w)}{\partial \ln p} = \tilde{s}\sigma - \tilde{s}\eta \tag{6-64}$$

$$= \tilde{s}(\sigma - \eta)$$

第四步，利用第三步的结果推导出 $\dfrac{\partial \ln S}{\partial \ln p}$ 的表达式。

$$\frac{\partial \ln S}{\partial \ln p} = \frac{\partial \ln(w - C_1)}{\partial \ln p}$$

$$= \frac{1}{w - C_1} \cdot \frac{-\partial C_1}{\partial \ln p}$$

$$= \frac{-C_1}{w - C_1} \cdot \frac{\partial \ln C_1}{\partial \ln p} \tag{6-65}$$

$$= -\frac{w - S}{S}\tilde{s}(\sigma - \eta)$$

$$= -\left(\frac{1}{\tilde{s}} - 1\right)\tilde{s}(\sigma - \eta)$$

$$= -(1 - \tilde{s})\sigma + (1 - \tilde{s})\eta$$

上式最终分解为替代效应 $-(1-\tilde{s})\sigma$ 和收入效应 $(1-\tilde{s})\eta$ ，很明显前者小于 0，后者大于 0。替代效应说明 p 的增加将使第二期的消费更加昂贵，从而增加第一期消费，使得储蓄减少。收入效应说明 p 的增加将导致 C_1、C_2 的减少，从而使储蓄增加。

因此，当利息税税率 t 增加，p 就会增加，那么消费者的储蓄行为会怎样变化呢？这取决于替代效应和收入效应的综合效果。

下面举一个具体的例子加以分析。假设消费者的效用函数为柯布-道格拉斯效用函数，消费者的目标函数和约束条件可以写为

$$\max_{C_1,C_2} U(C_1,C_2) = a\ln C_1 + (1-a)\ln C_2 \tag{6-66}$$

$$\text{s.t. } C_1 + pC_2 = w \tag{6-67}$$

首先写出拉格朗日函数

$$L(C_1,C_2,\lambda) = a\ln C_1 + (1-a)\ln C_2 + \lambda(w - C_1 - pC_2) \tag{6-68}$$

其次写出一阶优化条件

$$\frac{\partial L}{\partial C_1} = \frac{a}{C_1} - \lambda = 0 \tag{6-69}$$

$$\frac{\partial L}{\partial C_2} = \frac{1-a}{C_2} - p\lambda = 0 \tag{6-70}$$

$$\frac{\partial L}{\partial \lambda} = w - C_1 - pC_2 = 0 \tag{6-71}$$

由此求得

$$C_1^* = a \cdot w, \quad C_2^* = \frac{1-a}{p} w \tag{6-72}$$

然后，通过上述四步法进行分析：

$$
\begin{aligned}
\sigma &= \frac{\partial \ln C_1(p,U)}{\partial \ln p} - \frac{\partial \ln C_2(p,U)}{\partial \ln p} \\
&= \frac{1}{\tilde{s}} \cdot \frac{\partial \ln C_1(p,U)}{\partial \ln p} \\
&= \frac{1}{\tilde{s}} \cdot \frac{p}{C_1} \cdot \frac{\partial C_1(p,U)}{\partial p} \\
&= \frac{1}{\tilde{s}} \cdot \frac{p}{C_1} \left[\frac{\partial C_1(p,w)}{\partial p} + C_2 \frac{\partial C_1(p,w)}{\partial w} \right] \\
&= \frac{1}{\tilde{s}} \cdot \frac{p}{aw} \left[0 + \frac{1-a}{p} wa \right] \\
&= \frac{1-a}{\tilde{s}}
\end{aligned}
\tag{6-73}
$$

因为 $\tilde{s} = \dfrac{S}{w} = \dfrac{pC_2}{w} = \dfrac{p\dfrac{1-a}{p}w}{w} = 1-a$，则有 $\sigma = \dfrac{1-a}{\tilde{s}} = \dfrac{1-a}{1-a} = 1$。又因为 $\eta = \dfrac{\partial \ln C_1^*}{\partial \ln w} = \dfrac{w}{C_1^*} a = 1$，所以 $\dfrac{\partial \ln S}{\partial \ln p} = -(1-\tilde{s})\sigma + (1-\tilde{s})\eta = 0$。这个结果表明当利息税税率增加时消费者的储蓄没有变化，但并不是说利息税对消费者的储蓄决策没有产生任何的影响，只不过是利息税的替代效应和收入效应正好完全抵消了。

至此，我们只考虑了对消费者的利息收入课税，而没有考虑对劳动收入课税，如果对劳动收入也课税（假定税率为 t'），利息税对储蓄又会产生怎样的影响呢？这时消费者的决策过程变为

$$\max_{C_1, C_2} U(C_1, C_2) \tag{6-74}$$

$$\text{s.t.} \begin{cases} C_1 + S = (1-t')w \\ C_2 = [1 + r(1-t)]S \end{cases} \tag{6-75}$$

这里的储蓄率 $\tilde{s} = \dfrac{S}{(1-t')w}$。

通过前述四步法可得结果为

第一步：
$$\sigma = \frac{(1-t')w}{pC_2(p,U)} \cdot \frac{\partial \ln C_1(p,U)}{\partial \ln p} + t' \qquad (6\text{-}76)$$

第二步：
$$\frac{\partial \ln C_1(p,U)}{\partial \ln p} = \tilde{s}(\sigma - t') \qquad (6\text{-}77)$$

第三步：
$$\frac{\partial \ln C_1(p,w)}{\partial \ln p} = \tilde{s}[\sigma - (1-t')\eta - t'] \qquad (6\text{-}78)$$

第四步：
$$\frac{\partial \ln S}{\partial \ln p} = -(1-\tilde{s})\sigma + (1-\tilde{s})[\eta + (1-\eta)t'] \qquad (6\text{-}79)$$

在考虑对劳动收入课税以后可以明显看出，利息税的收入效应更强了，这一结果比较容易理解，劳动收入所得税的课征使得消费者可支配收入减少，导致预算约束更紧了。

6.4　税收与投资

企业或个人的投资收益显然应该属于所得税的课征范畴，由于投资行为存在风险和不确定性，对投资收益课税往往被认为会对风险活动产生一定的抑制效应。然而，多马和马斯格雷夫（Domar and Musgrave, 1944）认为税收将政府变成了"沉默的合伙人"，为投资主体承担了一定的风险，从而鼓励了风险活动[①]。为了更好地理解这一结论，我们来看下面的具体分析（Mossin, 1968）[②]。

假设在市场上有两种资产，一种是无风险资产，其投资回报率为 r，另一种是有风险资产，由于其收益的不确定性，对其投资具有随机回报率 x。投资者的初始财富为 W_0，最终财富为 W，初始财富投资于有风险资产的比例为 a，政府对资产投资收益课征税率为 t 的所得税，则有

$$W = W_0\big[1 + (ax + (1-a)r)(1-t)\big] \qquad (6\text{-}80)$$

由于存在随机变量 x，投资者的目标则为通过决策 a 的大小使得期望效用最大化，即

$$\max_a E[U(W)] = \max_a E\{U[W_0(1 + (ax + (1-a)r)(1-t))]\} \qquad (6\text{-}81)$$

写出一阶优化条件

$$\frac{\partial E[U(W)]}{\partial a} = E\{U'[W_0(1 + (ax + (1-a)r)(1-t))](x-r)\} = 0 \qquad (6\text{-}82)$$

式（6-82）两边同时对 t 进行求导得

$$E\left\{U''(W)(x-r)\left[(x-r)(1-t)\frac{\partial a}{\partial t} - (ax + (1-a)r)\right]\right\} = 0 \qquad (6\text{-}83)$$

整理得

[①] DOMAR E D, MUSGRAVE R A. Proportional Income Taxation and Risk-Taking [J]. The Quarterly Journal of Economics, 1944, 58(3): 388-422.

[②] MOSSIN J. Taxation and Risk-Taking: An Expected Utility Approach [J]. Economica, 1968, 35(137): 74-82.

$$\frac{\partial \ln a}{\partial \ln t} = \frac{t}{1-t} + \frac{rt}{a(1-t)} \cdot \frac{E\left[U''(W)(x-r)\right]}{E\left[U''(W)(x-r)^2\right]} \tag{6-84}$$

令 $Z = aW_0$，则式（6-82）可变换为

$$E\left\{U'\left[W_0(1+r(1-t))+(1-t)(x-r)Z\right](x-r)\right\} = 0 \tag{6-85}$$

式（6-85）两边同时对 W_0 进行求导得

$$E\left\{U''(W)(x-r)\left[1+r(1-t)+(1-t)(x-r)\frac{\partial Z}{\partial W_0}\right]\right\} = 0 \tag{6-86}$$

整理得

$$\frac{\partial \ln Z}{\partial \ln W_0} = \frac{1+r(1-t)}{a(1-t)} \cdot \frac{E\left[U''(W)(x-r)\right]}{E\left[U''(W)(x-r)^2\right]} \tag{6-87}$$

将式（6-84）和式（6-87）联立整理得

$$\frac{\partial \ln a}{\partial \ln t} = \frac{t}{1-t} - \frac{rt}{1+r(1-t)} \cdot \frac{\partial \ln Z}{\partial \ln W_0} \tag{6-88}$$

由于 $\dfrac{\partial \ln Z}{\partial \ln W_0} = \dfrac{W_0}{Z} \cdot \dfrac{\partial Z}{\partial W_0} = \dfrac{1}{a} \cdot a = 1$，则有

$$\frac{\partial \ln a}{\partial \ln t} = \frac{t}{1-t} - \frac{t}{\frac{1}{r}+(1-t)} > 0 \tag{6-89}$$

上述结果说明，当投资收益所得税的税率 t 增加时，有风险资产的投资比例 a 也增加，这印证了多马和马斯格雷夫的假说，即税收鼓励了投资者的风险活动。

本章小结

1. 一般来说，除一次总付税外的其他课税都会扭曲微观经济主体的行为决策，从而产生税收超额负担，损及经济效率。

2. 对税收扭曲的福利损失进行量化分析，可以得到这样的结论：在课征同样额度的税收情况下，低税率的"小税"比高税率的"大税"好，而且不要频繁增加税收。

3. 个人所得税对劳动供给的影响可分解为收入效应和替代效应。收入效应：税收因使个人收入减少，抑制了人们对闲暇的需求，从而会增加劳动供给。替代效应：税收使得个人净工资减少，相当于降低了闲暇的价格，这会增加人们对闲暇的需求，从而减少劳动供给。税收对劳动供给最终体现出的实际影响是收入效应和替代效应的综合作用结果。

4. 储蓄利息收入税对储蓄的影响也可以分解为收入效应和替代效应。收入效应：储蓄利息收入税的增加将使总消费减少（包括第一期消费和第二期消费），而第一期消费减少带来的结果是储蓄的增加。替代效应：储蓄利息收入税的增加使得第二期消费更加昂贵，促使消费者增加第一期的消费，从而减少了储蓄。

5. 投资收益所得税将政府变成了"沉默的合伙人"，使政府为投资主体承担了一定的风险，从而鼓励了风险活动。

 **思考题**

1. 分析并证明税收是否会产生扭曲（假设：效用函数是 $U(X_1, X_2) = X_1 \cdot X_2$，生产函数是 $X_2 = \dfrac{X_1}{c}$，$p_{X_1} = 1$，$p_{X_2} = p$，$w = 1$）。

2. 假设政府要开征新税，那么在制定税收政策时是采取"多税种低税率"更好，还是采取"少税种高税率"更好？请给出简要证明。

3. 假设消费者的效用函数为柯布－道格拉斯效用函数，分析个人所得税对劳动供给的影响。

4. 假设消费者的效用函数为柯布－道格拉斯效用函数，那么政府对储蓄利息征税对个人储蓄行为会产生怎样的影响？

5. 请证明多马－马斯格雷夫假说，并解释其背后的机制。

本章阅读与参考文献

[1] DOMAR E D, MUSGRAVE R A. Proportional Income Taxation and Risk-Taking[J]. The Quarterly Journal of Economics, 1944, 58(3): 388-422.

[2] MOSSIN J. Taxation and Risk-Taking: An Expected Utility Approach[J]. Economica, 1968, 35(137): 74-82.

[3] SALANIÉ B. The Economics of Taxation [M]. Cambridge: The MIT Press, 2003.

第7章 最优商品税

学习目标

▶▶ 了解最优税收的概念；

▶▶ 了解拉姆齐法则和逆弹性定理；

▶▶ 了解多消费者经济最优商品税理论的结论。

7.1 最优税收概述

福利经济学认为，如果不存在任何市场失灵，市场机制就能使商品的供求达到均衡，消费者对最后一个单位商品所愿意支付的价格正好等于竞争性生产厂商生产该商品的成本，在这种情况下，各种生产要素与经济资源得到充分利用和有效配置，达到资源配置的"帕累托最优状态"。

那么，最优税收理论是否就是要追求这种效率最优呢？我们再来回顾一下税收原则，公平和效率是税收制度建立的两大基本原则，也是评价税收制度好坏的基本标准。如果要追求最好的税收制度，应该是要满足既最公平又最有效率，然而这几乎是不可能做到的，绝大部分税收因为"税收楔子"的原因不符合效率最优原则，一次总付税虽满足效率最优原则，但不符合公平原则。因此，最优税收理论既不是像福利经济学那样追求效率最优，也无法同时满足公平和效率最优。最优税制的构建只能退而求其次，遵循一种次优原则，即论证在市场存在失灵的既定条件下，如何建立起使这些失灵损失达到最小的优化条件。那么，最优税收理论则可以表述为，在维持一定的政府税收收入的前提下，使课税行为所导致的效率损失最小化，也即社会福利最大化。

最优税收理论是理论维度上的思辨，在无法达到公平和效率同时最优的情况下，寻找能够兼顾公平与效率的理想税制，而这里的效率指的是帕累托效率，没有考虑课税的行政效率，如纳税便利、征纳成本节省等。

最优税收理论可以说从拉姆齐（Ramsey）1927年的论文开端，发展出单一消费者经济最优商品税、多消费者经济最优商品税、最优线性所得税、最优非线性所得税等理论，论证过程大多比较抽象、复杂，本章介绍最优商品税，第8章介绍最优所得税。

7.2 单一消费者经济的最优商品税

拉姆齐（Ramsey）在 1927 年发表于 *The Economic Journal* 上的文章 "A Contribution to the Theory of Taxation" 开创了最优商品税的研究，他的研究考虑的是单一消费者经济条件下，如果给定需要筹集的税收额，对各种商品如何课税可以使得社会福利损失最小。戴蒙德（Diamond）和莫里斯（Mirrlees）在 20 世纪 70 年代对单一消费者经济的最优商品税问题进行了再讨论，并将之拓展到多消费者经济。这里介绍戴蒙德（Diamond）和莫里斯（Mirrlees）对单一消费者经济最优商品税的讨论，一方面是为了便于读者更容易理解，另一方面是为了便于和后面的多消费者经济最优商品税保持连贯。[①]

7.2.1 经济假设

1. 市场描述

假设竞争性经济中，存在 $n+1$ 种商品，从商品 0 到商品 n。经济主体为单一消费者、单一厂商、政府。

（1）消费者。消费者是价格的接受者，其拥有初始商品禀赋，并通过股东分红获得企业利润，通过交易并消费商品，从而使效用最大化。

（2）厂商。厂商是价格的接受者，在规模报酬不变的生产技术下，运用投入品生产产品以实现利润最大化目标，利润为收入和成本之差，所获利润全部分配给股东。

（3）政府。政府在消费者与厂商做出选择前提出征税政策，并预测随后的消费者选择以及征税对经济的影响。政府征收商品税，提供公共产品。

2. 消费者

$$\max_{\hat{x}} U(\hat{x} + x^G) \tag{7-1}$$

$$\text{s.t.} \quad q\hat{x} \leqslant qw + \pi \tag{7-2}$$

其中，$\hat{x}$ 为消费者的私人产品需求量；x^G 为消费者的公共产品需求量；q 为消费者价格；w 为消费者拥有的初始商品禀赋；π 为消费者通过分红获得的企业利润。$w \in R_+^{n+1}$，$\pi \in R_+$。

通过简单变换，上述模型可以简化为

$$\max_{x} U(x) \tag{7-3}$$

$$\text{s.t.} \quad qx \leqslant \pi \tag{7-4}$$

其中，$x = \hat{x} - w$。

由此可以构建间接效用函数（值函数）

$$V(q, \pi) = \max U[x(q, \pi)] \tag{7-5}$$

[①] 最优商品税的介绍主要参考 Diamond and Mirrlees（1971a）、Diamond and Mirrlees（1971b）、毛程连（2006）进行编写。

其中，$x(q,\pi)$ 为使消费者效用最大化的需求函数。

3. 厂商

$$\max_{y} py \tag{7-6}$$

$$\text{s.t. } F(y) = 0 \tag{7-7}$$

其中，p 为生产者价格；y 为产量；约束条件为生产函数的隐函数。

由利润最大化的一阶优化条件可得

$$\frac{p_i}{p_0} = \frac{\dfrac{\partial F}{\partial y_i}}{\dfrac{\partial F}{\partial y_0}}, i = 1, 2, \cdots, n \tag{7-8}$$

由于生产技术是规模报酬不变的，可以假定生产函数具有这样的形式：$F(y) = y_0 - f(y_1, \cdots, y_n)$，则有 $\dfrac{\partial F}{\partial y_0} = 1$，同时可以假设 $P_0 = 1$[①]。那么上式变为

$$p_i = \frac{\partial F}{\partial y_i}, i = 1, 2, \cdots, n \tag{7-9}$$

4. 政府

$$\max_{q,p} V\big[q, \pi(p)\big] \tag{7-10}$$

$$\text{s.t. } x_i\big[q, \pi(p)\big] + x_i^G = y_i(p), \ i = 0, 1, \cdots, n \tag{7-11}$$

$$t \cdot \big[x(q, \pi(p)) + x^G\big] = qx^G \tag{7-12}$$

其中，前一个约束条件为市场出清，后一个约束条件为政府预算约束，$t = q - p$ 为商品 $0 \sim n$ 的税收向量。政府预算约束条件进一步变换得

$$t \cdot x(q, \pi(p)) = (q - t)x^G \tag{7-13}$$

$$t \cdot x(q, \pi(p)) = px^G \tag{7-14}$$

7.2.2　最优商品税的求解

1. 拉姆齐法则

在生产技术是规模报酬不变的假设下，$\dfrac{\partial F}{\partial y_i}$ 为常数，则由厂商利润最大化的一阶优化条件的结论 $p_i = \dfrac{\partial F}{\partial y_i}$ 可知市场均衡时生产者价格 p 为常数，可记为 p^*，因此市场出清约束条件可以得到满足。另外，规模报酬不变的完全竞争厂商长期利润为零，政府预算约束条件可以进一步简化。由此最优商品税问题归纳为

$$\max_{t_0, t_1, \cdots, t_n} V(p^* + t) \tag{7-15}$$

$$\text{s.t. } t \cdot x(t + p^*) = R \tag{7-16}$$

[①] 将某种商品的价格假设为标准化的 1，其他商品的价格即为此种商品价格的相对值，这种处理往往是为了简化分析，并不影响最终结论。

其中，$x(t+p^*)$ 是 $t+p^*$ 的函数，$t=(t_0,t_1,\cdots,t_n)$；$R=p^* x^G$，是政府要通过商品税所筹集的税收收入额度。

在规模报酬不变的生产技术下，厂商利润为零时，上式中有一个税率其实是多余的。我们可以考虑两种商品的简单情形，假定存在商品 0 和商品 1 两种商品，生产者价格向量为 $(1,p_1)$，其中，商品 0 的生产者价格标准化为 1，政府分别对两种商品征税，消费者价格向量为 $(1+t_0,p_1+t_1)$。从而，消费者的税后预算约束为 $(1+t_0)x_0 + (p_1+t_1)x_1 = 0^①$，进一步整理得

$$x_0 + \frac{(p_1+t_1)}{(1+t_0)}x_1 = x_0 + \left[p_1 + \frac{(t_1-t_0 p_1)}{(1+t_0)}\right]x_1 = 0$$

可以看出，政府只需对商品 1 征收税率为 $\dfrac{t_1-t_0 p_1}{1+t_0}$ 的税收，而对商品 0 不需要征税，这与前述假设分别对两种商品征税是等价的。

因此，上述最优商品税问题可以进一步简化为

$$\max_{t_1,t_2,\cdots,t_n} V(p^*+t) \tag{7-17}$$

$$\text{s.t. } t \cdot x(t+p^*) = R \tag{7-18}$$

其中，$t=(t_1,t_2,\cdots,t_n)$。

下面对于这一优化问题进行求解。

第一步，写出拉格朗日函数及一阶最优条件

$$L(t,\lambda) = V(p^*+t) + \lambda\left[t \cdot x(p^*+t) - R\right] \tag{7-19}$$

$$\frac{\partial L}{\partial t_k} = \frac{\partial V}{\partial t_k} + \lambda \frac{\partial \sum\limits_{i=1}^{n} t_i X_i}{\partial t_k} = 0, \quad k=1,2,\cdots,n \tag{7-20}$$

一阶优化条件整理得

$$\frac{\partial V}{\partial t_k} = -\lambda \frac{\partial \sum\limits_{i=1}^{n} t_i X_i}{\partial t_k} = -\lambda \frac{\partial R}{\partial t_k}, \quad k=1,2,\cdots,n \tag{7-21}$$

此式表明了政府课税的一般原则，即对于任一商品征税的社会福利成本（$\dfrac{\partial V}{\partial t_k}$）应该与税收所增加的边际收入（$\dfrac{\partial R}{\partial t_k}$）保持同一比例。换句话说，放弃的每单位福利的额外税收收入应该相等。

第二步，运用罗伊恒等式。

由罗伊恒等式可得

---

① 这个约束等式表示消费者把自己的初始商品禀赋用完，因为前面有 $q\hat{x} \leqslant qw + \pi$，记 $x = \hat{x} - w$，则有 $qx \leqslant \pi$，这里假设市场出清，$\pi = 0$，约束等式右边写为 0。当然，约束等式右边也可写为非 0 的收入 I，并不影响分析和最终结论。

$$x_k[q,\pi(p)] = -\frac{\dfrac{\partial V}{\partial q_k}}{\dfrac{\partial V}{\partial \pi}} \text{①} \qquad (7\text{-}22)$$

记 $\alpha = \dfrac{\partial V}{\partial \pi}$，则有

$$\alpha x_k = -\frac{\partial V}{\partial q_k} \qquad (7\text{-}23)$$

由于 $q_k = p_k^* + t_k$，上式可变为

$$\alpha x_k = -\frac{\partial V}{\partial t_k} \qquad (7\text{-}24)$$

$$= \lambda \frac{\partial \sum\limits_{i=1}^{n} t_i x_i}{\partial t_k}$$

又由于 $\dfrac{\partial(t_k x_k)}{\partial t_k} = x_k + t_k \dfrac{\partial x_k}{\partial t_k}$，上式整理得

$$\alpha x_k = \lambda \left(x_k + \sum_{i=1}^{n} t_i \frac{\partial x_i}{\partial t_k} \right) \qquad (7\text{-}25)$$

$$= \lambda \left(x_k + \sum_{i=1}^{n} t_i \frac{\partial x_i}{\partial q_k} \right)$$

第三步，运用斯拉茨基方程。

由斯拉茨基方程可知

$$\frac{\partial x_i}{\partial q_k} = S_{ik} - x_k \frac{\partial x_i}{\partial \pi} \text{②} \qquad (7\text{-}26)$$

其中，$S_{ik} = \dfrac{\partial x_i^c}{\partial q_k}$，$x_i^c$ 是补偿需求。

将其代入式（7-25）得

$$\sum_{i=1}^{n} t_i S_{ik} = -\left[1 - \frac{\alpha}{\lambda} + \sum_{i=1}^{n} t_i \frac{\partial x_i}{\partial \pi} \right] x_k \qquad (7\text{-}27)$$

---

① 证明：$V(q,\pi)$ 为问题 $\max U(x)$ 的值函数，约束条件为 $qx \leqslant \pi$，先写出拉格朗日函数 $L(x,\lambda) = U(x) + \lambda(\pi - qx)$，由

包络定理可得 $\dfrac{\partial V(q,\pi)}{\partial \pi} = \dfrac{\partial L(x^*,\lambda^*)}{\partial \pi} = \lambda^* \big|_{x=x(q,\pi)}$，$\dfrac{\partial V(q,\pi)}{\partial q} = \dfrac{\partial L(x^*,\lambda^*)}{\partial q} \big|_{x=x(q,\pi)} = -\lambda^* x^*$，联立整理得 $x^* = -\dfrac{\dfrac{\partial V}{\partial q}}{\dfrac{\partial V}{\partial \pi}}$。罗伊恒

等式的含义：商品涨价以后，对消费者进行收入补贴，使得补贴增加的收入正好弥补涨价引起的收入损失，那么，消费者的生活水平（效用水平）保持不变。

② 证明：根据对偶定理可知 $x_i^c(q,U) = x_i(q,e(q,U))$，其中，$x_i^c(q,U)$ 是补偿需求，支出函数 $e(q,U) = \min q \cdot x^c$，

s.t. $U(x^c) \geqslant U_0$。上式两边对 q_k 求导得 $S_{ik} = \dfrac{\partial x_i^c}{\partial q_k} = \dfrac{\partial x_i(q,e(q,U))}{\partial q_k} + \dfrac{\partial x_i(q,e(q,U))}{\partial e(q,U)} \cdot \dfrac{\partial e(q,U)}{\partial q_k}$，由于 $\dfrac{\partial e(q,U)}{\partial q_k} = x_k$，

$e(q,U) = e(q,V(q,\pi)) = \pi$，上式可整理得 $\dfrac{\partial x_i}{\partial q_k} = S_{ik} - x_k \dfrac{\partial x_i}{\partial \pi}$。

记 $\theta = 1 - \dfrac{\alpha}{\lambda} + \displaystyle\sum_{i=1}^{n} t_i \dfrac{\partial x_i}{\partial \pi}$，并且 $S_{ik} = S_{ki}$，则上式变为

$$\sum_{i=1}^{n} t_i S_{ki} = -\theta x_k \qquad (7-28)$$

即

$$\frac{\displaystyle\sum_{i=1}^{n} t_i S_{ki}}{x_k} = -\theta \qquad (7-29)$$

第四步，分析结果。

t_i 既是商品 i 的税率，同时也是商品 i 的价格变化量，所以 $t_i S_{ki} = t_i \dfrac{\partial x_k^c}{\partial q_i}$ 是由于对商品 i 开征税率为 t_i 的商品税后，商品 k 的补偿需求变动量的一阶近似。那么，$\displaystyle\sum_{i=1}^{n} t_i S_{ki}$ 则是由于在最初无税状态开征商品税（引入商品税制后）引起的对商品 k 的补偿需求的全部变化的一种近似。

由 θ 的表达式可以看出其与 k 没有关系，或者说 θ 对于 k 取 $1 \sim n$ 的任何值都是一样的，那么可以得到拉姆齐法则（等比例法则）：最优商品税制应使每种商品的补偿需求均以税前状态的同等比例下降。

2. 逆弹性定理

上述分析的前提假设并没有限制商品之间的供需相关性，如果收紧假设认为各商品拥有独立的供需市场，那么最优商品税的结论又会是怎样的？

这个时候就需要假设课税商品之间不存在交叉价格效应，即 $\dfrac{\partial x_i}{\partial q_k} = 0$（$i \neq k$），则式（7-25）变为

$$\alpha x_k = \lambda \left(x_k + t_k \frac{\partial x_k}{\partial q_k} \right) \qquad (7-30)$$

移项变换得

$$\frac{\alpha - \lambda}{\lambda} x_k = t_k \frac{\partial x_k}{\partial q_k} \qquad (7-31)$$

两边同除以 q_k 并整理得

$$\frac{\dfrac{\alpha - \lambda}{\lambda}}{\dfrac{\partial x_k}{x_k} \Big/ \dfrac{\partial q_k}{q_k}} = \frac{t_k}{q_k} \qquad (7-32)$$

即

$$\frac{t_k}{q_k} = \frac{\alpha - \lambda}{\lambda} \cdot \frac{1}{\varepsilon_k^d} \qquad (7-33)$$

由此可以得出逆弹性定理：如果课税商品之间不存在交叉价格效应，那么最优商品税制下的商品税税率应与对应商品的需求弹性成反比。

可以看到，逆弹性定理其实是拉姆齐法则的特例情况，当各课税商品拥有独立的供需市场，即它们之间交叉价格效应为零时，拉姆齐法则的结论便是逆弹性定理。逆弹性定理的经济含义是对需求弹性高的商品课征低税率，对需求弹性低的商品课征高税率，一般而言，奢侈品是需求弹性高的商品，生活必需品是需求弹性低的商品，那么对奢侈品课征低税率、对生活必需品课征高税率显然不符合公平原则。但是这一理解的潜在认识是收入高的消费者会消费奢侈品，收入低的消费者其生活必需品的消费占比较大，然而最优商品税理论得到的逆弹性定理是基于单消费者经济的前提假设，并不存在收入高低的对比，况且还有课税商品间交叉价格效应为零的严格假设。当把单消费者经济扩展到多消费者经济，再来看最优商品税理论所得到的结论，就比较符合我们对公平的认知了。

7.3 多消费者经济的最优商品税

多消费者经济的最优商品税理论是在单消费者经济基础上进行拓展，分析思路一致，只是多消费者经济的社会福利函数与每个消费者的福利均有关，假设有 H 个消费者，社会福利最大化的值函数为

$$V(q) = \max W\left[U^1\left(x^1(q)\right), U^2\left(x^2(q)\right), \cdots, U^H\left(x^H(q)\right)\right] \tag{7-34}$$

各消费者的间接效用函数为 $V^h\left(q, \pi^h(p)\right) = \max U^h$，则多消费者经济的最优商品税问题可以归纳为

$$\max_{p,q} W\left[V^1\left(q, \pi^1(p)\right), V^2\left(q, \pi^2(p)\right), \cdots, V^H\left(q, \pi^H(p)\right)\right] \tag{7-35}$$

$$\text{s.t.} \sum_{h=1}^{H} x_i^h\left(q, \pi^h(p)\right) = y_i(p), \ i = 0, 1, \cdots, n \tag{7-36}$$

$$\sum_{i=0}^{n} \sum_{h=1}^{H} t_i x_i^h = R \tag{7-37}$$

其中，h 对应消费者；i 对应商品；R 为政府要通过商品税所筹集的税收收入额度。在规模报酬不变的生产技术假设下，根据单一消费者经济中的分析方法，上述问题可简化为

$$\max_{t_1, \cdots, t_n} W\left[V^1(q), V^2(q), \cdots, V^H(q)\right] \tag{7-38}$$

$$\text{s.t.} \sum_{i=1}^{n} \sum_{h=1}^{H} t_i x_i^h = R \tag{7-39}$$

下面进行多消费者经济的最优商品税问题求解。

第一步，写出拉格朗日函数及一阶优化条件

$$L(t, \lambda) = W\left[V^1(q), V^2(q), \cdots, V^H(q)\right] + \lambda \left(\sum_{i=1}^{n} \sum_{h=1}^{H} t_i x_i^h - R \right) \tag{7-40}$$

由包络定理可知，这里的拉格朗日乘子 λ 表示政府收入增加一个单位，社会福利最大值减少多少个单位。接着写出一阶优化条件

$$\frac{\partial L}{\partial t_k} = \sum_{h=1}^{H} \frac{\partial W}{\partial V^h} \cdot \frac{\partial V^h}{\partial t_k} + \lambda \frac{\partial \left(\sum_{i=1}^{n} \sum_{h=1}^{H} t_i x_i^h \right)}{\partial t_k} = 0, k = 1, 2, \cdots, n \qquad (7\text{-}41)$$

第二步，运用罗伊恒等式可得

$$\frac{\partial V^h}{\partial q_k} = -\frac{\partial V^h}{\partial I^h} \cdot x_k^h = -\alpha^h x_k^h \qquad (7\text{-}42)$$

其中，$\alpha^h = \frac{\partial V^h}{\partial I^h}$ 表示消费者 h 的收入边际效用。

由于 $\frac{\partial V^h}{\partial q_k} = \frac{\partial V^h}{\partial t_k}$，则有

$$\sum_{h=1}^{H} \frac{\partial W}{\partial V^h} \cdot \frac{\partial V^h}{\partial t_k} = -\sum_{h=1}^{H} \frac{\partial W}{\partial V^h} \alpha^h x_k^h \qquad (7\text{-}43)$$

记 $\beta^h = \frac{\partial W}{\partial V^h} \alpha^h = \frac{\partial W}{\partial V^h} \cdot \frac{\partial V^h}{\partial I^h}$，$\beta^h$ 可以理解为消费者 h 收入的边际增加所引起的社会福利的增加，即消费者 h 的收入社会边际效用。一阶优化条件式（7-41）可以变换为

$$\sum_{h=1}^{H} \beta^h x_k^h = \lambda \frac{\partial \left(\sum_{i=1}^{n} \sum_{h=1}^{H} t_i x_i^h \right)}{\partial t_k} \qquad (7\text{-}44)$$

其中，

$$\frac{\partial \left(\sum_{i=1}^{n} \sum_{h=1}^{H} t_i x_i^h \right)}{\partial t_k} = \frac{\partial \left(t_k \sum_{h=1}^{H} x_k^h + \sum_{\substack{i=1 \\ i \neq k}}^{n} \sum_{h=1}^{H} t_i x_i^h \right)}{\partial t_k} \qquad (7\text{-}45)$$

$$= \sum_{h=1}^{H} x_k^h + t_k \sum_{h=1}^{H} \frac{\partial x_k^h}{\partial t_k} + \sum_{\substack{i=1 \\ i \neq k}}^{n} \sum_{h=1}^{H} t_i \frac{x_i^h}{\partial t_k}$$

将式（7-45）代入式（7-44）得

$$\sum_{h=1}^{H} \beta^h x_k^h = \lambda \left[\sum_{h=1}^{H} x_k^h + \sum_{i=1}^{n} \sum_{h=1}^{H} t_i \frac{\partial x_i^h}{\partial q_k} \right] \qquad (7\text{-}46)$$

第三步，由斯拉茨基方程可知 $\frac{\partial x_i^h}{\partial q_k} = S_{ik}^h - x_k^h \frac{\partial x_i^h}{\partial \pi^h}$，代入上式得

$$\frac{\sum_{i=1}^{n} \sum_{h=1}^{H} t_i S_{ki}^h}{\sum_{h=1}^{H} x_k^h} = \frac{1}{\lambda} \cdot \frac{\sum_{h=1}^{H} \beta^h x_k^h}{\sum_{h=1}^{H} x_k^h} - 1 + \frac{\sum_{h=1}^{H} \left(\sum_{i=1}^{n} t_i \frac{\partial x_i^h}{\partial \pi^h} \right) x_k^h}{\sum_{h=1}^{H} x_k^h} \qquad (7\text{-}47)$$

上式左边项代表了由于征税所引起的商品 k 的总补偿需求的变化比率，右边项里

的 $\sum_{i=1}^{n} t_i \dfrac{\partial x_i^h}{\partial \pi^h}$ 等价于 $\dfrac{\partial T^h}{\partial \pi^h}$，因为 $T^h = \sum_{i=1}^{n} t_i x_i^h$，$\dfrac{\partial T^h}{\partial \pi^h}$ 表示消费者 h 的收入 π^h 的边际变化对其纳税额的影响，其值越大表明消费者的边际消费倾向越大，边际消费倾向较大的消费者往往收入较低。那么，式（7-47）则表示 β 较高的消费者和边际消费倾向较大的消费者其所消费占比较多的商品，补偿需求减少的比例应该较低，这体现了公平原则。

式（7-47）还可以进一步整理为另外一种形式：

定义商品 k 的平均消费量为 $\bar{x}_k$，则

$$\bar{x}_k = \frac{\sum_{h=1}^{H} x_k^h}{H}$$

定义消费者收入的净社会边际收益 $b^h = \dfrac{\beta^h}{\lambda} + \sum_{i=1}^{n} t_i \dfrac{\partial x_i^h}{\partial \pi^h}$，$b^h$ 由社会收益来衡量，其意义在于度量政府向消费者 h 转移一单位收入，并考虑对这个额外一单位的收入征收边际税以后的利益。具体而言，政府向消费者进行转移性支出，消费者收入增加、效用提升，从而提高了社会福利水平，$\dfrac{\beta^h}{\lambda}$ 表示提高的社会福利水平折算成政府收入的变量单位是增加了多少，$\sum_{i=1}^{n} t_i \dfrac{\partial x_i^h}{\partial \pi^h}$ 表示消费者 h 收入增加带来的消费增加使得政府课税收入增加多少，两者相加便是净的社会收益增量。

由此可得

$$
\begin{aligned}
\frac{\sum_{i=1}^{n}\sum_{h=1}^{H} t_i S_{ki}^h}{\sum_{h=1}^{H} x_k^h} &= \frac{1}{\lambda} \cdot \frac{\sum_{h=1}^{H} \beta^h x_k^h}{\sum_{h=1}^{H} x_k^h} - 1 + \frac{\sum_{h=1}^{H}\left(\sum_{i=1}^{n} t_i \dfrac{\partial x_i^h}{\partial \pi^h}\right) x_k^h}{\sum_{h=1}^{H} x_k^h} \\[2mm]
&= -1 + \frac{\sum_{h=1}^{H} \dfrac{\beta^h}{\lambda} x_k^h}{H\bar{x}_k} + \frac{\sum_{h=1}^{H} x_k^h\left(\sum_{i=1}^{n} t_i \dfrac{\partial X_i^h}{\partial \pi^h}\right)}{H\bar{x}_k} \\[2mm]
&= -1 + \frac{\sum_{h=1}^{H}\left[\dfrac{\beta^h}{\lambda} x_k^h + x_k^h\left(\sum_{i=1}^{n} t_i \dfrac{\partial X_i^h}{\partial \pi^h}\right)\right]}{H\bar{x}_k} \\[2mm]
&= -1 + \frac{\sum_{h=1}^{H}\left[\left(\dfrac{\beta^h}{\lambda} + \sum_{i=1}^{n} t_i \dfrac{\partial X_i^h}{\partial \pi^h}\right) x_k^h\right]}{H\bar{x}_k} \\[2mm]
&= -\left(1 - \frac{\sum_{h=1}^{H} b^h x_k^h}{H\bar{x}_k}\right)
\end{aligned}
\tag{7-48}
$$

由此可见，政府课征商品税所引起的商品 k 的补偿需求变化幅度与 b^h、$\dfrac{x_k^h}{\overline{x}_k}$ 逆相关。具体而言，收入越低的消费者其收入的净社会边际收益越高，即 b^h 越大，那么上式的结论告诉我们，消费越集中于低收入消费者的商品（$\dfrac{x_k^h}{\overline{x}_k}$ 值较大），所受到的税收抑制应该越少（补偿需求的下降比例应该越小），如果将结论进一步延伸，可以说收入低的消费者应纳更低的商品税。

本章小结

1. 最优税收理论中的"最优"概念与福利经济学中的"最优"概念不同，它其实是一种"次优原则"，即论证在市场存在失灵的既定条件下，如何建立起使这些失灵损失达到最小的优化条件。

2. 拉姆齐（Ramsey）在单一消费者经济的假设下推导出等比例法则：最优商品税制应使每种商品的补偿需求均以税前状态的同等比例下降。

3. 假设课税商品之间交叉价格效应为零，等比例法则可推导出逆弹性定理，即如果课税商品之间不存在交叉价格效应，那么最优商品税制下的商品税税率应与对应商品的需求弹性成反比。

4. 多消费者最优商品税模型的结论告诉我们，低收入消费者对其所偏好商品的消费应受到更小的税收抑制，进一步延伸而言，收入低的消费者应纳更低的商品税。

思考题

1. 什么是最优税收理论？最优税收是否让经济达到了帕累托最优状态？

2. 什么是拉姆齐法则和逆弹性定理？它们之间有怎样的联系？现实中的商品税制是否应该按照逆弹性定理来设计和实施？

3. 多消费者经济的最优商品税理论得到了怎样的结论？其和单一消费者经济的最优商品税理论相比，体现出了什么税收原则？

本章阅读与参考文献

[1] 毛程连. 中高级公共经济学[M]. 上海：复旦大学出版社，2006.

[2] RAMSEY F P. A Contribution to the Theory of Taxation[J]. The Economic Journal, 1927(37): 47-61.

[3] DIAMOND P A, MIRRLEES J A. Optimal Taxation and Public Production I: Production Efficiency[J]. The American Economic Review, 1971, 61(1): 8-27.

[4] DIAMOND P A, MIRRLEES J A. Optimal Taxation and Public Production II: Tax Rules[J]. The American Economic Review, 1971, 61(3): 261-278.

第 8 章 最优所得税

学习目标

▶▶ 了解最优所得税理论的思想；

▶▶ 了解最优线性所得税理论的推导及结论；

▶▶ 了解最优非线性所得税理论分析的结论及现实含义。

本章所讨论的是最优个人所得税，关于个人所得税对经济的影响有两种对抗性的观点：一种观点认为个人所得税是为满足公平目标而有效地实施再分配的手段；另一种观点则认为个人所得税的课征是对工作努力和企业家精神的一种主要抑制因素，从而降低了经济效率。最优所得税理论将说明这些对抗性的观点如何影响最优税收的设计，以及如何解决这些对抗性取舍关系。简单来说，最优个人所得税的设计是围绕公平和效率所展开的追求社会福利最大化的过程。

莫里斯（Mirrlees，1971）[①]开创了公平与效率兼顾的最优所得税的正式分析。首先，他假定经济自身会产生一种不公平的收入分配结果，从而在所得税模型中引入公平因素；其次，他假定所得税必然影响消费者的劳动供给，从而在所得税模型中引入效率因素；最后，他假定经济具有足够的灵活性，从而经济对决定最优所得税结构的最优税收函数不具有任何约束。莫里斯的研究认为，为了兼顾公平和效率，最优所得税的税制设计应达到这样一点，即所得税使更多的公平所增加的好处恰好等于更大的非效率所增加的代价。

最优所得税理论分为最优线性所得税和最优非线性所得税，区别在于考察的边际税率是固定的还是可变的。研究假设是经济由不同劳动能力水平的消费者组成，劳动能力水平以 w 表示，并假设消费者的分布是连续的，w 的累积分布函数为 $F(w)$，w 的分布密度函数为 $f(w)=\mathrm{d}F(w)/\mathrm{d}w$。经济中仅有两种商品：消费品 x 和劳动 l，其中，$0 \leqslant l \leqslant 1$，$x \geqslant 0$。消费者享用消费品 x 和闲暇时光（$1-l$），效用函数为 $U=U(x,l)$，$U_x>0$，$U_l<0$，$U_{xx}<0$，$U_l<0$。劳动 l 是 w 的函数，税前所得 $z(w)=w \cdot l(w)$，所得税函数为 $T(z(w))$，消费者的消费和所得之间的关系为 $x(w)=z(w)-T(z(w))$。对于线性所得税而言，T 是关于 z 的线性函数；对于非线性所得税而言，T 是关于 z 的非线性函数。下面分别对最优线性所得税和最优非线性所得税进行分析。[②]

---

① MIRRLEES J A. An Exploration in the Theory of Optimum Income Taxation[J]. The Review of Economic Studies, 1971, 38(2): 175-208.

② 最优所得税的介绍主要参考 Mirrlees（1971）、毛程连（2006）进行编写。

8.1　最优线性所得税

线性所得税的边际税率是固定不变的，可以记为 t，最优线性所得税的设计目标是政府在通过线性所得税筹集到固定收入的约束下，使得社会福利最大化。

1. 模型

$$\max_{\pi,t} \int_0^\infty \psi\{U[x(w),l(w)]\}f(w)\mathrm{d}w \tag{8-1}$$

$$\int_0^\infty twl(w)f(w)\mathrm{d}w = R_0 + \pi \tag{8-2}$$

其中，$\psi(\cdot)$ 为消费者效用与社会福利函数的关系函数；R_0 为政府所需要的固定税额；π 为政府对消费者的一次性转移性支出。

2. 求解

首先，建立拉格朗日函数

$$L(\pi,t,\lambda) = \int_0^\infty [\psi(U) + \lambda(twl - \pi - R_0)]f(w)\mathrm{d}w \tag{8-3}$$

其次，写出一阶优化条件

$$\frac{\partial L(\pi,t,\lambda)}{\partial \pi} = \int_0^\infty \left[\psi'\frac{\partial U}{\partial \pi} + \lambda\left(tw\frac{\partial l}{\partial \pi} - 1\right)\right]f(w)\mathrm{d}w = 0 \tag{8-4}$$

$$\frac{\partial L(\pi,t,\lambda)}{\partial t} = \int_0^\infty \left[\psi'\frac{\partial U}{\partial t} + \lambda\left(wl + tw\frac{\partial l}{\partial t}\right)\right]f(w)\mathrm{d}w = 0 \tag{8-5}$$

由斯拉茨基方程可得

$$\frac{\partial l}{\partial[-w(1-t)]} = \frac{\partial l^h}{\partial[-w(1-t)]} - l\frac{\partial l}{\partial M} \tag{8-6}$$

即

$$\frac{\partial l}{\partial[w(1-t)]} = \frac{\partial l^h}{\partial[w(1-t)]} + l\frac{\partial l}{\partial M} \tag{8-7}$$

将 l 看成是关于 $w(1-t)$ 的函数进行变换，并将式（8-7）代入得到

$$\frac{\partial l}{\partial t} = -w\frac{\partial l}{\partial[w(1-t)]} = -wS_{ll} - wl\frac{\partial l}{\partial M} \tag{8-8}$$

其中，$S_{ll} = \dfrac{\partial l^h}{\partial[w(1-t)]}$ 表示劳动对边际净工资的补偿效应；$\dfrac{\partial l}{\partial M}$ 表示收入变动对劳动的影响。

由消费者效用最大化问题的求解可得[①]

---

① 消费者效用最大化问题为：$\max U(x,l)$，s.t. $x \le (1-t)wl + \pi$。对于上述问题的求解，首先建立拉格朗日函数：$L(x,l,\lambda) = U(x,l) + \lambda[(1-t)wl + \pi - x]$，其次写出一阶优化条件：$\dfrac{\partial L}{\partial \pi} = \dfrac{\partial U}{\partial \pi} + \lambda = 0$，$\dfrac{\partial L}{\partial t} = \dfrac{\partial U}{\partial t} - \lambda wl = 0$，记 $a = \dfrac{\partial U}{\partial \pi}$，最后联立一阶优化条件可得：$\dfrac{\partial U}{\partial t} = -awl$。另外，由于 $M = wl(1-t) + \pi$，可记 $a = \dfrac{\partial U}{\partial M}$，因为 π 的一个单位的变动必定带来 M 的一个单位的变动，所以 $\dfrac{\partial U}{\partial \pi}$ 可被替换为 $\dfrac{\partial U}{\partial M}$，但反过来不一定成立，$M$ 的变动可能是 t 的变动引起的。

$$\frac{\partial U}{\partial t} = -awl \tag{8-9}$$

其中，记 $a = \dfrac{\partial U}{\partial \pi}$。

将式（8-8）、式（8-9）代入式（8-4）、式（8-5）整理得

$$\int_0^\infty \left(\psi' \frac{a}{\lambda} + tw\frac{\partial l}{\partial M} - 1 \right) f(w)\mathrm{d}w = 0 \tag{8-10}$$

$$\int_0^\infty wl \left(\psi' \frac{a}{\lambda} + tw\frac{\partial l}{\partial M} + tw\frac{S_{ll}}{l} - 1 \right) f(w)\mathrm{d}w = 0 \tag{8-11}$$

记 $b = \psi' \dfrac{a}{\lambda} + tw\dfrac{\partial l}{\partial M}$，则 b 为消费者收入的净社会边际收益。前一项表示消费者增加一单位收入，带来了消费者效用的增加，从而提高了 $\psi'a$ 个单位的社会福利，换算成相当于全社会获得了多少收益，就要除以政府收入对于社会福利的影子价格 λ，即 $\psi' \dfrac{a}{\lambda}$。后一项表示消费者收入增加所导致的劳动供给减少，从而引起的所得税减少。

由此式（8-10）、式（8-11）可变形为

$$\int_0^\infty bf(w)\mathrm{d}w = 1 \tag{8-12}$$

$$\int_0^\infty wl(b-1)f(w)\mathrm{d}w = -\int_0^\infty wltw\frac{S_{ll}}{l}f(w)\mathrm{d}w \tag{8-13}$$

由于 $\overline{b} = E(b) = \displaystyle\int_0^\infty bf(w)\mathrm{d}w$，则式（8-12）变为

$$\overline{b} = 1 \tag{8-14}$$

同时，对式（8-13）进行变换可得

$$t = -\frac{\displaystyle\int_0^\infty wl(b-1)f(w)\mathrm{d}w}{\displaystyle\int_0^\infty wl \cdot w\frac{S_{ll}}{l}f(w)\mathrm{d}w} \tag{8-15}$$

已知劳动对净工资的补偿弹性 $\varepsilon_{ll} = \dfrac{\dfrac{\partial l^h}{l}}{\dfrac{\partial\left[w(1-t)\right]}{w(1-t)}} = \dfrac{S_{ll}w(1-t)}{l}$，将其联立式（8-15）

整理得

$$\frac{t}{1-t} = -\frac{\displaystyle\int_0^\infty z\left(b-\overline{b}\right)f(w)\mathrm{d}w}{\displaystyle\int_0^\infty z\varepsilon_{ll}f(w)\mathrm{d}w} \tag{8-16}$$

其中，$z = wl$。

由于

$$\text{cov}(b,z) = \int_0^\infty (z-\overline{z})(b-\overline{b})f(w)\mathrm{d}w$$

$$= \int_0^\infty z(b-\overline{b})f(w)\mathrm{d}w - \int_0^\infty \overline{z}(b-\overline{b})f(w)\mathrm{d}w$$

$$= \int_0^\infty z(b-\overline{b})f(w)\mathrm{d}w - \overline{z}(\overline{b}-\overline{b}) \qquad (8\text{-}17)$$

$$= \int_0^\infty z(b-\overline{b})f(w)\mathrm{d}w$$

则式（8-16）可变为

$$\frac{t}{1-t} = -\frac{\text{cov}(b,z)}{\int_0^\infty z\varepsilon_{ll}f(w)\mathrm{d}w} \qquad (8\text{-}18)$$

3. 结论分析

1）分析式（8-14）

$\overline{b}=1$ 表示在最优线性所得税的税制下，政府增加消费者一单位收入（通过增加一次性转移性支出达到，所以这是政府付出的成本）所增加的净社会边际收益，平均来看，也要等于一单位（政府所期望的社会收益）。

2）分析式（8-18）

由 $S_{ll} = \dfrac{\partial l^h}{\partial[w(1-t)]} > 0$ 可知 $\varepsilon_{ll} > 0$，则式（8-18）右侧式子的分母大于 0。然后判断其分子的符号，一般可以认为 $\dfrac{\partial b}{\partial w} < 0$，这意味着政府对收入低的消费者补贴一元钱所带来的净社会边际收益，要大于对收入高的消费者同样补贴一元钱所带来的净社会边际收益，这一论断比较符合现实。其实由定义 $b = \psi' \dfrac{a}{\lambda} + tw\dfrac{\partial l}{\partial M}$ 也可以得到 $\dfrac{\partial b}{\partial w} < 0$ 的结论。同时再结合 $z'(w) > 0$ 的结论[①]便可以推知 z 和 b 负相关，从而可得 $\text{cov}(b,z) < 0$。

确定了分子、分母的符号后，便可得知式（8-18）右侧的式子大于 0，也即 $\dfrac{t}{1-t} > 0$，解不等式得 $0 < t < 1$。而 t 的具体值取决于 $\text{cov}(b,z)$ 和 $\int_0^\infty z\varepsilon_{ll}f(w)\mathrm{d}w$ 的值，由前述分析可知 $\text{cov}(b,z)$ 是对公平的度量，$\int_0^\infty z\varepsilon_{ll}f(w)\mathrm{d}w$（收入变化对劳动供给的补偿效应）是对效率的度量，那么最优边际税率的确定取决于政府在公平与效率之间的权衡[②]。

8.2 最优非线性所得税

最优非线性所得税和最优线性所得税的目标一样，都是使得社会福利最大化，面

[①] $z'(w) > 0$ 是消费者自选择约束的二阶条件，在最优非线性所得税部分有详细证明。

[②] 从公平角度来看，收入越高的消费者，$|\text{cov}(b,z)|$ 的值越大，则由式（8-18）可得其边际税率 t 越大。从效率角度来看，如果消费者收入提高，促使 $\int_0^\infty z\varepsilon_{ll}f(w)\mathrm{d}w$ 的值增加，则由式（8-18）可得其边际税率 t 变小。换言之，从公平出发确定的边际税率应与收入水平正相关（收入越高，t 越大），从效率出发确定的边际税率应与收入水平负相关（收入越高，t 越小），两者共同作用确定了最优线性所得税的边际税率。

临的约束包括消费者效用最大化、厂商利润最大化、政府预算约束。后两者较易处理，这里仍保留与最优商品税理论里一样关于生产者价格不变和厂商利润为零的假定，同时，政府预算约束条件也可以用一个简洁的代数关系等式刻画，而消费者效用最大化比起最优线性所得税要复杂一些。在线性所得税模型中，消费者效用函数为凹函数，消费者预算约束线是线性的，则预算约束集是凸集，这样可以保证消费者效用最大化有解且有唯一解。非线性所得税的边际税率不是固定的，消费者预算约束线不是线性的，预算约束集有可能不是凸集，那么就难以保证最优化问题有解，因此需要确定一些基本问题和进行一些合理假设，才能保证非线性所得税模型中的消费者效用最大化问题存在唯一解，进而分析最优非线性所得税理论。

8.1 节已经假设消费者效用函数为 $U=U(x, l)$，因此可以在 (x, l) 坐标系上画出不同劳动能力水平消费者的无差异曲线，但为了便于后面的分析，我们将 (x, l) 坐标系和 (x, z) 坐标系之间进行转换，效用函数在两个坐标系中的转换关系为：$U(x, l) = U\left(x, \dfrac{z}{w}\right) = u(x, z, w)$。

1. 基本问题

1）自选择约束

自选择约束指的是每位消费者都能找到使得自己效用最大的消费和所得的组合，且任何其他组合的效用均不会大于这个组合所达到的效用。也就是说，对于任何 w_k、w_h，若有 $u\left[x(w_k), z(w_k), w_k\right] \geqslant u\left[x(w_h), z(w_h), w_k\right]$（其中，$x(w_h)$ 和 $z(w_h)$ 是使得消费者 h 效用最大化的消费和所得的组合），则消费者满足自选择约束。

这一约束条件既符合效用函数的一般假设，又保证了消费者效用最大化问题有解。然而，由于集合中的任何消费者其最大化效用的消费和收入组合都不差于其他任何消费和收入的组合，上面的不等式描述其实是无数个约束条件，因此难以将其构建在最优非线性所得税模型中求解，我们需要将上述自选择约束条件转换成一种简洁的替代性约束条件。这个替代性的约束性条件就是

$$U'(w) = -U_l \frac{l(w)}{w} \tag{8-19}$$

$$z'(w) > 0 \tag{8-20}$$

下面证明这一转换是如何得到的。

根据自选择约束的定义，对于任何 w_k、w（其中，w 为消费者能力水平集合中的任意一个消费者能力），都有

$$U\left[x(w_k), l(w_k)\right] \geqslant U\left[x(w), \frac{z(w)}{w_k}\right] \tag{8-21}$$

这意味着由 w_k、w 构成的函数 $\phi(w_k) = U\left[x(w_k), l(w_k)\right] - U\left[x(w), \dfrac{z(w)}{w_k}\right]$ 有最小值 0。

同时，最小化问题 $\min\limits_{w_k} \phi(w_k)$ 的一阶优化条件为 $\phi'(w_k) = 0$，即

$$\frac{\mathrm{d}U}{\mathrm{d}w_k} - \frac{\partial U\left[x(w), \dfrac{z(w)}{w_k}\right]}{\partial w_k} = U'(w_k) + U_l \frac{z(w)}{w_k^2} = 0 \tag{8-22}$$

其二阶优化条件为 $\phi''(w_k) > 0$，即

$$\frac{\mathrm{d}^2 U}{\mathrm{d}w_k^2} - \frac{\partial^2 U\left[x(w), \frac{z(w)}{w_k}\right]}{\partial w_k^2} = U''(w_k) - \frac{z(w)^2}{w_k^4}U_{ll} - \frac{2z(w)}{w_k^3}U_l > 0 \tag{8-23}$$

当 $w_k = w$ 时，函数 $\phi(w_k)$ 有最小值，即 $\phi(w) = 0$，从而 w 分别满足上述一阶优化条件和二阶优化条件。

一阶优化条件 $\phi'(w) = 0$，即

$$U'(w) + U_l \frac{z(w)}{w^2} = 0 \tag{8-24}$$

变换整理得

$$U'(w) = -U_l \frac{z(w)}{w^2} = U_l \frac{l(w)}{w} \tag{8-25}$$

从而自选择约束替代性表述的式（8-19）得证。

二阶优化条件 $\phi''(w) > 0$，即

$$U''(w) - \frac{l(w)^2}{w^2}U_{ll} - \frac{2l(w)}{w^2}U_l > 0 \tag{8-26}$$

式（8-25）两边同时对 w 进行求导得

$$U''(w) = -\frac{z(w)}{w^2}U_{lx}x'(w) - \frac{z(w)}{w^2}U_{ll}l'(w) - \left[\frac{z'(w)}{w^2} - \frac{2z(w)}{w^3}\right]U_l \tag{8-27}$$

将式（8-27）代入式（8-26）得

$$-\frac{z(w)}{w^2}U_{lx}x'(w) - U_{ll}\left[\frac{l(w)^2}{w^2} + \frac{z(w)}{w^2}l'(w)\right] - \frac{z'(w)}{w^2}U_l > 0 \tag{8-28}$$

由于上式中的

$$\frac{l(w)^2}{w^2} + \frac{z(w)}{w^2}l'(w) = \frac{wl(w)^2}{w^3} + \frac{z(w)}{w^3}wl'(w)$$

$$= \frac{z(w)}{w^3}l(w) + \frac{z(w)}{w^3}wl'(w) \tag{8-29}$$

$$= \frac{z(w)}{w^3}z'(w)$$

则式（8-28）变为

$$-\frac{z(w)}{w^2}U_{lx}x'(w) - \frac{z(w)}{w^3}U_{ll}z'(w) - \frac{z'(w)}{w^2}U_l > 0 \tag{8-30}$$

再次根据自选择约束的定义，可定义最大化问题

$$\max_{w_k} U\left[x(w_k), \frac{z(w_k)}{w}\right] \tag{8-31}$$

一阶优化条件为

$$U_x x'(w_k) + U_l \frac{z'(w_k)}{w} = 0 \tag{8-32}$$

当 $w_k = w$ 时，目标函数取得最大值，一阶优化条件变为

$$U_x x'(w) + U_l \frac{z'(w)}{w} = 0 \tag{8-33}$$

则有

$$x'(w) = -\frac{U_l}{U_x} \cdot \frac{z'(w)}{w} \tag{8-34}$$

将式（8-34）代入式（8-28）可得

$$\frac{z(w)}{w^3} \cdot \frac{U_l U_{lx}}{U_x} z'(w) - \frac{z(w)}{w^3} U_{ll} z'(w) - \frac{z'(w)}{w^2} U_l > 0 \tag{8-35}$$

整理得

$$\frac{U_x}{w^2} \left[\frac{l(w) U_l U_{lx}}{U_x^2} - \frac{l(w) U_{ll}}{U_x} - \frac{U_l}{U_x} \right] z'(w) > 0 \tag{8-36}$$

由上式可知，为了得到自选择约束替代性表述的第二式，只需确认式（8-36）中 $\dfrac{l(w) U_l U_{lx}}{U_x^2} - \dfrac{l(w) U_{ll}}{U_x} - \dfrac{U_l}{U_x}$ 的符号。

由于

$$U(x, l(w)) = U\left(x, \frac{z(w)}{w}\right) = u(x, z, w) \tag{8-37}$$

则有

$$-\frac{u_z}{u_x} = -\frac{U_l \cdot \frac{1}{w}}{U_x} = -\frac{U_l\left(x, \frac{z}{w}\right)}{w U_x\left(x, \frac{z}{w}\right)} \tag{8-38}$$

那么

$$\frac{\partial\left(-\dfrac{u_z}{u_x}\right)}{\partial w} = \frac{\partial\left[-\dfrac{U_l\left(x, \frac{z}{w}\right)}{w U_x\left(x, \frac{z}{w}\right)}\right]}{\partial w}$$

$$= w^{-2} U_l U_x^{-1} + w^{-1} U_x^{-1} U_{ll} z w^{-2} - w^{-1} U_l U_x^{-2} U_{xl} z w^{-2} \tag{8-39}$$

$$= -\frac{1}{w^2}\left[\frac{l U_l U_{lx}}{U_x^2} - \frac{l U_{ll}}{U_x} - \frac{U_l}{U_x}\right]$$

根据主体单调性[①] $\dfrac{\partial\left(-\dfrac{u_z}{u_x}\right)}{\partial w} < 0$ 和式（8-39）可知 $\dfrac{l U_l U_{lx}}{U_x^2} - \dfrac{l U_{ll}}{U_x} - \dfrac{U_l}{U_x} > 0$，再结合式（8-36）可得 $z'(w) > 0$，从而自选择约束替代性表述的式（8-20）得证。

[①] 主体单调性在自选择约束之后介绍。因为自选择约束保证了消费者效用最大化有解，主体单调性保证了消费者效用最大化的解是唯一的，所以基于"有解且唯一"的数学求解逻辑先介绍自选择约束，再介绍主体单调性。

2）主体单调性

主体单调性是指在满足消费者效用函数为凹函数、消费者边际消费倾向递减的一般假设下，在(x,z)坐标系上的消费者效用无差异曲线的斜率是消费者劳动能力水平 w 的减函数，即

$$\frac{\partial\left(\dfrac{\mathrm{d}x}{\mathrm{d}z}\right)}{\partial w} < 0 \tag{8-40}$$

由此可得[①]

$$\frac{\partial\left(-\dfrac{U_z}{U_x}\right)}{\partial w} < 0 \tag{8-41}$$

主体单调性的最直观的意义在于，任意两个不同劳动能力水平的消费者的无差异曲线在(x, z)坐标系里只会相交一次。这一特性保证了消费者效用最大化问题具有唯一解。

2. 模型

确定了最优化的目标函数和面临的约束条件，即可以写出最优非线性所得税的模型，关于自选择约束这里只用第一式进行替代，这一处理方式在特定假设下是合理的（Mirrlees，1971）[②]，并可以使求解过程进一步简化。因此，最优非线性所得税模型刻画为

$$\max \int_{w_L}^{w_T} \psi\{U[x(w), l(w)]\} f(w)\mathrm{d}w \tag{8-42}$$

$$\text{s.t.} \int_{w_L}^{w_T} [wl(w) - x(w)] f(w)\mathrm{d}w = R_0 \tag{8-43}$$

$$U'(w) = -U_l \frac{l(w)}{w} \tag{8-44}$$

其中，w_L 为最低劳动能力水平；w_T 为最高劳动能力水平；R_0 为政府所需要的固定税额。

3. 求解

模型的约束条件还涉及微分方程，因此运用最优控制理论来求解。首先，需要将模型中的积分约束进行变换，令 $Q(w) = \int_{w_L}^{w} (wl - x) f(w)\mathrm{d}w$，则积分约束可改写为 $Q'(w) = (wl - x) f(w)\mathrm{d}w$。

然后，在新的约束条件形式下写出原模型为

$$\max \int_{w_L}^{w_T} \psi\{U[x(w), l(w)]\} f(w)\mathrm{d}w \tag{8-45}$$

[①] 在(x,z)坐标系中，对于确定的一条无差异曲线 U_0，其上的(x,z)点组合的效用是不变的，即 $\mathrm{d}U_0 = 0$，则有 $\mathrm{d}U_0 = \frac{\partial U}{\partial x}\mathrm{d}x + \frac{\partial U}{\partial z}\mathrm{d}z = 0$，所以 $\frac{\mathrm{d}x}{\mathrm{d}z} = -\frac{U_z}{U_x}$。

[②] MIRRLEES J A. An Exploration in the Theory of Optimum Income Taxation[J]. The Review of Economic Studies, 1971, 38(2): 175-208. 另外，阿特金森（Atkinson）和斯蒂格利茨（Stiglitz）在他们的著作 Lectures on Public Economics（1980）中也运用了这一处理方式。

$$\text{s.t. } Q'(w) = (wl - x)f(w) \tag{8-46}$$

$$U'(w) = -U_l \frac{l(w)}{w} \tag{8-47}$$

$$Q(w_L) = 0, \quad Q(w_T) = R_0 \tag{8-48}$$

下面开始运用最优控制理论求解模型。

首先，构建汉密尔顿函数

$$H(w,U,Q,l,\lambda,\theta) = \psi(U)f(w) + \lambda\left[-U_l \frac{l(w)}{w}\right] + \theta[wl(w) - x(w)]f(w) \tag{8-49}$$

λ 表示增加一个单位个人效用，相应增加 λ 单位的社会福利水平。θ 表示增加一个单位税收收入，相应增加 θ 单位的社会福利水平（若 θ 为负数，则意味着减少社会福利水平）。

其次，写出最优化条件

$$\frac{\partial H(w,U^*,Q^*,l^*,\lambda^*,\theta^*)}{\partial l} = \psi'(U)\left[U_x \frac{\partial x}{\partial l} + U_l\right]f(w) - \lambda\left[\frac{lU_{ll} + U_l}{w}\right]$$
$$+ \theta\left(w - \frac{\partial x}{\partial l}\right)f(w) = 0 \tag{8-50}$$

$$\frac{\mathrm{d}\lambda^*}{\mathrm{d}w} = -\frac{\partial H}{\partial U} = -\psi'(U)f(w) + \lambda \frac{l}{w}U_{lx}\frac{\partial x}{\partial U} + \theta\frac{\partial x}{\partial U}f(w) \tag{8-51}$$

$$\frac{\mathrm{d}\theta^*}{\mathrm{d}w} = -\frac{\partial H}{\partial Q} = 0 \tag{8-52}$$

$$\lambda^*(w_T) = 0 \tag{8-53}$$

由于 $\dfrac{\partial x}{\partial l} = -\dfrac{U_l}{U_x}$，则有 $U_x \dfrac{\partial x}{\partial l} + U_l = 0$，式（8-50）可简化为

$$-\lambda\left[\frac{lU_{ll} + U_l}{w}\right] + \theta\left(w + \frac{U_l}{U_x}\right)f(w) = 0 \tag{8-54}$$

整理得

$$1 + \frac{U_l}{wU_x} = \frac{\lambda}{\theta wf(w)} \cdot \frac{lU_{ll} + U_l}{w} \tag{8-55}$$

其中，$1 + \dfrac{U_l}{wU_x}$ 为边际税率。

因为 $x = z - T(z)$，$z = wl$，消费者效用最大化问题为 $\max\limits_l U[wl - T(wl), l]$，其一阶优化条件为：$U_x w(1 - T') + U_l = 0$，即 $T' = 1 + \dfrac{U_l}{wU_x}$。

这里进一步将问题简化，假设消费者的效用函数是关于消费效用与劳动效用的线性组合，那么 U_l 与 x 无关，即 $U_{lx} = 0$，则式（8-51）变为

$$\frac{\left(\dfrac{\partial\lambda}{\partial w}\right)}{\theta} = \left[\frac{1}{U_x} - \frac{\psi'(U)}{\theta}\right]f(w) \tag{8-56}$$

由于 θ 为常数，$\lambda(w_T)=0$，对式（8-56）两边就 $[w,w_T]$ 区间积分可得

$$-\frac{\lambda}{\theta}=\int_w^{w_T}\left[\frac{1}{U_x}-\frac{\psi'(U)}{\theta}\right]f(w)\mathrm{d}w \tag{8-57}$$

将式（8-57）代入式（8-55），并且两边同时除以 $-\dfrac{U_l}{wU_x}$ 得

$$\frac{T'(wl)}{1-T'(wl)}=U_x\left\{\int_w^{w_T}\left[\frac{1}{U_x}-\frac{\psi'(U)}{\theta}\right]f(w)\mathrm{d}w\right\}\left[\frac{\varepsilon}{wf(w)}\right] \tag{8-58}$$

其中，$\varepsilon=1+\dfrac{lU_{ll}}{U_x}$，$\displaystyle\int_w^{w_T}\left[\frac{1}{U_x}-\frac{\psi'(U)}{\theta}\right]f(w)\mathrm{d}w$ 为政府的所得税政策变动对劳动能力水平不低于 w 的消费者影响的社会净效应[①]。

4. 结论分析

（1）能力水平为 w 的消费者的最优边际税率，取决于政府的所得税政策变动对能力水平不低于 w 的消费者影响的社会净效应。

（2）最低劳动能力水平消费者和最高劳动能力水平消费者的最优边际税率应为 0。这是因为：当 $w=w_L$ 时，$\displaystyle\int_w^{w_T}\left[\frac{1}{U_x}-\frac{\psi'(U)}{\theta}\right]f(w)\mathrm{d}w=\int_{w_L}^{w_T}\left[\frac{1}{U_x}-\frac{\psi'(U)}{\theta}\right]f(w)\mathrm{d}w$，此式表示增加所得税导致的全社会每个消费者效用减少一个单位而产生的社会净效应。最优所得税思想要求社会净效应为零[②]，即 $\displaystyle\int_{w_L}^{w_T}\left[-\frac{\psi'(U)}{\theta}+\frac{1}{U_x}\right]f(w)\mathrm{d}w=0$，此时，所得税制度没有改进余地。再结合式（8-58）可得：$T'(w_L l)=0$。另外，明显可知 $\displaystyle\int_{w_T}^{w_T}\left[\frac{1}{U_x}-\frac{\psi'(U)}{\theta}\right]f(w)\mathrm{d}w=0$，则结合式（8-58）可得 $T'(w_T l)=0$。由此得到结论，在最优非线性所得税的状态下，最低劳动能力水平消费者和最高劳动能力水平消费者的最优边际税率都应为 0。

（3）边际税率不大于 1 且不小于 0，最优非线性所得税非累进。这是因为：若要确定边际税率的范围，需要确定式（8-58）等号右边项的符号，从而求解边际税率的不等式。由于 $U_l<0$、$U_{ll}<0$，则 $\varepsilon=1+\dfrac{lU_{ll}}{U_l}>0$。又由于 $w\geqslant0$、$f(w)\geqslant0$，则式（8-58）等号右边项的符号取决于积分项的取值。

令 $\phi(w)=\displaystyle\int_w^{w_T}\left[\frac{1}{U_x}-\frac{\psi'(U)}{\theta}\right]f(w)\mathrm{d}w$，则有

[①] $\dfrac{1}{U_x}$ 这一项为所得税的收益，因为若政府增加所得税，消费量等额减少，即 $|\Delta x|=|\Delta T|$，假设消费者效用水平减少一个单位，由 $U_x=\dfrac{\partial U}{\partial x}$ 可知，$\Delta T=|\Delta x|=|\Delta U\div U_x|=\dfrac{1}{U_x}$。$\dfrac{\psi'(U)}{\theta}$ 这一项为所得税的成本，因为它表示由于增税所带来消费者效用降低所等价的税收减少数额。

[②] 如果社会净效应不等于零，则还可以通过调整所得税税率来提高社会总福利，那么这也就不是最优状态。

$$\phi'(w) = \left[\frac{\psi'(U)}{\theta} - \frac{1}{U_x} \right] f(w) \qquad (8\text{-}59)$$

由于 $\dfrac{\partial U_x}{\partial w} = \dfrac{\partial U_x}{\partial x} \cdot \dfrac{\partial x}{\partial w} = U_{xx} \cdot x' < 0$，则可知

$$\frac{\partial \dfrac{1}{U_x}}{\partial w} > 0 \qquad (8\text{-}60)$$

另外，

$$\frac{\partial \psi'(U)}{\partial w} = \frac{\partial \psi'(U)}{\partial U} \left(\frac{\partial U}{\partial x} \cdot \frac{\partial x}{\partial l} \cdot \frac{\partial l}{\partial w} + \frac{\partial U}{\partial l} \cdot \frac{\partial l}{\partial w} \right)$$
$$= \psi''(U) \left(U_x \frac{\partial x}{\partial l} + U_l \right) \frac{\partial l}{\partial w} \qquad (8\text{-}61)$$

其中，$U_x \dfrac{\partial x}{\partial l} + U_l = \dfrac{\partial U(x,l)}{\partial l} < 0$，$\psi''(U) < 0$，则可知

$$\frac{\partial \psi'(U)}{\partial w} > 0 \qquad (8\text{-}62)$$

又因为 $\theta < 0$，结合式（8-60）、式（8-62）可得

$$\frac{\partial \left(\dfrac{1}{U_x} - \dfrac{\psi'(U)}{\theta} \right)}{\partial w} > 0 \qquad (8\text{-}63)$$

由 $\phi(w_L) = \displaystyle\int_{w_L}^{w_T} \left[\frac{1}{U_x} - \frac{\psi'(U)}{\theta} \right] f(w)\mathrm{d}w = 0$ 结合式（8-63）可知：当 $w = w_L$ 时，$\dfrac{1}{U_x} -$

$\dfrac{\psi'(U)}{\theta} < 0$，也即 $\dfrac{\psi'(U)}{\theta} - \dfrac{1}{U_x} > 0$，那么 $\phi'(w_L) > 0$；当 $w = w_T$ 时，$\dfrac{1}{U_x} - \dfrac{\psi'(U)}{\theta} > 0$，也

即 $\dfrac{\psi'(U)}{\theta} - \dfrac{1}{U_x} < 0$，那么 $\phi'(w_T) < 0$。又已知 $\phi(w_L) = 0$、$\phi(w_T) = 0$，所以 $\phi(w)$ 满足先升

后降且 $\phi(w) \geqslant 0$。

将式（8-58）等号右边的式子记为 $A(w)$，即

$$A(w) = U_x \cdot \phi(w) \frac{\varepsilon}{wf(w)} \qquad (8\text{-}64)$$

由于 $U_x > 0$、$\varepsilon > 0$、$wf(w) > 0$、$\phi(w) \geqslant 0$，则 $A(w) \geqslant 0$，即 $\dfrac{T'(wl)}{1 - T'(wl)} \geqslant 0$，解

不等式得

$$0 \leqslant T'(wl) \leqslant 1 \qquad (8\text{-}65)$$

前面已得 $T'(w_L l) = 0$、$T'(w_T l) = 0$，所以可知最优非线性所得税的边际税率非累
进，非累进的具体形式取决于 $A(w)$ 关于 w 的具体变化趋势。

本章小结

1. 最优所得税的设计是围绕公平和效率所展开的追求社会福利最大化的过程。为

了兼顾公平和效率，最优所得税的税制设计应达到这样一点，即所得税使更多的公平所增加的好处恰好等于更大的非效率所增加的代价。

2．最优所得税理论分为最优线性所得税理论和最优非线性所得税理论，最优线性所得税模型的前提是假设边际税率固定不变，最优非线性所得税模型的前提是假设边际税率可变。

3．最优线性所得税模型的结论告诉我们，最优线性边际税率须设定在 0～1，具体取值取决于政府在公平（ $\mathrm{cov}(b,z)$ ）与效率（ $\int_0^\infty z\varepsilon_{ll}f(w)\mathrm{d}w$ ）之间的权衡。

4．最优非线性所得税模型的结论告诉我们，最优非线性边际税率同样须设定在 0～1，最低收入者和最高收入者的边际税率均应设置为 0，最优非线性所得税非累进。

 思考题

1．请谈一谈关于个人所得税对经济影响的两种对抗性观点。

2．请结合最优线性所得税模型的结果，阐述其如何体现了公平因素和效率因素。

3．请阐述最优非线性所得税模型的求解结果所蕴含的经济学含义。

本章阅读与参考文献

[1] 毛程连. 中高级公共经济学[M]. 上海：复旦大学出版社，2006.

[2] MIRRLEES J A. An Exploration in the Theory of Optimum Income Taxation[J]. The Review of Economic Studies, 1971, 38(2): 175-208.

[3] ATKINSON A B, STIGLITZ J E. Lectures on Public Economics[M]. New York: McGraw-Hill Book Company, 1980.

第 9 章　税收征管经济学

🎓 **学习目标**

▶▶ 掌握税收征管的概念、目标；
▶▶ 掌握税收遵从的概念；
▶▶ 掌握税收不遵从与逃税的概念辨析；
▶▶ 掌握逃税模型的推导和结论。

9.1　税　收　征　管

9.1.1　税收征管的内涵

1. 税收征管的概念

税收征管是指国家税务征收机关依据税法、税收征管法等相关法律法规，对税款征收工作实施组织、管理、监督、检查的总称。

税收征管工作主要包括几个方面的内容：一是税务管理，是指税务征收机关在税款征纳过程中实施的管理行为，包括税务登记管理、账簿和凭证管理、纳税申报管理等；二是税款征收，税务机关及其他负有征税职责的国家机关应按照法律法规的规定征收税款，不得随意减征、免征，在特定情况下，税务征收机关还可采取强制措施，例如扣押、查封、拍卖纳税义务人的财产并将所得抵缴税款；三是税务检查，一般是对纳税人的账簿、记账凭证、应税商品、应税财产等，以及对扣缴义务人代扣代缴、代收代缴的情况进行检查；四是违章处理，对于纳税人或扣缴义务人违反税收法律法规规定的行为，税收征收机关可责令其整改、加收滞纳金或处以罚款，对于情节严重、构成犯罪的，还可依法追究其刑事责任①。

具体而言，以上工作内容体现在以下几个方面。

（1）税务登记。按照《中华人民共和国税收征收管理法》（2015 年修订）规定，从事生产、经营的纳税人应当自领取营业执照之日起 30 日内向生产、经营地或者纳税义务发生地的主管税务机关申报办理税务登记；扣缴义务人应当自扣缴义务发生之日

---

① 《中华人民共和国税收征收管理法》（2015 年修订）。

起 30 日内，向所在地的主管税务机关申报办理扣缴税款登记。税务机关应制定好税务登记相关准则，做好税务登记服务。

（2）账簿、凭证管理。为便于管理，提高税收征管效率，税务机关应对纳税人的账簿、记账凭证、报表、完税凭证、发票、出口凭证等进行统一管理。具体而言，税务机关要制定账簿、凭证的相应标准，核查纳税人账簿、凭证的真实性，并做好账簿、凭证等涉税资料的保存工作。

（3）纳税申报管理。税务机关应当建立、健全纳税人自行申报纳税制度。纳税人可采取多种方式办理纳税申报，税务机关也应尽力为纳税人提供便利，但税务机关应制定相应的标准，加强监管，在为纳税人提供便利的同时做好相应的管理工作。

（4）税款征收。税款征收是税收征管的重要环节，税务机关应当加强对税款征收的管理，建立、健全责任制度。税务机关根据保证国家税款及时足额入库、方便纳税人、降低税收成本的原则，确定税款征收的方式。税务机关收到税款后，应当向纳税人开具完税凭证。对于延期纳税、减税免税、关联企业纳税等情形，税务机关应仔细核查，审慎研究，确保无虞。同时，税务机关自己也应严格遵守法律法规，将各种税收的税款、滞纳金、罚款，按照国家规定的预算科目和预算级次及时缴入国库，不能占压、挪用、截留，不得缴入国库以外或者国家规定的税款账户以外的任何账户。

（5）税务稽查。税务机关要建立科学的检查制度，统筹安排检查工作。税务机关应当制定合理的税务稽查工作规程，负责选案、检查、审理、执行的人员的职责应当明确，并相互分离、相互制约，规范选案程序和检查行为。税务机关查询的内容包括纳税人存款账户余额和资金往来情况。税务机关和税务人员应当依照税收征管法的规定行使税务检查职权，并严格控制对纳税人、扣缴义务人的检查次数。

（6）违章处理。对于纳税人的违反相应税收征管法律法规的行为，税务机关应予以处罚。例如，纳税人不按照规定办理税务登记证件验证或者换证手续；银行和其他金融机构未依照税收征管法的规定在从事生产、经营的纳税人的账户中登录税务登记证件号码；单位或个人为纳税人、扣缴义务人非法提供银行账户、发票、证明或者其他方便，导致未缴、少缴税款或者骗取国家出口退税款；纳税人拒不缴纳税款或应缴滞纳金；单位或个人拒绝配合税务机关进行税务稽查；等等。税务机关在有权对违法违规行为予以行政处罚的同时，也必须要遵照相应的法律法规标准。

2. 重要性

（1）税收征管是整个税收管理活动的中心环节。组织财政收入、调节社会经济是国家开展税收管理活动的目标，而各项目标的达成均需通过税收征管实现。只有征收到税款，才能真正筹集到财政收入；只有将税款征收上来，才能对经济主体产生真正的经济影响，进而起到调节社会经济的作用。因此，税收征管是整个税收管理活动的中心环节。

（2）税收征管将潜在的税源变为现实的税收收入。实现税源到税收收入的跨越需要借助于税收征管。只有做好税收征管工作，开展好征税活动，方能实现一定的税收收入。倘若没有有力的税收征管，便会产生严重的逃税、漏税等问题，即便有再充足的税源，也难以筹集到足够的税收收入。

（3）税收征管监督纳税人履行纳税义务。在"理性经济人"假设之下，纳税人往往看重个人利益，倘若没有强有力的税收征管措施，纳税人出于个人利益的考量，再加之"搭便车"的可行性，即便自己不纳税，也可以享受到一定的公共产品和服务，所以在没有任何约束的条件下，纳税人往往难以自觉履行纳税义务。因此，税务征收机关便需要开展税收征管活动，督促纳税人切实履行纳税义务，进而实现组织财政收入、调控宏观经济、调节收入分配等税收目的。

9.1.2 税收征管的目标

1. 漏管户最少化

漏管户是指负有纳税义务却未成为税务征收机关实际税收征管对象的纳税主体。漏管户的存在造成税款流失等一系列问题。漏管户最少化要求税务机关应征尽征，应管尽管。

2. 税款流失最小化

税款流失是指实际入库的税款少于按照税法计算得出的应征税款。税款流失直接影响税收收入的筹集，税款流失最小化是税收征管的核心目标。实现税款流失最小化要求税务征收机关切实履行职责，加强对纳税人、扣缴义务人的监管，打击偷税、逃税等行为，审慎减税、免税。

3. 税收成本最低化

税收成本最低化包括两个方面的内容：一是降低税务征收机关的征税成本，可以采取诸如加强成本核算与绩效评估、提高税务信息化水平等措施以达成该目标；二是降低纳税人的纳税成本，我国近年来推行的线上办税等政策便有助于降低纳税人的纳税成本。

4. 纳税服务优质化

纳税服务优质化要求税务征收机关贯彻"为人民服务"的宗旨，在法律允许的范围内尽可能为纳税人提供便利，降低纳税人的纳税成本，优化纳税人的纳税体验，提高纳税人的满意度。

 专栏 9-1

中国税收征管模式演变与完善

计划经济时期，我国税收征管模式延续着数千年来的"靠人管户"的传统。税务机关设置税收专管员，实行"一员进户，各税统管，集征、管、查为一身"的税收征管模式。具体而言，税收专管员对纳税户进行专责管理，并通过上门催缴的方式征收税款。由于税收专管员对于其负责的纳税主体拥有近乎绝对的税收权力，且当时我国缺乏统一的税收征管法，很容易滋生一系列问题，致使我国的税收汲取能力在一段时间里维持在很低的水平。

随着改革开放的不断深入，先前的税收专管员模式已无法适应新时期税收征管工作的需要。1985 年，部分地区税务机关开始试行"征、管、查三分离"的税收征管模式。1986 年，国务院颁布《中华人民共和国税收征收管理暂行条例》，初步建立了较为统一的税收征管模式。与此同时，税务稽查工作也在不断加强，税务机关也经历了多次改革、扩编。1993 年，《中华人民共和国税收征收管理法》正式实施，使我国税收征管法制化进程迈上了新台阶。总体而言，虽然这一阶段我国在具体的税款征收上依然实行税收专管员制度，但相较于计划经济时期，税收征管水平已有很大提升。

我国真正建立起现代税收征管制度是在分税制改革之后。1997 年，国家税务总局印发《关于深化税收征管改革的方案》（以下简称《方案》）。随后，国务院又以〔1997〕1 号文转发该方案。《方案》提出，要"建立以申报纳税和优化服务为基础，以计算机网络为依托，集中征收、重点稽查的新征管模式"。在《方案》的指导下，有关部门相继出台了《重点税源监控数据库管理办法》《税收分析工作制度》等一系列文件，开展了"金税工程"等一系列工作，中国逐步建立起了现代税收征管制度。

资料来源：毛东庆，刘源. 我国税收管理制度变迁评述[J]. 地方财政研究，2008（8）：34-36，55；解洪涛. 中国税收征管能力变迁——1990 年代以来税收征管制度改革及其效果检验[J]. 中国软科学，2017（4）：14-24.

9.2 税 收 遵 从

1. 税收遵从的概念

一般而言，税收遵从是指纳税义务人依照税法规定，向国家及时、准确地进行纳税申报，通过规定的途径按时缴纳应纳的各项税款，并服从和配合税务部门及其税务执法人员符合法律法规的管理行为，切实履行纳税义务。否则便为税收不遵从。因此，税收不遵从即是纳税人没有依照税法规定履行纳税及相关义务，而不管这种行为是纳税人故意的还是非故意的，也不管其结果对纳税人是有利的还是不利的。

2. 税收遵从成本

税收遵从成本是指纳税人为履行税法规定的纳税义务而发生的除税款本身以外的其他各项成本，主要由货币成本、时间成本、心理成本构成[①]。

（1）货币成本。税收遵从的货币成本主要包括：纳税过程中纳税人向咨询机构、中介机构支付的费用；纳税人为纳税而发生的通信、交通费用；纳税人为填写各类纳税报表而发生的办公用品使用费用等。以美国为例，由于其税制相对复杂，纳税人可能需要聘请专业会计师协助自己纳税，由此便产生了纳税的货币成本。

（2）时间成本。税收遵从的时间成本主要是指纳税人办理税务登记、填写纳税申报表、去往特定地点缴纳税款、接受税务机关检查等过程中耗费的时间价值。在税务行政效率低下的国家和地区，税收遵从的时间成本可能会很大。

---

① 孙玉霞. 税收遵从：理论与实证[M]. 北京：社会科学文献出版社，2008：39.

（3）心理成本。税收遵从的心理成本主要是指纳税人在纳税过程中产生的对税务机关可能的处罚的畏惧心理、因税务机关行政效率低下不得不长时间等待而产生的焦急心理等负面情绪。

3. 逃税

逃税是国际上广泛使用的一个概念，《中华人民共和国税收征收管理法》里没有直接使用逃税这一表述，与之对应的是偷税概念：纳税人伪造、变造、隐匿、擅自销毁账簿、记账凭证，或者在账簿上多列支出或者不列、少列收入，或者经税务机关通知申报而拒不申报，或者进行虚假的纳税申报不缴或者少缴应纳税款的，是偷税。同时，《中华人民共和国税收征收管理法》对偷税行为做出了处罚规定：对纳税人偷税的，由税务机关追缴其不缴或者少缴的税款、滞纳金，并处不缴或者少缴的税款百分之五十以上五倍以下的罚款；构成犯罪的，依法追究刑事责任。

《中华人民共和国刑法》使用了逃税这一表述，《中华人民共和国刑法》第二百零一条逃税罪规定：纳税人采取欺骗、隐瞒手段进行虚假纳税申报或者不申报，逃避缴纳税款数额较大并且占应纳税额百分之十以上的，处三年以下有期徒刑或者拘役，并处罚金；数额巨大并且占应纳税额百分之三十以上的，处三年以上七年以下有期徒刑，并处罚金[①]。扣缴义务人采取前款所列手段，不缴或者少缴已扣、已收税款，数额较大的，依照前款的规定处罚。对多次实施前两款行为，未经处理的，按照累计数额计算。

从以上法律条文可以看出，不管是偷税还是逃税的界定，都是指纳税人实际知道纳税义务却采取各种非法手段以逃避全部或部分纳税义务，致使国家税收收入减少。因此，我国学术界和税收实务界往往将偷税和逃税同义使用。逃税明显属于税收不遵从行为，是税收不遵从的重要组成部分[②]。

9.3　逃税的经济分析

对于逃税的经济学模型分析比较经典的是 Allingham 和 Sandmo 在 1972 年发表于 *Journal of Public Economics* 的 "Income Tax Evasion: A Theoretical Analysis" 一文（文中模型可简称为 A-S 模型）[③]。文中假定纳税人是风险厌恶者，他们在申报纳税时可以做出两种决策：一是如实申报自己的收入；二是申报一个低于自己真实收入的数额。后者即为逃税行为，但并不是一定会被税务机关发现并处罚，因此对于纳税人的决策而言产生了受益的不确定性，纳税人需要在这种不确定性条件下做出申报纳税选

[①] 《中华人民共和国刑法》同时还规定：有此款行为，经税务机关依法下达追缴通知后，补缴应纳税款，缴纳滞纳金，已受行政处罚的，不予追究刑事责任；但是，五年内因逃避缴纳税款受过刑事处罚或者被税务机关给予二次以上行政处罚的除外。

[②] 《中华人民共和国税收征收管理法》里还界定了逃避追缴欠税、骗税、抗税等行为，这些均属于税收不遵从行为。

[③] ALLINGHAM M G, SANDMO A. Income Tax Evasion: A Theoretical Analysis[J]. Journal of Public Economics, 1972, 1(3-4): 323-338.

择。简单来说，纳税人申报自己的收入，税务机关通过税务稽查和实施违法处罚促使纳税人申报真实收入，从而规避逃税行为。

具体而言，纳税人的边际效用为正且严格递减，即 $U'(\cdot) > 0$、$U''(\cdot) < 0$。纳税人在不确定性条件下的行为服从冯·诺依曼—摩根斯坦定理，即在不确定性条件下，纳税人会根据期望效用最大化进行决策。纳税人真实收入这一变量为外生给定，记为 W，但税务机关并不掌握其真实收入信息，纳税人申报自己的收入为 X，申报收入被征以税率为 θ 的比例所得税，由此可知 $W - X$ 即为纳税人的逃税规模。纳税人被税务机关查出逃税行为的概率为 p，一旦被查出逃税行为，纳税人将被处以少报收入差额 π 倍的罚款，即 $\pi(W - X)$。这就是说，如果纳税人没有被查出逃税行为，他的税后收入为 $Y = W - \theta X$；如果纳税人被查出逃税行为，他最终的收入为 $Z = W - \theta X - \pi(W - X)$。申报收入 X 是纳税人决策时可选择的变量，纳税人的期望效用函数为

$$E(U) = (1-p)U(Y) + pU(Z) \tag{9-1}$$

纳税人的目标是使得期望效用最大化，那么一阶优化条件为

$$\frac{\partial E(U)}{\partial X} = -\theta(1-p)U'(Y) + p(\pi - \theta)U'(Z) = 0 \tag{9-2}$$

二阶优化条件应满足期望效用对 X 求二阶导小于零，由于纳税人是风险厌恶者，其效用函数满足 $U''(\cdot) < 0$，则二阶优化条件得以满足：

$$\frac{\partial^2 E(U)}{\partial X^2} = \theta^2(1-p)U''(Y) + p(\pi - \theta)^2 U''(Z) < 0 \tag{9-3}$$

由以上条件可知，当纳税人的期望效用最大时满足式（9-2），从而我们可以通过比较静态分析法，研究所得税税率 θ、查出概率 p、罚款倍数 π 的变化对纳税人的逃税决策 X 产生什么样的影响。式（9-2）可看作一个关于变量 X、θ、p、π 的隐函数，记为

$$F(X, \theta, p, \pi) = \frac{\partial E(U)}{\partial X} = 0 \tag{9-4}$$

即

$$F(X, \theta, p, \pi) = -\theta(1-p)U'(Y) + p(\pi - \theta)U'(Z) = 0 \tag{9-5}$$

由隐函数定理[①]可以分别得到 θ、p、π 对 X 的影响。

1. 税率对逃税行为的影响

由隐函数定理可得

$$\frac{\partial X}{\partial \theta} = -\frac{\dfrac{\partial F}{\partial \theta}}{\dfrac{\partial F}{\partial X}} \tag{9-6}$$

[①] 隐函数定理：假设存在隐函数 $F[x, y, z(x, y)] = 0$，两边同时对变量 x 进行求导得到 $\dfrac{\mathrm{d}F}{\mathrm{d}x} = \dfrac{\partial F[x, y, z(x, y)]}{\partial x} +$

$\dfrac{\partial F[x, y, z(x, y)]}{\partial z}\dfrac{\partial z}{\partial x} = 0$，从而可得 $\dfrac{\partial z}{\partial x} = -\dfrac{\dfrac{\partial F}{\partial x}}{\dfrac{\partial F}{\partial z}}$。

其中，

$$\frac{\partial F}{\partial X} = \theta^2 (1-p)U''(Y) + p(\pi-\theta)^2 U''(Z) \tag{9-7}$$

$$\frac{\partial F}{\partial \theta} = -(1-p)U'(Y) + \theta X(1-p)U''(Y) - pU'(Z) - p(\pi-\theta)XU''(Z) \tag{9-8}$$

由于 $U'(\cdot)>0$、$U''(\cdot)<0$，可得 $\dfrac{\partial F}{\partial X}<0$，而 $\dfrac{\partial F}{\partial \theta}$ 的符号并不能确定，因此，$\dfrac{\partial X}{\partial \theta}$ 的符号也无法确定，也就是说，如果税率提高，逃税规模是增多还是减少是不确定的。这可以通过将税率对逃税的影响分解为收入效应和替代效应来理解，从收入效应来看，税率的提高使得纳税人可支配收入减少，可支配收入越少，纳税人对风险就越敏感，从而减少逃税行为；从替代效应来看，税率越高可理解为依法纳税的"价格"越高，纳税人逃税的潜在收益就越大，这会激励纳税人增加逃税行为。由于收入效应和替代效应对逃税行为的影响是相反的，而哪个效应的作用更大，在没有给定效用函数具体形式的一般情况下无法断定，所以税率对逃税行为的影响无法给出一般化的定论。

2. 查出概率对逃税行为的影响

由隐函数定理可得

$$\frac{\partial X}{\partial p} = -\frac{\dfrac{\partial F}{\partial p}}{\dfrac{\partial F}{\partial X}} \tag{9-9}$$

其中，

$$\frac{\partial F}{\partial p} = \theta U'(Y) + (\pi-\theta)U'(Z) \tag{9-10}$$

由于 $U'(\cdot)>0$、$\pi-\theta>0$[①]，可得 $\dfrac{\partial F}{\partial p}>0$，又由于 $\dfrac{\partial F}{\partial X}<0$，则可得 $\dfrac{\partial X}{\partial p}>0$，也就是说，逃税行为的查出概率提高会使逃税规模减少。

3. 罚款倍数对逃税行为的影响

由隐函数定理可得

$$\frac{\partial X}{\partial \pi} = -\frac{\dfrac{\partial F}{\partial \pi}}{\dfrac{\partial F}{\partial X}} \tag{9-11}$$

其中，

$$\frac{\partial F}{\partial \pi} = pU'(Z) - p(\pi-\theta)(W-X)U''(Z) \tag{9-12}$$

由于 $U'(\cdot)>0$、$U''(\cdot)<0$、$\pi-\theta>0$，可得 $\dfrac{\partial F}{\partial \pi}>0$，又由于 $\dfrac{\partial F}{\partial X}<0$，则可得

---

① 税务机关规定的处罚倍数一定会大于税率，试想如果处罚倍数小于税率，从成本－收益角度考虑，没有纳税人会如实申报纳税。

$\dfrac{\partial X}{\partial \pi} > 0$，也就是说，税务机关对逃税行为的处罚力度越大，逃税规模就越小。

综上所述，税务机关稽查越严格和对逃税行为处罚力度越大，逃税行为就会越收敛，这非常符合我们的直觉认知，而税率的提高对逃税行为的影响要复杂一些，难以获得一般性的结论，需要具体案例具体分析。

由以上的分析框架不难得知：当 $p\pi < \theta$，即预期罚款率小于税率时，纳税人会选择逃税，当 $p\pi \geqslant \theta$，即预期罚款率大于等于税率时，纳税人作为理性经济人则会选择如实申报收入。

我们可举一个例子来说明和印证一下，假设纳税人的效用函数为 $\ln(x)$，且纳税人不会超额报税，则由期望效用最大化的一阶优化条件得到

$$-\theta(1-p) \cdot \dfrac{1}{W - \theta X^*} + p(\pi - \theta) \cdot \dfrac{1}{W - \theta X^* - \pi\left(W - X^*\right)} = 0 \tag{9-13}$$

其中，X^* 为使得纳税人期望效用最大化的申报所得额，上式整理可得

$$\dfrac{X^*}{W} = \dfrac{p\pi(1-\theta) + \theta(\pi - 1)}{\theta(\pi - \theta)} \tag{9-14}$$

如果纳税人逃税则须满足 $\dfrac{X^*}{W} < 1$，即 $\dfrac{p\pi(1-\theta) + \theta(\pi - 1)}{\theta(\pi - \theta)} < 1$，求解不等式可得

$$p\pi < \theta \tag{9-15}$$

从这个特例的结果也可以看到，如果 $p\pi < \theta$，则纳税人发生逃税行为。

通过以上的分析，我们可以得到如下结论。

第一，如果发生逃税而被发现的概率（p）太小，纳税人则会倾向于逃税。因此，税务机关要保持一定的稽查力度。

第二，罚款倍数（π）很高时，被发现逃税的概率（p）只要不是特别低，纳税人就不倾向于逃税。因此，应设置较高的处罚力度。

第三，法定税率（θ）很高时，就算被发现逃税的概率（p）不是特别低，纳税人也可能会选择逃税。因此，法定税率不宜设置得太高。

第四，如果要消除逃税行为，就需要满足 $p\pi \geqslant \theta$，而在累进的所得税制下，高收入纳税人的平均税率和边际税率都要高于低收入纳税人，那么在逃税的惩罚条款已定的条件下[①]，若想减少逃税行为需要对高收入纳税人进行更多的稽查。

本章小结

1. 税收征管是指国家税务征收机关依据税法、税收征管法等相关法律法规，对税款征收工作实施组织、管理、监督、检查的总称。

2. 税收征管的目标是漏管户最少化、税款流失最小化、税收成本最低化、纳税服务优质化。

---

① 逃税的惩罚条款固定以后，逃税的罚款倍数 π 对相同的逃税行为是相同的，而不管逃税人收入的高低和财富的多少。

3．税收遵从是指纳税义务人依照税法规定，向国家及时、准确地进行纳税申报，通过规定的途径按时缴纳应纳的各项税款，并服从和配合税务部门及其税务执法人员符合法律法规的管理行为，切实履行纳税义务。。

4．逃税是指纳税人实际知道纳税义务却采取各种非法手段以逃避全部或部分纳税义务。

5．在 A-S 模型中，税率的提高会产生收入效应和替代效应，其对逃税行为的影响是不确定的；而税务部门对逃税行为的查出概率和罚款倍数的上升都会抑制逃税行为。

 思考题

1．什么是税收遵从？

2．逃税和税收不遵从是否等同？

3．分税制改革以来，中国曾连续多年出现税收收入增长率高于 GDP 增长率的情形，请从税收征管角度解释一下这一现象。

4．请推导和说明 A-S 模型中，税率、查出概率、罚款倍数对逃税行为的影响。

5．请进行判断并说明原因：因为稽查和罚款对于税收收入的影响具有政策替代性，所以政府应从征管成本角度考虑，将稽查力度无限降低，将逃税处罚程度无限提高。

6．在累进所得税制下，假设惩罚对所有逃税者一致，那么为了尽量杜绝逃税行为，政府对高收入者和低收入者应施行怎样的稽查力度？并说明原因。

本章阅读与参考文献

[1] 戴海先．论税收征管改革若干问题[J]．税务研究，2007（1）：76-79．

[2] 毛东庆，刘源．我国税收管理制度变迁评述[J]．地方财政研究，2008（8）：34-36，55．

[3] 孙玉霞．税收遵从：理论与实证[M]．北京：社会科学文献出版社，2008．

[4] 解洪涛．中国税收征管能力变迁——1990 年代以来税收征管制度改革及其效果检验[J]．中国软科学，2017（4）：14-24．

[5] ALLINGHAM M G, SANDMO A. Income Tax Evasion: A Theoretical Analysis[J]. Journal of Public Economics, 1972, 1(3-4): 323-338.

后　记

在《税收经济学》完成之际，作者深感税收经济分析领域所涉内容的广度和深度无法只用一本教材完全展现，当年轻的数理经济方法遇到古老的税收概念所激发的思维火花，昭示着更为深入、生动、精彩的税收经济理论的分析与政策实践的阐释。同时，数理经济方法本身在不断更新，税收的内涵随着社会发展也在不断变化，因此，税收经济学始终焕发着无限生机。

本书是作者在对外经济贸易大学财税系多年授课的讲义基础上，经过大量补充和修改完成，力求将税收基础知识生动化、税收经济分析严谨化、税收政策实践通俗化。这当然也离不开学术前辈们呕心沥血的著作为本书带来的指引和帮助，作者在此对他们表达由衷的敬意。

在本书的编写过程中，作者的学生们积极参与素材的收集和整理工作，并帮忙校对初稿（侯峥、孙中贵、帅若希、张圣哲、翟月萌），在此对他们表示感谢。同时，感谢清华大学出版社杜春杰老师高质量的编辑工作，这是本书得以与读者见面的重要保证。另外，对外经济贸易大学国际经济贸易学院财税系学生关于书稿原始讲义的提问、讨论甚至是争论，激励作者对书稿不断打磨。作者所在单位领导和同事的关心与帮助、家人的全力支持，为本书的完成提供了强大的支撑。

当然，由于作者能力有限，在书稿编写过程中虽尽力而为，但难免存在不足之处，欢迎读者提出宝贵意见。

作　者
2021 年 8 月 16 日